DIREITO
DA COMUNICAÇÃO SOCIAL

VOL. II

Do Autor

1. *Os direitos inderrogáveis dos accionistas*, 1966, 250 págs. (policopiado).
2. "Efeitos jurídicos dos contratos de trabalho inválidos executados, in *Economia e Finanças – Anais do ISCEF*, tomo I, vol. XXXVI, 1968, 66 págs.
3. "A Comunidade Económica Europeia e a harmonização das legislações sobre sociedades", in *Boletim do Ministério da Justiça*, n.º 182 (1969), pág. 248 a 274.
4. **"Responsabilidade civil dos administradores de sociedades anónimas e dos gerentes de sociedades por quotas"**, in *Boletim do Ministério de Justiça*, n.º 192, 193, 194 e 195 (1970), 470 págs. (como colaborador do Prof. Doutor Raúl Ventura).
5. "Transformação de sociedades", in *Boletim do Ministério da Justiça*, n.º 218, 219, 220 (1973), 255 págs. (como colaborador do prof. Doutor Raúl Ventura).
6. "A fixação de salários segundo a qualificação dos empregos", in *Boletim do CFB*, n.º 12/1969 e 1, 2 e 3/1970, 12 págs.
7. *La participation des travailleurs aux décisions dans l'entreprise* (nota técnica para preparação de aulas do INSEAD), 1971, 17 págs. policopiadas.
8. "Les relations de travail et l'entreprise au Portugal", in *Direito e Justiça*, vol. I, 1980, pág. 189 a 208.
9. "A Lei sobre as Comissões de Trabalhadores", in *Revista da Ordem dos Advogados*, ano 40, 1980, II, pág. 443 a 467.
10. *Autogestão em Portugal – Relatório da Comissão Interministerial para análise da problemática das empresas em autogestão*, Lisboa, Dir-Ger. Cont. Imp., 1980, 384 págs.
11. "A adesão de Portugal e os movimentos dos Trabalhadores", in *Portugal e o Alargamento das Comunidades Europeias*, Lisboa, Inteuropa, 1981, pág. 435 a 489.
12. **Direito do Trabalho – vol. I – Relações Individuais** (lições dadas na Universidade Católica em 1980-81), 318 págs.
13. Direito Comercial (lições dadas na Faculdade de Direito da Universidade de Lisboa em 1981-82, e 1983-84) 3 vols. 1526 págs.
14. "Cooperativa", in *Polis-Enciclopédia Verbo da Sociedade e do Estado*, vol. I.
15. "Factoring", in *Polis-Enciclopédia Verbo da Sociedade e do Estado*, vol. II.
16. "Direito europeu das sociedades", *Temas de Direito Comunitário*, Lisboa, Ordem dos Advogados, 1983, pág. 51 a 77.
17. A entrada de Portugal na CEE e as suas consequências nos domínios do trabalho, do emprego e da segurança social (entrevista) in *Pessoal*, Maio/Junho 1983, n.º 3 (2ª série), pág. 47-53.
18. "A estrutura das sociedades anónimas na proposta modificada de 5ª Directiva", in *Boletim da Ordem dos Advogados*, n.º 24, Março/1984, pág. 13-15.
19. **Direito do Trabalho – vol. III – Participação nas decisões da empresa** (lições dadas na Universidade Católica em 1983-84), 315 págs.
20. "Comentários sobre Concertação Social e Política de Rendimentos em Portugal: Experiência recente e perspectivas para a década de 80", in *Pacto Social e Política de Rendimentos*, editado por Aníbal Cavaco Silva, Lisboa, FCH da Universidade Católica, 1984, pág. 301 a 304.
21. "Obrigações", in *Polis-Enciclopédia Verbo da sociedade e do Estado*, vol. IV.
22. "Seguro", in *Polis*.
23. "Título de crédito", in *Polis*.
24. *Noções de Gestão Financeira para Juristas* (Seminário realizado na Ordem dos Advogados, em 2,4 e 6.12.1985, em colaboração com Arthur Andersen & Co.), 1985.
25. "O Projecto de Código das Sociedades – Parte Geral" (intervenção no seminário promovido pelo IPSD, em 13 e 14.7.1984, na Associação Comercial do Porto), in *Código das Sociedades Comerciais e Legislação Complementar*, Lisboa, E.P.S.D., 1987, pág. 457 a 472.
26. "Sociedades anónimas", in *Código das Sociedades Comerciais e Legislação Complementar*, Lisboa, 1987, pág. 484 a 500.
27. **Direito Comercial**, Lisboa, A.A.F.D.L., **vol. I**, 1987-88, 401 págs., vol. II, 1989, 527 págs., **vol. III**, 1989-90, 391 págs..
28. "Vinculação da Sociedade", in *Novas Perspectivas do Direito Comercial*, Coimbra, Liv. Almedina, 1988, pág. 377 a 354.
29. "Grupos de sociedades", in *Novas Perspectivas do Direito Comercial*, pág. 377 a 399.
30. *Agrupamento Europeu de Interesse Económico – Nota Justificativa e Anteprojecto de Decreto-Lei*, 1989, 91 págs..
31. *Contrato de compra e venda internacional*, Lisboa 1989, 17 págs.
32. *Textos de Política Social Europeia*, Lisboa, Univ. Cat. Port., CEE, 1989.
33. **Os Administradores de Sociedades Anónimas**, Lisboa, Almedina, 1993, 868 págs.
34. *Participação dos trabalhadores e emigrantes no capital das empresas privatizadas*, Lisboa, Conselho Económico e Social, 1996.
35. Artigos diversos para a *Verbo – Enciclopédia Luso-brasileira de Cultura*: "Apólice" (2 págs.); "Assembleia geral" (3 págs.); "Associação em participação" (1 pág.); "Código das Sociedades Comerciais" (2 págs.); "Comandita" (1 págs.); "Comissão de Trabalhadores" (2 págs.); "Cessão financeira (*Factoring*)" (2 págs.); 1994-96.
36. **Direito Bancário** (Lições), Lisboa, Univ. Católica Portuguesa, 1997, 175+28 págs.
37. "A governança da empresa e o comportamento ético", in *A Ética nas Empresas Portuguesas*, Lisboa, Forum dos Administradores de Empresas, 1997, pág. 85-124.
38. "Parecer sobre a capacidade de gozo das sociedades comerciais e os poderes dos seus administradores", in Rev. Ordem Advogados, ano 57, 1997, II, pág. 739-776.
39. "Direito do Trabalho (1926-1974)", in *Dicionário de História de Portugal* (dirigido por António Barreto e Maria Filomena Mónica), Porto, Figueirinhas, 1998.
40. "Aborto a pedido não!", in http://www.terravista.pt/enseada/1881/bricor.html.
41. "Impostos indirectos incidentes sobre as reuniões de capitais – Emolumentos notariais exigidos por uma escritura de aumento de capital social e de modificação da denominação social e da sede de uma sociedade de capitais – Anotação ao Acórdão do Tribunal de Justiça das Comunidades Europeias (Sexta Secção), de 29.9.1 999 – Proc. C-56/98: Modelo SGPS e Director-Geral dos Registos e Notariado", in *Colectânea Anotada de Jurisprudência Comunitária – Os casos Portugueses – Acórdãos Relativos ao Ano de 1 999*, VI Volume, Lisboa, Min. Justiça – Gab. Direito Europeu, ano 12, n.º 33,2000, pág.45 a 47.
42. **Direito da Comunicação Social**, Coimbra, Almedina, 2000, vol. I, 653 págs.
43. "Recuperación de la empresa insolvente o ilíquida", in *Revista Jurisconsulta* (da Cámara de Comercio de Bogotá e do Colegio de Abogados Comercialistas), ano 4, 2000, pág.165 a175.
44. "Novo Articulado de uma Lei Geral do Trabalho (relações individuais)" (como membro da CLL), in *Revisão da Legislação Laboral*, Lisboa, Ministério do Trabalho e da Solidariedade, 2002.
45. "Deliberações do Conselho de Administração de Sociedades Anónimas", in ALEXANDRE SOVERAL MARTINS *et alia* (IDET-FDUC), *Problemas do Direito das Sociedades*, Coimbra, Almedina, 2002, pág. 399 a 419.
46. "Regime da invalidade das deliberações sociais", in *Colóquio "Os quinze Anos de Vigência do Código das Sociedades Comerciais"*, Coimbra, Fundação Bissaya Barreto, 2003, pág. 57 a 82.

LUÍS BRITO CORREIA
Professor Universitário e Advogado

DIREITO
DA COMUNICAÇÃO SOCIAL

VOL. II

Direito de Autor e da Publicidade

ALMEDINA

DIREITO DA COMUNICAÇÃO SOCIAL

AUTOR
LUÍS BRITO CORREIA

EDITOR
EDIÇÕES ALMEDINA, SA
Rua da Estrela, n.º 6
3000-161 Coimbra
Tel.: 239 851 904
Fax: 239 851 901
www.almedina.net
editora@almedina.net

EXECUÇÃO GRÁFICA
G.C. – GRÁFICA DE COIMBRA, LDA.
Palheira – Assafarge
3001-453 Coimbra
producao@graficadecoimbra.pt

Fevereiro, 2005

DEPÓSITO LEGAL
222995/05

Toda a reprodução desta obra, por fotocópia ou outro qualquer processo,
sem prévia autorização escrita do Editor,
é ilícita e passível de procedimento judicial contra o infractor.

ABREVIATURAS

AACS	— Alta Autoridade para a Comunicação Social
Ac	— Acórdão
AcD	— *Acórdãos Doutrinais do Supremo Tribunal Administrativo*
ACT	— Acordo colectivo de trabalho
AE	— Acordo de empresa
AR	— Assembleia da República
BFD	— *Boletim da Faculdade de Direito (da Universidade de Coimbra)*
BGB	— Bürgerliches Gesetzbuch (Código Civil alemão, de 1896)
BMJ	— *Boletim do Ministério da Justiça*
Bol CE	— *Boletim das Comunidades Europeias*
Bol UE	— *Boletim da União Europeia*
BTE	— *Boletim do Trabalho e do Emprego*
CAdm	— Código Administrativo
CCiv	— Código Civil português, de 1966
CCJ	— Comissões de Conciliação e Julgamento
CCom	— Código Comercial português, de 1888
CCoop	— Código Cooperativo, de 1996
CCTF	— *Cadernos de Ciência e Técnica Fiscal*
CDA	— Código do Direito de Autor e dos Direitos Conexos, de 14.3.1985
CECA	— Comunidade Europeia do Carvão e do Aço
CEDH	— Convenção Europeia dos Direitos do Homem
CEE	— Comunidade Económica Europeia
CJ	— *Colectânea de Jurisprudência*
CNot	— Código do Notariado
CNPD	— Comissão Nacional de Protecção de Dados
CPC	— Código de Processo Civil de 1961
CPen	— Código Penal de 1995
CPI	— Código da Propriedade Industrial
CPPen	— Código de Processo Penal
CPubl	— Código da Publicidade, aprovado pelo Dec.-Lei n.° 330/90, de 23 de Outubro
CRCiv	— Código do Registo Civil
CRCom	— Código do Registo Comercial
CRP	— Constituição da República Portuguesa, de 2.4.1976, revista em 1982, 1989, 1992 e 1997
CRPred	— Código do Registo Predial
CSC	— Código das Sociedades Comerciais

CTF	— *Ciência e Técnica Fiscal*
D	— *Recueil Dalloz*
DA	— Decisão arbitral
DAR	— *Diário da Assembleia da República*
Dec.	— Decreto
Dec.-Lei	— Decreto-Lei
DN	— Despacho Normativo
DG	— *Diário do Governo*
Dir	— *O Direito*
Dir.ª	— Directiva
DLReg	— Decreto Legislativo Regional
DR	— *Diário da República*
DReg	— Decreto Regulamentar
DRegReg	— Decreto Regulamentar Regional
DS	— *Diário das Sessões*
DUDH	— Declaração Universal dos Direitos do Homem
EIR	— Estatuto da Imprensa Regional, aprovado pelo Dec.-Lei n.º 106/88, de 31.3
EJorn de 1979	— Estatuto do Jornalista, aprovado pela Lei n.º 62/79, de 20.9
EJorn de 1999	— Estatuto do Jornalista, aprovado pela Lei n.º 1/99, de 13.1
INPI	— Instituto Nacional da Propriedade Industrial
JOCE	— *Jornal Oficial das Comunidades Europeias*
LAACS	— Lei da Alta Autoridade para a Comunicação Social — Lei n.º 43/98, de 6.8
LCI	— Lei da Criminalidade Informática — Lei n.º 109/91, de 17.8
LCT	— Regime jurídico do contrato individual de trabalho, apro. Dec.-Lei n.º 49.408, de 24.11.1969
LEALRA	— Lei Eleitoral da Assembleia Legislativa Regional dos Açores — Dec.--Lei n.º 267/80, de 8.8
LEALRM	— Lei Eleitoral da Assembleia Legislativa Regional da Madeira — Dec.--Lei n.º 318-E/76, de 30.4
LEAR	— Lei Eleitoral da Assembleia da República — Lei n.º 14/79, de 16.5
LEOAL	— Lei Eleitoral dos Órgãos das Autarquias Locais — Lei Orgânica n.º 1/2001, de 14.8
LEPE	— Lei Eleitoral para o Parlamento Europeu — Lei n.º 14/87, de 29.4
LEPR	— Lei Eleitoral do Presidente da República — Dec.-Lei n.º 319-A/76, de 3.5
LImp de 1975	— Lei de Imprensa de 1975 — Dec.-Lei n.º 85-C/75, de 26.2
LImp de 1999	— Lei de Imprensa de 1999 — Lei n.º 2/99, de 13.1
LRádio de 1988	— Lei relativa ao exercício da actividade de radiodifusão — Lei n.º 87/88, de 30 de Julho
LRádio de 2001	— Lei da Rádio — Lei n.º 4/2001, de 23 de Fevereiro
LTV	— Lei da televisão — Lei n.º 31-A/98, de 14.7
OMPI	— Organização Mundial Propriedade Intelectual
Port	— Portaria

Abreviaturas 7

RCM	— Resolução do Conselho de Ministros
RDES	— *Revista de Direito e de Estudos Sociais*
Rel	— Tribunal da Relação
RelC	— Tribunal da Relação de Coimbra
RelE	— Tribunal da Relação de Évora
RelL	— Tribunal da Relação de Lisboa
RelP	— Tribunal da Relação do Porto
Res	— Resolução
Res AR	— Resolução da Assembleia da República
RFD	— *Revista da Faculdade de Direito, da Universidade de Coimbra*
RFDUL	— *Revista da Faculdade de Direito da Universidade de Lisboa*
RLJ	— *Revista de Legislação e de Jurisprudência*
ROA	— *Revista da Ordem dos Advogados*
RT	— *Revista dos Tribunais*
S	— *Recueil Sirey*
SIur	— *Scientia Iuridica*
STA	— Supremo Tribunal Administrativo
STJ	— Supremo Tribunal de Justiça
TC	— Tribunal Constitucional
UE	— União Europeia

Nota: No texto, a data dos diplomas publicados no *Diário da República*, I série, é a data da publicação.

NOTA PRELIMINAR

O texto seguinte foi escrito para servir de elemento de estudo para os alunos da disciplina de direito da comunicação social do Curso de Comunicação Social e Cultural da Faculdade de Ciências Humanas da Universidade Católica Portuguesa, em Lisboa, seguindo critérios semelhantes aos indicados na nota do vol. I.

As partes que agora se dão à estampa são uma tentativa de esquematização e síntese de dois assuntos que, de um ponto de vista jurídico, são díspares, mas têm em comum a enorme relevância para as actividades de comunicação social.

Não fica, ainda, completo o programa que me propus desenvolver e que inclui as partes relativas à responsabilidade penal, contra-ordenacional e civil mediática. Outras tarefas mais prementes impedem-me de terminar já o trabalho começado.

Este texto foi concluído no final do ano lectivo de 2002-3. Tenho-me esforçado por actualizá-lo, à medida que vou conhecendo novos diplomas ou outras fontes. Não é fácil, todavia, evitar que escape à actualização uma ou outra referência. Espero que o leitor tenha cuidado e benevolência.

PARTE III

O DIREITO DE AUTOR
E OS DIREITOS CONEXOS

CAPÍTULO I

Considerações gerais

SECÇÃO I

Noção e importância do direito de autor e dos direitos conexos

1. As obras literárias, científicas e artísticas, entre as quais se incluem as publicadas ou divulgadas pelos meios de comunicação social, são manifestações de *criatividade* do espírito humano, cujos autores têm o direito de ser *reconhecidos* como tais (independentemente do seu mérito) e beneficiar de *protecção* contra imitações, cópias ou reproduções não autorizadas.

Esta necessidade de *protecção* acentuou-se quando surgiram técnicas de reprodução em massa e esta actividade se tornou lucrativa e, mais ainda, quando se generalizou a utilização da Internet.

A protecção legal das obras literárias, científicas e artísticas foi assegurada, primeiro, pelo reconhecimento do *direito de autor* e, mais tarde, pela tutela dos chamados *direitos conexos*.

O ***direito de autor*** respeita a *criações* literárias, científicas e artísticas, protegendo os seus autores.

Os ***direitos conexos*** respeitam a *prestações* dos artistas intérpretes e executantes, dos produtores de fonogramas e videogramas e dos organismos de radiodifusão.

Ambas as categorias de direitos se traduzem, fundamentalmente, na outorga a uma determinada pessoa (titular) de um ***exclusivo*** ou monopólio temporário do aproveitamento económico de uma *obra*, que, sem ele, seria livremente utilizável por qualquer pessoa. Assim, compensa-se o titular pelo seu mérito ou esforço criativo, incentivando a criatividade futura, ao mesmo tempo que se abre caminho à divulgação junto do público de bens culturais, que, de outro modo, poderiam nem ser divulgados.

Uma vez que o direito de autor e os direitos conexos restringem a liberdade de utilização de bens culturais, entende-se que a *duração* do exclusivo seja *limitada*. Passado o período necessário para uma razoável compensação do titular (moral e material), a utilização dos bens torna-se livre. Actualmente, em Portugal, a duração dos direito de autor é, em regra, de 70 anos após a morte do criador intelectual [1]; a duração dos direitos conexos é, grosso modo, de 50 anos a contar da prestação [2].

É evidente que o direito de autor e os direitos conexos constituem limitações à liberdade de expressão de quem não seja autor ou titular desses direitos conexos.

2. Do ponto de vista económico, é muito grande a **importância** do direito de autor e dos direitos conexos, pois a compensação pecuniária do autor pela utilização de obras protegidas representa, em média, 2 a 5% do produto nacional bruto, chegando a atingir 8% em países industrializados, como o Japão [3].

Constitui fonte de rendimentos consideráveis não só para os autores, mas também para os editores, artistas intérpretes e executantes, produtores de fonogramas e videogramas, publicitários, criadores de obras informáticas e telemáticas, e outros ainda.

Mais importante do que o aspecto económico é, todavia, o valor pessoal da criação intelectual: o direito à paternidade, à integridade e genuinidade da obra.

O direito de autor e os direitos conexos não são exclusivos do âmbito da comunicação social, mas têm aqui um lugar *essencial*.

Os jornalistas, autores, actores, artistas intérpretes e outros profissionais da comunicação social não se limitam a pôr o seu tempo de trabalho à disposição de uma empresa, para a produção de um qualquer produto ou serviço. Envolvem a sua personalidade, a sua capacidade intelectual e o seu talento na realização de uma obra. Esta tem um valor económico, mas vale tanto ou mais como expressão pessoal e referência

---

[1] CDA art. 31.º.

[2] CDA art. 183.º.

[3] Cf. Luiz Francisco Rebello, *Introdução ao Direito de Autor*, Lisboa, SPA/D. Quixote, 1994, pág. 18 e 32 e segs.. Nos Estados Unidos da América, 5% do produto interno bruto provém de direito de autor, estimando-se que a pirataria autoral custe cerca de USD 12,4 biliões por ano de rendimentos perdidos. Cf. Deborah E. Boucoux, *Intellectual Property*, Albany, N.Y., West Thompson Learning, 2000, pág. 134.

de prestígio e popularidade. Por isso, o reconhecimento do direito de autor não protege apenas o valor económico da obra, mas também o seu valor humano, personalista ([1]).

O regime das relações entre os profissionais da comunicação social e as respectivas empresas origina alguns problemas específicos. Por um lado, incumbindo ao director a determinação do conteúdo da publicação ou emissão, pode ele dar maior ou menor (ou nenhum!) relevo ao trabalho dos jornalistas, com eventual prejuízo para os seus direitos de autor. Por outro lado, a mobilidade dos jornalistas suscita problemas que podem não existir enquanto eles se mantêm ao serviço da mesma empresa; por exemplo, um repórter pode admitir facilmente a republicação de uma fotografia sua, enquanto se mantém ao serviço da mesma empresa, mas querer direitos de autor, se, entretanto, saiu da empresa ([2]).

O direito de autor e os direitos conexos são de tal modo relevantes que têm protecção *constitucional* e *internacional*, no âmbito da liberdade de criação cultural.

Efectivamente, segundo o art. 42.º da CRP (incluído no capítulo dos direitos, liberdades e garantias pessoais), "1. É livre a criação intelectual, artística e científica.

2. Esta liberdade compreende o direito à invenção, produção e divulgação da obra científica, literária ou artística, incluindo a protecção legal dos direitos de autor".

Por outro lado, diplomas de origem internacional tão importantes como, entre outros, a Declaração Universal dos Direitos do Homem consagram-nos explicitamente ([3]).

Para os profissionais da comunicação social, o conhecimento do regime do direito de autor é particularmente importante, não só para saberem quando e como defender os seus interesses autorais, mas também quando podem utilizar livremente certos materiais alheios e quando devem obter autorização dos seus autores.

([1]) A acentuação deste aspecto personalista é característico da concepção seguida pela doutrina da Europa continental, enquanto os países anglo-saxónicos salientam mais o valor patrimonial do direito de autor. Cf. E. DERIEUX, *Droit de la communication*, 1991, pág. 519 e segs.; E. DERIEUX, *Droit des médias*, 1995, pág. 129.

([2]) Cf. MIGUEL REIS, *O Direito de autor no Jornalismo*, Lisboa, Quid Juris?, 1999, pág. 10 e seg.

([3]) Segundo o art. 27.º, n.º 2, da DUDH, "Toda a pessoa tem direito à protecção dos interesses morais e materiais que lhe pertencerem por causa de produções científicas, literárias ou artísticas da sua autoria".

SECÇÃO II

Delimitação e enquadramento sistemático

1. O direito de autor é um ramo de direito relativamente recente. Embora a matéria tenha sido regulada, pela primeira vez, em Portugal, por um diploma específico (o Decreto de 18.7.1851), veio a ser incluída, pouco tempo depois, no Código Civil do Visconde de Seabra (de 1867). Só ganhou *autonomia formal ou legislativa*, a partir do Decreto n.º 13.725, de 3.6.1927, tendo sido regulada pelo Código do Direito de Autor, de 1966, e actualmente pelo Código do Direito de Autor de 1985.

2. Trata-se, sem dúvida, de um ramo de **direito privado**, uma vez que regula, fundamentalmente, relações entre particulares.

A generalidade da doutrina entende que constitui um **ramo do direito civil**, ao lado dos ramos consagrados pela classificação germânica (direito das obrigações, direitos reais, direito da família e direito das sucessões) e do direito de personalidade ([1]).

Tem, em todo o caso, relações com diversos outros ramos de direito: constitucional ([2]), internacional público ([3]), administrativo ([4]), fiscal ([5]), penal ([6]), etc..

([1]) Neste sentido e para maiores desenvolvimentos, cf. JOSÉ DE OLIVEIURA ASCENSÃO, *Direito Civil – Direito de Autor e Direitos Conexos*, 1992, pág. 27 e segs.; L. F. REBELO, *Introdução ao Direito de autor*, 1994, vol. I, pág. 49 e segs.

([2]) O direito de autor é um direito fundamental, consagrado no art. 42.º, n.º 2, da Constituição.

([3]) O direito de autor está consagrado pela Declaração Universal dos Direitos do Homem, de 1948, e estão em vigor diversas convenções internacionais sobre ele.

([4]) Certos factos estão sujeitos a registo, que, nuns casos, deve ser efectuado na Direcção-Geral dos Espectáculos e do Direito de Autor, noutros, na Divisão de Registo e Controlo da Direcção de Serviços de Licenciamento da Inspecção-Geral das Actividades Culturais (IGAC) e, noutros ainda, no Instituto da Comunicação Social (CDA art. 74.º, 214.º e 215.º), estando sujeitos a inspecção pela Inspecção-Geral das Actividades Culturais (Dec.-Lei n.º 80/97, de 8.4).

([5]) Sobre os rendimentos provenientes da propriedade literária, artística e científica incide IRS (categoria B), mas só sobre 50% do seu valor (CIRS art. 3.º; EBF art. 45.º). A transmissão do direito de autor e a autorização para a utilização da obra intelectual, quando efectuadas pelos próprios autores, seus herdeiros ou legatários está isenta de IVA (CIVA art. 9.º, n.º 17).

([6]) O CDA tipifica diversos crimes e contra-ordenações relativos ao direito de autor e direitos conexos, tais como a usurpação e a contrafacção (art. 195.º a 205.º).

Apresenta, sobretudo, grandes afinidades com o **direito da propriedade industrial**, de tal modo que muitas vezes é incluído numa categoria comum designada **propriedade intelectual** ([1]). A organização internacional especializada nesta matéria chama-se mesmo Organização Mundial da Propriedade Intelectual (O.M.P.I.).

Efectivamente, a propriedade industrial refere-se também a bens incorpóreos: *invenções* científicas ou técnicas com interesse económico (patentes de invenção, modelos de utilidade, modelos e desenhos industriais) e *sinais distintivos* do comércio (marcas, recompensas, nomes e insígnias de estabelecimento, logótipos, denominações de origem e indicações geográficas).

Ambas as categorias de direitos se traduzem na outorga a uma determinada pessoa (titular) de um *exclusivo* do aproveitamento económico de um *objecto*, que, de outro modo, seria livremente utilizável por qualquer pessoa ([2]).

Várias obras protegidas pelo direito de autor podem ser simultaneamente protegidas pelo direito da propriedade industrial (como patentes, desenhos industriais, marcas, etc.), desde que satisfaçam os respectivos requisitos ([3]).

É de salientar a este respeito que, enquanto os direitos da *propriedade industrial* dependem, em regra, de *registo* no Instituto Nacional da Propriedade Industrial ([4]), o *direito de autor e os direitos conexos* adquirem-se, em regra, **independentemente de registo**, a não ser quanto ao título de obra não publicada e aos títulos de jornais e outras publicações periódicas e poucos mais casos ([5]).

([1]) É a epígrafe do art. 1303.º do CCiv.

([2]) Cf. J. O. ASCENSÃO, *Direito de Autor cit.*, 1992, pág. 11 e segs. e 31 e segs.. Sobre a propriedade industrial, cf. J. O. ASCENSÃO, *Direito Comercial – vol. II Direito Industrial*, Lisboa, 1988.

([3]) É o caso das obras de artes aplicadas, desenhos ou modelos industriais e obras de *design* que constituam criação artística (CDA art. 2.º, n.º 1, al. i)). Cf. J. O. ASCENSÃO, *Direito de Autor cit.*, 1992, pág. 91 e segs.. Os requisitos dos direitos da propriedade industrial constam, fundamentalmente, do Código da Propriedade Industrial (CPI), aprovado pelo Dec.-Lei n.º 16/95, de 24.1.

([4]) CPI art. 5.º, 6.º, 11.º, 31.º, 53.º a 56.º, 125.º, 149.º, 167.º, 218.º, 232.º, 247.º, 252.º, etc.

([5]) CDA art. 74.º, 213.º e 214.º.

SECÇÃO III

História do direito de autor e dos direitos conexos

Na história do direito de autor e dos direitos conexos, podem distinguir-se quatro períodos fundamentais:

a) Período dos precursores;

b) Período dos privilégios;

c) Período do reconhecimento do direito de cópia e da propriedade literária e artística;

d) Período do reconhecimento dos direitos conexos e da harmonização das legislações europeias.

I – Período dos precursores, até 1450

Desde os tempos do antigo Egipto, de Platão e de Cícero, que há referências a condenações *penais* por aquilo a que chamamos hoje reprodução e contrafacção de obras literárias ou artísticas. Uma sátira de Marcial comparava as cópias dos seus versos ao *"plagium"* (roubo de uma criança, punido pelo Digesto) [1].

II – Período dos privilégios

1. Após a invenção da imprensa (entre 1430 e 1450), começaram a ser concedidos **monopólios** para o exercício da actividade económica de *impressor*. O mais célebre é o concedido em Veneza a Johann von Speyer, em 1469 [2].

As **obras literárias**, em si mesmas, foram objecto de protecção mediante *privilégios de impressão e publicação* atribuídos aos *impres-*

---

[1] Cf. MARIE-CLAUDE DOCK, "Génèse et évolution de la notion de propriété littéraire", in *Revue Internationale du Droit d'Auteur*, Paris, 1974, LXXIX, pág. 127 e segs., cit. por L. F.REBELO, *Introdução ao Direito de autor*, 1994, vol. I, pág. 29 e segs.; HEINRICH HUBMANN, *Urheber– und Verlagsrecht*, München, Beck, 2. Aufl., 1966, pág. 9; POUILLET, *Traité théorique et pratique de la propriété littéraire et artistique*, Paris, 1908, pág. 3; Digesto, Livro XLI, tomo 1, 65, princ. Livro XLVII, tomos 2, 14, § 17.

[2] Cf. H. HUBMANN, *Urheber– und Verlagsrecht*, 1966, pág. 10.

sores ou editores, como compensação pelos investimentos exigidos pela produção dos livros e para os proteger da concorrência.

O Senado veneziano outorgou, em 1495, um privilégio ao impressor Aldo Manuzio para uma edição das obras de Aristóteles. Um Regimento do Império germânico de 1501 concedeu ao humanista Celtes um privilégio de impressão das poesias da freira Hroswitha von Gandersheim. O autor, normalmente, recebia apenas exemplares da sua obra; só a partir do séc. XVI, começou a receber uma remuneração ([1]).

Em **Portugal**, em 1502, Valentim Fernandes, um alemão da Morávia radicado em Lisboa, obteve um privilégio de exclusividade para a edição da tradução portuguesa do *Livro de Marco Polo* ([2]).

Os privilégios dos impressores estavam frequentemente associados à *censura* e, nalguns casos, relacionados com *proibições gerais de reprodução* ([3]). Para os fundamentar, a doutrina desenvolveu o que pode chamar-se *teoria da propriedade de editor* ("Verlagseigentum") ([4]).

Os privilégios concedidos aos impressores foram postos em causa por influência dos pensadores liberais, na transição do séc. XVII para o Séc. XVIII. Nomeadamente, a Câmara dos Comuns inglesa, considerando abusivo o privilégio concedido por Maria Tudor, em 1556, à Corporação dos Editores e confirmado em 1640 e 1671, decidiu aboli-lo ([5]).

Ao lado dos privilégios concedidos aos impressores, cedo foram também concedidos *privilégios aos autores*, atendendo, sobretudo, aos seus interesses morais. Em 1486, a cidade de Veneza concedeu a Sabellicus um privilégio pela publicação da sua história da cidade e, em 1492, a Petrus Franciscus pela sua obra Phoenix ([6]).

Em França, os privilégios dos *editores* começaram a ser postos em causa, passando a ser reconhecidos privilégios *aos autores*, no séc. XVIII ([7]).

([1]) Cf. H. HUBMANN, *Ob. cit.*, 1966, pág. 10 e seg.

([2]) Cf. L. F. REBELO, *Introdução cit.*, vol. I, pág. 31 e seg.. Em França, Luís XII concedeu privilégios aos impressores para a edição das Epístolas de São Paulo, em 1507, e de obras de São Bruno, em 1508. Cf. C. COLOMBET, *Propriété littéraire et artistique et droits voisins*, 1997, pág. 2.

([3]) Por exemplo, em Basileia, em 1531, foi proibida a reprodução de todos os livros durante três anos. Cf. H. HUBMANN, *Urheber– und Verlagsrecht*, 1966, pág. 11 e segs.

([4]) Cf. H. HUBMANN, *Ob. cit.*, 1966, pág. 12 e seg.

([5]) Cf. L. F. REBELO, *Introdução cit.*, vol. I, pág. 32.

([6]) Cf. H. HUBMANN, *Ob. cit.*, 1966, pág. 11.

([7]) A defesa do direito de autor encontra-se em escritos dos advogados Marion, no séc. XVI, e Louis d'Héricourt, em 1725. Mas só em 1761, foi reconhecido às netas de La

2. Quanto às **artes plásticas**, na Alemanha, foram concedidos *privilégios* imperiais a Albrecht Dürer, em 1511 e 1528 ([1]).

Na França do Antigo Regime, os artistas, pintores, escultores e gravadores eram considerados como artesãos e enquadrados nas corporações, apenas escapando à sua disciplina alguns artistas chamados patenteados ("brevetaires"), sob protecção directa do Rei. Luís XIV criou a Academia Real, para substituir as corporações, sendo adoptadas regras menos estritas. Uma declaração real de 15.5.1777 proclamou solenemente a liberdade da arte e reconheceu a propriedade artística e a liberdade do autor de difundir as suas obras, desde que pertencesse à Academia Real (de acesso livre) ([2]).

3. Quanto a **obras musicais**, foram concedidos, na Alemanha, *privilégios* imperiais ao compositor Orlando di Lasso, em 1581 ([3]).

Em França, os privilégios foram primeiro conferidos à Academia Real de Música, que tinha o monopólio de edição e um direito discricionário de representação. No último quartel do séc. XVIII, começaram a ser concedidos privilégios semelhantes aos autores, o que veio a ser afirmado por decreto de 1786 ([4]).

III – Período do reconhecimento do direito de cópia e da propriedade literária e artística

1. Uma verdadeira protecção da generalidade dos autores surge só por influência da doutrina do *direito natural*, que desenvolveu a teoria da propriedade intelectual ([5]).

Fontaine, por direito hereditário, o privilégio da edição das suas obras, o mesmo acontecendo, pouco tempo depois, aos herdeiros de Fénelon. O Conselho do Rei aboliu, em 30.8.1777, os privilégios perpétuos dos editores, reconhecendo aos autores e seus herdeiros o privilégio de editar e vender as suas obras. Cf. C. COLOMBET, *ob. cit.*, pág. 3; L. F. REBELO, *Introdução cit.*, vol. I, pág. 33 e seg.

([1]) Cf. H. HUBMANN, *Ob. cit.*, 1966, pág. 11.

([2]) Cf. C. COLOMBET, *ob. cit.*, pág. 4.

([3]) Cf. H. HUBMANN, *Ob. cit.*, 1966, pág. 11.

([4]) Cf. C. COLOMBET, *ob. cit.*, pág. 4.

([5]) CARPZOW, na sua *Jurisprudentia ecclesiastica*, de 1652, justificava os privilégios dos autores com base na "naturalis aequitas". Cf. H. HUBMANN, *Ob. cit.*, 1966, pág. 13 e seg.

O direito de autor e os direitos conexos

A primeira lei sobre o direito de autor, no sentido moderno da expressão, foi a Lei da Rainha Ana Stuart, de **Inglaterra**, de 1709, que atribuiu aos *autores* um direito exclusivo de reprodução ("**copyright**") pelo prazo de 20 anos, para livros já publicados em 10.4.1710, e de 14 anos para livros inéditos, prorrogáveis por igual período se o autor estivesse vivo à data do seu termo. Concedido "para o encorajamento da ciência e garantia da propriedade dos livros impressos", tal direito dependia do *registo* da obra, o qual era presunção de propriedade a favor do autor ([1]).

Esta concepção do direito de cópia, de cunho predominantemente patrimonial, veio a influenciar diversos países de direito anglo-saxónico.

2. Entre as primeiras leis que consagraram o direito de propriedade literária contam-se, também, a ordenação escandinava de 1741 e a lei do Estado de Massachussets, de 17.3.1789 ([2]).

3. Em **França**, após a Revolução, foi decretada a supressão de todos os privilégios pela Assembleia Constituinte, em 4.8.1789.

A falta de protecção daí decorrente durou pouco, pois foi aprovada, em Janeiro de 1791, uma lei sobre os espectáculos públicos, que reconhecia aos autores dramáticos o direito exclusivo de autorizarem, por escrito, a representação das suas peças em teatros públicos. Esta lei assentava na ideia de **propriedade literária**: "a mais sagrada, a mais pessoal de todas as propriedades é a obra, fruto do pensamento de um escritor" ([3]).

Pouco tempo depois, o Decreto de 19-24.7.1793, alargou a protecção dos direitos dos autores a todas as categorias de obras e à sua reprodução, reconhecendo o direito exclusivo de venda até 10 anos após a morte do autor, prazo este elevado para 20 anos, em 1810, e para 50 anos, em 1886.

([1]) Cf. W. R. Cornish, *Intellectual Property: Patents, Copyright, Trade Marks and Allied Rights*, London, Sweet & Maxwell, 1981, pág.294 e seg.; L. F. Rebelo, *Introdução cit.*, vol. I, pág. 32 e seg.

([2]) Cf. L. F. Rebelo, *Introdução cit.*, vol. I, pág. 34, nota 6.

([3]) A frase é do advogado Cochu, de 1777, tendo sido retomada por Le Chapelier. Cf. C. Colombet, *ob. cit.*, pág. 4.

As duas leis francesas de 1791 e 1793 vigoraram, com algumas alterações, até 1957 ([1]). A sua concepção personalista influenciou as legislações de diversos outros países da família romano-germânica.

Foi em França que foi usada, pela primeira vez a expressão direito de autor.

4. Em **Portugal**, o direito de autor aparece referido, pela primeira vez, na Carta de Lei de 4.7.1821 ([2]).

A Carta Constitucional de 1826 reconhecia aos inventores "a propriedade das suas descobertas ou das suas produções", acrescentando que "A Lei assegurará um privilégio exclusivo temporário, ou lhes remunerará em ressarcimento da perda que hajam de sofrer pela vulgarização" (art. 145.º, § 24.º). Era, porém, discutida a aplicação analógica desta disposição aos autores de obras literárias e artísticas ([3]).

A Constituição de 1838 resolveu esta questão, consagrando o direito de propriedade dos escritores sobre os seus escritos "pelo tempo e na forma que a lei determinar" (art. 23.º, § 4.º).

O primeiro diploma legal a disciplinar a matéria foi, todavia, o **Decreto de 8.7.1851**, aprovado na base da iniciativa de Almeida Garrett, que protegia a propriedade literária e artística por 50 anos após a morte do autor ([4]).

([1]) A Lei de 14.7.1866, concedeu ao cônjuge sobrevivo do artista o usufruto sobre os direitos de autor. A Lei de 11.3.1902 proclamou o princípio da protecção da obra independentemente do seu mérito ou do seu destino. A lei de 9.4.1910 distingue entre o direito de propriedade da obra de arte, que pode ser transmitido a terceiro, e o direito de reprodução dela, que o seu autor mantém, apesar da transmissão, salvo estipulação em contrário. A lei de 29.5.1925 estabeleceu o princípio da protecção baseada na simples criação, tornando-a independente do depósito legal na Biblioteca Nacional, embora este se mantenha como mera obrigação de polícia, que não afecta o direito do autor. Cf. C. COLOMBET, *ob. cit.*, pág. 5 e seg.

([2]) Segundo o art. 2.º deste diploma, "a faculdade de imprimir qualquer livro ou escrito original ou traduzido constitui propriedade vitalícia do seu autor ou tradutor, a qual ainda pertence a seus herdeiros e sucessores por espaço de dez anos". Sendo o autor ou tradutor uma "sociedade literária ou outra qualquer corporação", tinha o "gozo da mesma propriedade por tempo de sessenta anos".

([3]) No sentido afirmativo, cf. LOPES PRAÇA, cit. por L. F. REBELO, *Introdução cit.*, vol. I, pág. 35.

([4]) Este Decreto foi muito controvertido na doutrina portuguesa. Nomeadamente, ALEXANDRE HERCULANO negava a existência de qualquer propriedade literária (cf. "Da propriedade literária e da recente Convenção com França ao Visconde d'Almeida Garrett

O **Código Civil de 1867** incluiu diversos preceitos sobre o "trabalho literário e artístico", reconhecendo ao autor o direito exclusivo de reproduzir e negociar a sua obra, bem como a seus herdeiros, cessionários ou representantes durante cinquenta anos após a sua morte ([1]). O *Dec. n.º 13.725, de 3.6.1927*, tratou da propriedade literária e artística "como qualquer outra propriedade mobiliária", conferindo-lhe protecção perpétua ([2]). Pelo Dec.-Lei n.º 46.980, de 27.4.1966, foi aprovado o primeiro *Código do Direito de Autor*, restabelecendo a protecção por cinquenta anos após a morte do autor ([3]).

5. Atendendo às frequentes relações culturais transfronteiras, vários países celebraram **convenções internacionais** *bilaterais* ([4]).

O tema ganhou tal projecção que dez países ([5]) aprovaram em Berna, em 9.9.1886, uma Convenção internacional para a protecção dos direitos dos autores sobre as suas obras literárias e artísticas – a célebre *Convenção de Berna*, que constituiu para isso a *União de Berna*. A ela vieram aderir numerosos outros Estados, incluindo, em 1911, Portu-

---

– 1851", Lisboa, Imprensa Nacional, 1851, e in *Opúsculos*, Lisboa, Liv. Bertrand, tomo II, pág. 57 e segs.). J. DIAS FERREIRA e LOPES PRAÇA defendiam a propriedade literária com a mesma duração (perpétua) e transmissibilidade de geração em geração que qualquer outra propriedade (cf., respectivamente, *Código Civil Portuguez Anotado*, Coimbra, Imprensa da Universidade, 2.ª ed., 1894, vol. I, pág. 404 e seg.; e *Estudos sobre a Carta Constitucional de 1826 e o Acto Adicional de 1852*, 1.ª parte, pág. 94). Cf. VISCONDE DE CARNAXIDE, *Tratado da Propriedade Literária e Artística (Direito Interno, Comparado e Internacional)*, Porto, Renascença Portuguesa, 1918, pág. 15 e segs.; e L. F. REBELLO, *Introdução cit.*, 1994, pág. 34 e segs.

([1]) Art. 570.º a 612.º. O prazo de 50 anos foi prorrogado de 5 anos e 153 dias "por motivo de guerra" pelo Dec. n.º 5.693, de 10.5.1919, em relação a obras publicadas até ao fim deste ano e que não houvessem caído ainda no domínio público.

([2]) Só a Guatemala, o México, a Nicarágua e a Venezuela conferiam protecção perpétua. Cf. L. F. REBELLO, *Introdução cit.*, 1994, pág. 37.

([3]) Sobre a história do direito de autor em Portugal, cf., ainda, ALBERTO DE SÁ E MELLO, *O Direito Pessoal de Autor no Ordenamento Jurídico Português*, Lisboa, Soc. Portuguesa de Autores, 1989, pág. 43 e segs.

([4]) Portugal celebrou Convenções com a França, em 1851 e 1866, com a Espanha, em 1860 e 1880, com a Bélgica, em 1866, com o Brasil, em 1889, e com a Itália, em 1906.

([5]) Alemanha, Bélgica, Espanha, França, Haiti, Inglaterra, Itália, Libéria, Suíça e Tunísia.

gal ([1]). Foi objecto de diversas alterações, em 1896, 1908, 1914, 1928, 1948 ([2]), 1967 e 1971 ([3]).

Entretanto, a Declaração Universal dos Direitos do Homem, aprovada pelas Nações Unidas, em 1948 ([4]), reconheceu o direito de autor como um dos direitos fundamentais (art. 27.º, n.º 2).

Na sequência deste reconhecimento, a UNESCO promoveu a aprovação de uma *Convenção Universal* sobre o Direito de Autor, assinada em Genebra, em 6.9.1952 ([5]). Esta Convenção confere menor protecção que a Convenção de Berna, facilitando a adesão de países que não estavam dispostos a aderir a esta ([6]). A Convenção Universal foi concebida, desde o início, como complementar da Convenção de Berna, tendo a articulação entre elas sido reforçada quando ambas foram revistas, em 1971 ([7]).

Estas Convenções internacionais influenciaram significativamente a evolução do direito português ([8]).

IV – Período do reconhecimento dos direitos conexos e da harmonização das legislações europeias

1. Entretanto, foi sentida a necessidade de proteger os artistas intérpretes e executantes (actores, cantores, músicos, bailarinos), os produ-

---

([1]) Pelo Dec. com força de Lei de 23.3.1911.

([2]) Portugal aderiu a este acto de Bruxelas de 1948 pelo Dec.-Lei n.º 38.304, de 16.6.1951.

([3]) Portugal aderiu ao Acto de Paris, de 24.7.1971, relativo à Convenção de Berna, pelo Dec.-Lei n.º 73/78, de 2.7. Cf. L. F. REBELLO, *Introdução cit.*, 1994, pág. 40 e segs..

([4]) Ratificada por Portugal mediante a Resolução da Assembleia Nacional de 11.5.1956.

([5]) Aprovada para adesão pela Resolução da Assembleia Nacional de 11.5.1956.

([6]) A União Soviética só aderiu à Convenção Universal, em 1973. Os Estados Unidos da América viriam a aderir à Convenção de Berna, em 1989.

([7]) O Acto relativo à Convenção Universal foi aprovado para adesão pelo Dec. n.º 140-A/79, de 26.12. A OMPI e a UNESCO promoveram a adopção, em 1979, de uma Convenção multilateral tendente a evitar a *dupla tributação* das remunerações de direito de autor transferidas de um país para outro, que não chegou a entrar em vigor, por insuficiência de adesões, sendo o problema resolvido, em certa medida, mediante convenções bilaterais.

([8]) Para maiores desenvolvimentos e referências a outras convenções internacionais de âmbito mais limitado, cf. L. F. REBELLO, *Introdução cit.*, 1994, pág. 44 e seg.

tores de fonogramas e videogramas e os organismos de radiodifusão sonora e televisiva, em moldes semelhantes aos autores – através dos chamados "direitos conexos".

Esse o objectivo da Convenção Internacional sobre a Protecção dos Artistas Intérpretes ou Executantes, dos Produtores de Fonogramas e dos Organismos de Radiodifusão, assinada em Roma, em 26.10.1961 ([1]).

Em 29.10.1971, foi assinada, em Genebra, a Convenção Internacional para a Protecção dos Produtores de Fonogramas contra a sua Reprodução não autorizada dos seus Fonogramas ([2]).

Em 21.5.1974, foi assinada, em Bruxelas, a Convenção relativa à protecção de sinais portadores de programas distribuídos por satélite ([3]).

2. Em **Portugal**, a *Constituição de 1976* consagrou a protecção do direito de autor, entre os direitos, liberdades e garantias (art. 42.º, n.º 2).

Em 1985, a venda de cassetes ilícitas no mercado fonográfico chegou a exceder 80%, a percentagem mais alta da Europa. Esta situação tornou premente a revisão do CDA de 1966, que vinha a ser preparada desde 1973.

O novo *Código do Direito de Autor e Direitos Conexos* (CDA) veio a ser, finalmente, aprovado pelo DL n.º 63/85, de 14.3, sendo o primeiro diploma português a acolher a figura dos direitos conexos.

Foi, todavia, objecto de violentas críticas, que estão na origem da Lei n.º 45/85, de 17.9, e, mais recentemente, da Lei n.º 114/91, de 3.9 ([4]).

3. No âmbito das **Comunidades Europeias**, começou a sentir-se a necessidade de harmonização das legislações dos Estados membros. Apesar de todos terem aderido à Convenção de Berna e a maioria também à Convenção de Roma, as diferenças de regime constituem obstáculos à livre circulação de bens e à prestação de serviços culturais e criam distorções à concorrência no mercado comum.

([1]) Conhecida como "Convenção de Roma sobre os direitos vizinhos", entrou em vigor em 18.5.1984. Portugal ainda não aderiu a esta Convenção, mas as principais normas desta foram reproduzidas, com ligeiras alterações, no título III do CDA.

([2]) Entrou em vigor em 18.4.1973. Portugal ainda não aderiu a esta Convenção.

([3]) Foi aprovada para adesão pelo Dec. n.º 19/88, de 26.8. Para maiores desenvolvimentos sobre a história dos direitos conerxos, cf. L. F. REBELLO, *Código do Direito de Autor e dos Direitos Conexos*, Lisboa, âncora Ed., 1998, pág. 227 e segs.

([4]) Cf. L. F. REBELLO, *Introdução cit.*, 1994, pág. 39 e seg.

As dúvidas sobre a legitimidade da intervenção da Comunidade neste domínio só vieram a ser totalmente resolvidas pelo Tratado de Maastricht, de 7.2.1992, que alterou o n.º 3 do art. 128.º do Tratado de Roma.

A Comissão e o Tribunal de Justiça foram chamados a resolver alguns problemas concretos, desde 1971 ([1]), mas o impulso decisivo partiu de uma resolução do Parlamento Europeu, de 1974, pedindo à Comissão que "propusesse as medidas a serem decididas pelo Conselho a fim de aproximar as legislações nacionais sobre os direitos de autor e os direitos vizinhos".

A Comissão apresentou vários documentos ([2]), na sequência dos quais vieram a ser aprovadas diversas directivas e uma resolução:

– Directiva n.º 91/250/CE, de 14.5.1991, do Conselho relativa à protecção jurídica dos programas de computador ([3]);

– Resolução do Conselho, de 14.5.1992, no sentido de os Estados membros que ainda o não fizeram se obrigarem a aderir ao Acto de Paris da Convenção de Berna e à Convenção de Roma;

– Directiva n.º 92/100/CE, de 19.11.1992, relativa ao direito de aluguer, ao direito de comodato e a certos direitos conexos em matéria de propriedade intelectual ([4]);

– Directiva n.º 93/83/CE, de 27.9.1993, relativa à coordenação de certas regras do direito de autor e dos direitos conexos aplicáveis à radiodifusão por satélite e à retransmissão por cabo ([5]);

([1]) Cf. L. F. REBELLO, *Introdução cit.*, 1994, pág. 46 e seg.; FRANCK GOTZEN, "Harmonization du droit d'auteur et des droits voisins", in *La protection de la propriété intellectuelle – Aspects juridiques et internationaux*, Luxemburgo, 1990; B. EDELMANN, "Droit d'auteur et droits voisins dans la liberté des échanges et dans la libre concurrence", in *Propriété Littéraire et Artistique*, n.º 143, Paris, 1993, fasc. 1810 e 1820.

([2]) Nomeadamente, "A acção comunitária no sector cultural", de 1977, o Livro Verde sobre a "Televisão sem Fronteiras", de 1984, e o Livro Verde sobre "O Direito de Autor e o Desafio Tecnológico", de 1988.

([3]) In *JOCE* n.º L 122, de 17.5.1991. Foi transposta para o direito português pelo Dec.-Lei n.º 252/94, de 20.10.

([4]) In *JOCE* n.º L 346, de 27.11.1992. Foi transposta para o direito português pelo Dec.-Lei n.º 332/97, de 27.11.

([5]) In *JOCE* n.º L 248, de 6.10.1993. Foi transposta para o direito português pelo Dec.-Lei n.º 333/97, de 27.11.

O *direito de autor e os direitos conexos*   27

– Directiva n.º 93/98/CE, de 29.10.1993, do Conselho relativa à harmonização do prazo de protecção dos direitos de autor e de certos direitos conexos ([1]);

– Directiva n.º 96/9/CE, de 11.3.1996, do Parlamento Europeu e do Conselho relativa à protecção jurídica das bases de dados ([2]);

– Directiva n.º 2001/29/CE do Parlamento Europeu e do Conselho, de 22.5.2001, relativa à harmonização de certos aspectos do direito de autor e dos direitos conexos na sociedade da informação, abrangendo o direito de reprodução, o direito de comunicação ao público, as medidas técnicas para permitir a informação sobre os direitos de propriedade intelectual e a sua protecção e o direito de distribuição de cópias materiais ([3]).

– Directiva n.º 2001/84/CE do Parlamento Europeu e do Conselho, de 27.9.2001, relativa Direito de sequência em benefício do autor de obra de arte original que seja objecto de alienações sucessivas ([4]); Prosseguem os trabalhos relativos à radiodifusão de obras, o direito aplicável à utilização em rede, à gestão de direitos e à protecção de direitos morais ([5]).

4. No âmbito mundial, é importante o Acordo sobre os Aspectos dos Direitos de Propriedade Intelectual Relacionados com o Comércio (**Acordo TRIPS/ADPIC**), assinado em Marraquexe, em 15.4.1994 ([6]).

([1]) In *JOCE* n.º L 290, de 24.11.1993. Foi transposta para o direito português pelo Dec.-Lei n.º 334/97, de 27.11.

([2]) In *JOCE* n.º L 77, de 27.3.1996. Foi transposta para o direito português pelo Dec.-Lei n.º 122/2000, de 4.7.

([3]) In *JOCE* n.º L 167, de 22.6.2001; foi transposta para a ordem interna portuguesa pela Lei n.º 50/2004, de 24.8.

([4]) In *JOCE* n.º 272, de 13.10.2001; baseia-se na proposta publicada in *JOCE* n.º C 178, de 21.6.1996; proposta alterada in *JOCE* n.º C 125, de 23.4.1998; o Conselho adoptou uma posição comum em 19.6.2000, cf. *Boletim EU* 6-2000. n.º 1.3.44; foi aprovado um Projecto comum pelo Parlamento Europeu, em 3.7.2001, e pelo Conselho, em 19.7.2001.

([5]) Para uma análise das várias directivas e propostas de directivas europeias, cf. François Dessemontet, *Le droit d'auteur*, Lausanne, CEDIDAC, 1999, pág. 698 e segs..

([6]) Este Acordo TRIPS constitui o Anexo 1C ao Acordo que cria a Organização Mundial de Comércio, anexo ao Acto Final que consagra os resultados das negociações comerciais multilaterais do Uruguay Round, no âmbito do Acordo Geral sobre Pautas Aduaneiras e Comércio (GATT). Estes Acordos e o Acto Final foram aprovados para ratificação pela Resolução da Assembleia da República n.º 75-B/94, de 27.12, tendo o Acordo TRIPS sido publicado no *Diário da República*, série I-A, de 27.12.1994, pág. 7380-(1187) e segs.

28   *Direito da Comunicação Social*

Relevantes são também os **Tratados da OMPI** sobre Direito de Autor e sobre Prestações e Fonogramas, ambos de 20.12.1996 ([1]).

Diversas convenções bilaterais entre Estados, nomeadamente para protecção de investimentos, incluem disposições sobre o direito de autor e os direitos conexos ([2]).

SECÇÃO IV

Fontes de direito; bibliografia

1. Tal como para os outros ramos de direito privado, as fontes de direito de autor e dos direitos conexos são, fundamentalmente a Constituição da República (art. 42.º, n.º 2), diversos tratados internacionais, acima referenciados, e diversas leis e decretos-leis, sendo de destacar o *Código do Direito de Autor e Direitos Conexos* (CDA), aprovado pelo Dec.-Lei n.º 63/85, de 14.3, com várias alterações posteriores.

COLECTÂNEAS DE LEGISLAÇÃO

ASCENSÃO, JOSÉ DE OLIVEIRA, *Direito de Autor e Direitos Conexos – Legislação*, Lisboa, A.A.F.D.L., 1990;

REBELO, LUÍS FRANCISCO, *Código do Direito de Autor e dos Direitos Conexos Anotado – Diplomas Integrantes, Legislação complementar, Convenções Internacionais, Directivas Comunitárias, Apêndice*, Lisboa, Âncora, 2.ª ed., 1998.

ROCHA, ISABEL, *Legislação – Direitos de Autor,* Porto, Porto Ed., 1999.

2. A jurisprudência e a doutrina têm, neste domínio importância semelhante à que desempenham nos demais ramos do direito privado.

([1]) Estes Tratados foram aprovados, em nome da União Europeia, pela Decisão do Conselho, de 16.3.2000, in *JOCE* n.º L 89, de 11.4.2000.

([2]) Cf. FRANÇOIS DESSEMONTET, *Le droit d'auteur*, 1999, pág. 17 e seg.

BIBLIOGRAFIA

ABC do Direito de Autor, Lisboa, Ed. Presença/UNESCO, 1981;

ASCENSÃO, JOSÉ DE OLIVEIRA, *Direito de Autor e Direitos Conexos*, Coimbra, 1992;

ASCENSÃO, JOSÉ DE OLIVEIRA, *Direito Penal de Autor*, Lisboa, Lex, 1993;

ASCENSÃO, JOSÉ DE OLIVEIRA – PEDRO CORDEIRO – SILKE VON LEWINSKY – JUKKE LIEDES – J. L. LOPES DA MOTA – CARLOS R. VIDE – ANTÓNIO M. VITORINO, *Sociedade da Informação – Estudos Jurídicos*, Coimbra, Almedina, 1999;

BAINBRIDGE, DAVID, *Intellectual Property Law*, London, Pitman, 2.ª ed., 1999;

BANDEY, BRIAN, *International Copyright in Computer Program Technology*, Birmingham, CLT Professional Publ., 1996;

BOUCHOUX, DEBORAH E., *Intellectual Property – The Law of Trademarks, Copyrights, Patents and Trade Secrets*, Albany, N.Y., West – Thomson Learning, 2000;

CARNAXIDE, VISCONDE DE, *Tratado da Propriedade Literária e Artística*, Porto, Renascença Portuguesa, 1918;

CHISUM, DONALD S. – MICHAEL A. JACOB, *Understanding Intellectual Property*, New York, Mathew Bender, 1992;

COLOMBET, CLAUDE, *Propriété Littéraire et Artistique et Droits Voisins*, Paris, Dalloz, 8.ª ed., 1997;

CORNISH, W. R., *Intellectual Property: Patents, Copyright, Trade Marks and Allied Rights*, London, Sweet & Maxwell, 3.ª ed., 1996;

D'AMATO, ANTHONY – DORIS ESTELLE LONG, *International Intellectual Property Law*, Kluwer;

DEBBASCH, C., *Traité*, pág. 371 e segs.;

DERIEUX, EMMANUEL, *Droit de la Communication*, Paris, LGDJ, 1991, pág. 499 e segs.;

DESSEMONTET, FRONÇOIS, *Le droit d'auteur*, Lausanne, CEDIDAC, 1999;

Direito de Autor em Portugal: Um Percurso Histórico, Lisboa, Instituto da Biblioteca Nacional e do Livro/Dir.-Geral dos Espectáculos, 1994;

DOUTRELEPONT, CARINE, *Le droit moral de l'auteur et le droit communautaire*, Bruxelas, Bruylant, 1997;

DREYFUSS, ROCHELLE C. – ROBERTA R. KWALL, *Intellectual Property – Cases and Materials on Trademark, Copyright and Patent Law*, Westbury, N.Y., The Foundation Press, 1996;

EASTAWAY, NIGELA – RICHARD J. GALLAFENT – VICTOR A. F. DAUPPE, *Intellectual Property Law and taxation*, London, Sweet & Maxwell, 5.ª ed., 1998;

FAWCETT, JAMES J. – PAUL TORREMANS, *Intellectual Property and Private International Law*, Oxford, Clarendon, 1998;

GONÇALVES, MARIA EDUARDA, *Direito da Informação*, Coimbra, Almedina, 1994, pág. 31 e segs.;

HOEBECKE, STÉPHANE – BERNARD MOUFFE, *Le droit de la presse – Presse écrite – Presse audiovisuelle – Presse electronique*, Louvain-la-Neuve – Academia, 2000;

HUBMANN, HEINRICH, *Urheber– und Verlagsrecht*, Munique, Beck, 2. Aufl., 1966;

"Intellectual property in the media", in International Business Lawyer, April 1999, vol. 27, pág. 145-192;

JOYCE, CRAIG – WILLIAM PATRY – MARSHALL LEAFFER – PETER JASZI, *Copyright Law*, New York, Matthew Bender, 1997;

30   *Direito da Comunicação Social*

LIPSZYC, DELIA, *Derecho de Autor y Derechos Conexos*, Paris, UNESCO, 1993;

LUCAS, ANDRÉ, *Droit d'auteur et numérique*, Paris, Litec, 1998;

LUCAS, A. – H.S. LUCAS, *Propriété Litéraire et Artistique*, Paris, LITEC, 1994;

MAGNIEN, MICHEL, *L'entreprise de spectacles et les contrats du spectacle*, Paris, Delmas, 1995;

MALLEN, I. BEL – L. CORREDOIRA Y ALFONSO – PILAR COUSIDO, *Derecho de la información*, Madrid, Colex, 1992, pág. 250 e segs.;

MELLO, ALBERTO DE SÁ E, *O Direito Pessoal de Autor no Ordenamento Jurídico Português*, Lisboa, Soc. Portuguesa de Autores, 1989;

PEREIRA, ALEXANDRE DIAS, *Informática, Direito de Autor e Propriedade Tecnodigital*, Coimbra, Coimbra Editora, 2001;

POUILLET, *Traité théorique et pratique de la propriété littéraire et artistique*, Paris, 3.ª ed., 1908;

REBELO, LUÍS FRANCISCO, *Introdução ao Direito de Autor*, Lisboa, SPA/Publ. Dom Quixote, 1994;

REHBINDER, MANFRED, *Urheberrecht,* München, Beck, 10. Aufl., 1998;

REIS, MIGUEL, *O Direito de Autor no Jornalismo – Anexo: Código do Direito de Autor e dos Direitos Conexos, Legislação Complementar*, Lisboa, Quid Juris, 1999;

SANTOS, ANTÓNIO DE ALMEIDA, *Ensaio sobre o Direito de Autor*, Coimbra, Coimbra Ed., 1955;

SANZ, ROSA MARIA GARCIA, *El derecho de autor de los informadores*, Madrid, Editorial Colex, 1992;

SCHRICKER, *Urheberrecht – Kommentar*, München, Beck, 2. Aufl., 1999;

STERLING, JAL, *World Copyright Law*, London, Sweet & Maxwell, 1998;

TORREMAN, PAUL – JON HOLYOAK, *Intellectual Property Law*, London, Butterworths, 2.ª ed., 1998;

TRITON, GUY, *Intellectual Property in Europe*, London, Sweet & Maxwell, 1996;

VIDE, CARLOS ROGEL – CARLOS CASTRO CASTRO – JOSÉ A. GÓMEZ SEGADE – ALBERTO DE SÁ E MELO – MIGUEL ENCBO VERA – JOSÉ DE OLIVEIRA ASCENSÃO et alia, *Nuevas Tecnologias y Propiedad Intelectual*, Madrid, 1999;

VIEIRA, JOSÉ ALBERTO COELHO, *A Estrutura do Direito de Autor no Ordenamento Jurídico Português*, Lisboa, A.A.F.D.L., 1992;

VISCONDE DE CARNAXIDE, *Tratado da Propriedade Literária e Artística (Direito Interno, Comparado e Internacional)*, Porto, Renascença Portuguesa, 1918.

3. O CDA contém *normas de conflitos* específicas (art. 63.º a 66.º).

CAPÍTULO II

Direito de autor

SECÇÃO I

Natureza

1. À semelhança da liberdade de expressão e de comunicação social, o direito de autor é um **direito natural**: decorre da própria dignidade humana que o autor, enquanto criador da obra literária, artística e científica, seja reconhecido como tal e beneficie das respectivas vantagens morais (reputação, etc.) e patrimoniais (ganhos decorrentes da sua utilização ou exploração).

Por isso, compreende-se que o direito de autor tenha sido considerado como um **direito do Homem** e incluído em diversas declarações de direitos do Homem, como, por exemplo, a Declaração Universal, de 1948 [1].

Tão pouco surpreende que a Constituição da República Portuguesa inclua o direito de autor entre os **direitos fundamentais**, qualificando-o como um dos direitos, liberdades e garantias, com todas as consequências que daí decorrem e foram acima analisadas [2].

2. O direito de autor abrange, como vimos, direitos morais e direitos patrimoniais. Estes direitos patrimoniais colidem, obviamente, com o

---

[1] Segundo o art. 27.º, "1. Toda a pessoa tem direito a tomar parte livremente na vida cultural da comunidade, a gozar das artes e a participar no progresso científico e nos benefícios que dele resultarem.

2. Toda a pessoa tem direito à protecção dos interesses morais e materiais que lhe pertencerem por causa das produções científicas, literárias ou artísticas da sua autoria".

[2] Segundo o art. 42.º, "1. É livre a criação intelectual, artística e científica.

2. Esta liberdade compreende o direito à invenção, produção e divulgação da obra científica, literária ou artística, incluindo a protecção legal dos direitos de autor".

direito do público de acesso à cultura, de fruição dos bens culturais, também consagrado na CRP, no art. 78.º: quanto mais elevados forem os direitos de autor (a remuneração que é preciso pagar-lhe para que ele autorize a divulgação da obra) mais difícil será o acesso à sua obra. É uma realidade incontornável o conflito de interesses a este respeito entre, por um lado, os autores, os editores e produtores e, por outro, o público.

Nem é preciso negar tal conflito ([1]) para fundamentar o justíssimo direito dos autores a usufruir de uma contrapartida razoável para o seu esforço criador, para o seu talento e para a sua necessária autorização para divulgar a obra. Aliás, a remuneração dos autores constitui um importante incentivo à criação e divulgação de bens culturais, sendo justo que os beneficiários desta suportem os respectivos custos. Basta pensar que os autores podem não querer, pura e simplesmente, divulgar as suas obras, de tal modo que ninguém as conheça – em prejuízo da cultura comum.

Também a este conflito de direitos se aplica o princípio do art. 335.º do CCiv sobre a colisão de direitos.

Compreende-se, todavia, a exacerbação da defesa dos autores, quando é, tecnicamente, cada vez mais fácil e barata a cópia das obras.

3. A questão da **natureza** do direito de autor tem sido motivo de grande controvérsia na doutrina, sendo numerosas as teorias a tal respeito e diversas as classificações elaboradas para as enquadrar.

([1]) Como faz L. F. REBELLO (*Introdução cit.*, 1994, pág. 50 e seg.), em agressiva polémica contra J. O. ASCENSÃO (*Direito de Autor e Direitos Conexos*, 1992, pág. 12) e em aceso combate contra os "empresários e produtores que procuram retirar da exploração das obras literárias e artísticas o máximo rendimento com um mínimo de custos" – como se não fosse igualmente justo que estes recebam uma compensação razoável para os seus esforços e investimentos. No fim de contas, a todos se aplica o velho princípio da economia de meios: todos procuramos ganhar o máximo com o mínimo de esforço (respeitando cada um os valores em que acredita). A questão está em encontrar o ponto de equilíbrio entre a justa remuneração dos esforços de cada um. Nas actuais circunstâncias, essa questão é resolvida pelo mercado, segundo a lei da oferta e da procura, por vezes distorcida, quer pela posição dominante de certas empresas quer pelo associativismo dos autores (que seguem, neste aspecto, o exemplo histórico dos sindicalistas, honra lhes seja). Por outro lado, se é certo que o Estado tem um papel importante a desempenhar na promoção da cultura, convém não esquecer que os fundos de que ele dispõe provêm sobretudo dos contribuintes e devem, por isso, ser usados com parcimónia.

O direito de autor e os direitos conexos 33

Alguns autores classificam as várias teorias em três grupos, que atendem sobretudo à **estrutura** do direito de autor:

a) Teorias *monistas*, que configuram o direito de autor como um direito subjectivo unitário, que combina a tutela de interesses diversos (pessoais e patrimoniais), mas sujeitos a um regime unitário (Allfeld, Mitteis, Ulmer);

b) Teorias *dualistas*, que consideram independentes e autónomos o direito pessoal e o direito patrimonial, que integram o conteúdo do direito de autor (Kohler, De Gregorio); e

c) Teorias *pluralistas*, que encontram no direito de autor não apenas um direito pessoal e um direito patrimonial, mas um feixe de direitos pessoais e de direitos patrimoniais (v.g., o direito ao exclusivo de exploração económica da obra, o direito de sequência e o direito de revisão por lesão enorme), que se revelam independentes perante as várias vicissitudes sofridas por tal situação jurídica ([72]).

O direito de autor tem, na verdade, um conteúdo complexo, compreendendo direitos pessoais e patrimoniais, que surge como uma *unidade funcional*, mas da qual é possível destacar alguns elementos *autonomizáveis*. Basta pensar, por exemplo, no contrato de edição, pelo qual o autor transfere para o editor alguns dos seus direitos, sem perder outros.

4. O principal debate relativo à natureza do direito de autor põe em confronto, todavia, os que defendem que se trata de um **direito real** (um direito de propriedade), os que sustentam que se qualifica como um **direito de personalidade**, os que o consideram como um **direito duplo** (de propriedade intelectual e de personalidade) e os que preferem falar de um **direito de exclusivo**, tendo escassa viabilidade as teorias que o qualificam como um **direito obrigacional** ou como um **direito laboral**.

a) A teoria mais antiga considera o direito de autor como um **direito de propriedade** – a propriedade literária e artística, como ainda hoje é chamada. A versão mais célebre e influente foi elaborada por

---

([72]) Cf. J. O. Ascensão, *Direito de Autor e Direitos Conexos*, 1992, pág. 647 e segs.; Alberto Sá e Melo, *O Direito Pessoal de Autor no Ordenamento Jurídico Português*, Lisboa, S.P.A., 1989, pág. 27, 33, 38, 137 e segs.; L. F. Rebello, *Introdução cit.*, 1994, pág. 52 e seg.; José Alberto Coelho Vieira, *A Estrutura do Direito de Autor no Ordenamento Jurídico Português*, Lisboa, A.A.F.D.L., 1992, pág. 8 e segs. e 145 e seg..

Eugène Pouillet ([1]), tendo sido acolhida em Portugal por Dias Ferreira ([2]) e Cunha Gonçalves ([3]) e reflectindo-se na própria designação dos diplomas legais mais antigos.

Objecta-se que a propriedade pressupõe o carácter material do objecto *sobre* que incide (uma coisa corpórea ([4])) e a susceptibilidade de actos de posse exclusiva, impossíveis em relação a uma obra literária ou artística, por natureza imaterial, em si mesma (embora possa reproduzir-se em suportes materiais, sem se confundir com eles), e destinada a ser usufruída por terceiros. Além disso, a propriedade é, por natureza, perpétua, enquanto o direito de autor é temporário, durando certo prazo, findo o qual cai no domínio público.

Estas objecções levaram vários autores a considerar que se trata de "um género de propriedade completamente diferente de todas as restantes propriedades" (Almeida Garrett), de uma "quase-propriedade" (De Giudice), de uma "propriedade sobre a forma" (Lasson), de uma "espécie de usufruto" (Miraglia e Ottolenghi), de uma "forma específica de propriedade" (Josserand ([5])) ou de uma "propriedade-criação", propriedade sobre um bem imaterial, distinta da "propriedade-posse" sobre o suporte material da obra (Pierre Recht ([6])) ou de um "direito de propriedade sobre coisas incorpóreas" (José Galhardo).

Outros abandonam a ideia de propriedade, preferindo falar de um **direito real sobre um bem imaterial** (Edmond Picard, Luigi Ferrara, Paolo Greco, Niccola Stolfi). Não conseguem, porém, evitar completamente as críticas acima referidas e subestimam os aspectos personalistas do direito de autor.

O aparente paradoxo de um direito de propriedade temporário chegou a levar alguns legisladores a abolir a limitação da duração do direito de autor, encarada como uma espécie de expropriação compulsiva ([7]).

([1]) Cf. *Traité de la propriété littéraire et artistique*, 1879.

([2]) Cf. *Código Civil Portuguez Anotado*, Coimbra, Imprensa da Universidade, 2.ª ed., 1894, vol. I, pág. 404 e seg..

([3]) Cf. *Tratado de Direito Civil em Comentário ao Código Civil Português*, Coimbra, Coimbra Editora, 1931, vol. IV, pág. 27 e segs..

([4]) CCiv art. 1302.º.

([5]) Cf. *Cours de droit civil*, 1938.

([6]) Cf. *Le droit d'auteur, une nouvelle forme de propriété*, 1969.

([7]) Esse um dos argumentos invocados por Alexandre Herculano para se opor à sua consagração legal. O Decreto português n.º 13.725, de 3.6.1927, considerou o direito de autor como perpétuo.

b) Em contraposição a estas concepções, há quem defenda que o direito de autor é um **direito de personalidade**. Esta teoria foi sustentada, em 1895, por Alfred Gierke, para quem "o direito de autor é um direito pessoal, cujo objecto é constituído por uma obra individual, considerada como parte integrante da própria personalidade do seu criador".

Esta teoria, de raiz kantiana, subalterniza ou mesmo esquece o aspecto patrimonial, que é, sem dúvida, muito importante. Para Léon Malaplate, este aspecto é "mera sequência do exercício da personalidade", enquanto Philippe Allfeld o considera "estranho à sua natureza de origem". Outros reconduzem-no ao aspecto pessoal, falando de "patrimonialização de um direito da pessoa" (René Savatier).

Observa-se, em crítica, que "não são só bens de personalidade (que) estarão implicados" e que "as faculdades personalíssimas extinguem-se por morte, mas o direito de autor continua para além disso" ([1]).

c) Posição ecléctica é a tomada por quem sustenta que o direito de autor é um direito de propriedade "sui generis", de **propriedade intelectual** ou espiritual ("geistiges Eigentum"), em que se justapõe um direito de propriedade tradicional e um direito de personalidade, embora o conjunto forme um direito unitário (Lehmann ([2]), Heinrich Hubmann e Eugen Ulmer ([3])).

Outros falam mesmo de um direito duplo (Kohler), ou de um direito uno de face dupla, "figura bifronte de um Janus jurídico" (Ruffini).

Nesta linha de pensamento se enquadra Luiz Francisco Rebello, que, baseando-se no art. 9.º, n.º 1, do CDA, considera que as diferenças que separam os direitos de natureza patrimonial e os direitos de natureza pessoal – "a transmissibilidade e a finitude dos primeiros, a inalienabilidade e a imprescritibilidade dos segundos – não permitem que, em rigor, se fale de um direito unitário a seu respeito. Será mais correcto aludir a uma síntese entre aqueles aspectos diversos, no sentido dialéctico do termo". Por isso, conclui que o direito de autor "se constitui numa categoria autónoma do direito civil" ([4]).

([1]) Cf. J. O. Ascensão, *Direito de Autor e Direitos Conexos*, 1992, pág. 672.
([2]) Cf. *Allgemeiner Teil*, § 13 I 4 e § 16 III.
([3]) Cf. *Urheber– und Verlagsrecht*, Berlin, Springer, 3.ª ed., 1980, § 19-I.
([4]) Cf. *Ob. cit.*, 1994, pág. 57.

36 Direito da Comunicação Social

d) Alguns qualificam o direito de autor como um **direito obrigacional**, pensando, sobretudo, no direito a remuneração, vista como "uma recompensa por serviços prestados à colectividade" (Renouard e Rougin, podendo aproximar-se desta concepção a tese de Alexandre Herculano).

É claro que o direito de autor pode ser objecto de relações creditórias, na base, por exemplo, de um contrato de edição, mas existe antes deste, com características de um verdadeiro direito absoluto ("erga omnes").

e) Numa linha afim da anteriormente referida, alguns sustentam que o direito de autor se reconduz a um **direito laboral**, chegando a falar de um salário diferido (como sugere Almeida Santos ([1])).

É evidente, porém, que grande parte das obras literárias e artísticas são criadas fora de qualquer vínculo de subordinação jurídica ou de dependência económica do autor a um empregador. E, mesmo quando existe uma relação laboral e a obra é feita por "encomenda" (como é frequente, v.g., no âmbito da comunicação social), o direito de autor tem autonomia em relação a esse vínculo, embora o seu regime seja também afectado por ele, como veremos ([2]).

f) Outros ainda entendem que o direito de autor não é um direito de personalidade, nem um direito real, nem um direito obrigacional, mas sim uma outra espécie de direito subjectivo chamado **direito de exclusivo:** um direito absoluto, que tem por *objecto imediato* actividades reservados ao autor, tendo como contrapartida um "dever genérico de abstenção de intervir no círculo reservado do autor"; e que tem como *objecto mediato* a obra literária, científica ou artística. Uns falam de um direito de clientela ([3]), outros de proibição ou exclusão da concorrência ([4]). Para Oliveira Ascensão, o direito de autor é nuclearmente carac-

---

([1]) Cf. *Ensaio sobre o Direito de Autor*, Coimbra, 1955, pág. 53.

([2]) Para maiores desenvolvimentos, cf. J. O. ASCENSÃO, *Direito de Autor e Direitos Conexos*, 1992, pág. 646 e segs.; A. SÁ E MELO, *O Direito Pessoal de Autor no Ordenamento Jurídico Português*, Lisboa, S.P.A., 1989, pág. 27, 33 e 38; L. F. REBELLO, *Introdução cit.*, 1994, pág. 51 e segs..

([3]) Cf. ROUBIER, "Droits intelectuels ou droits de clientèle", in *RTDC*, XXXV, pág. 291; DESBOIS, *Le droit d'auteur en France*, Paris, Dalloz, 1.ª ed., 1950, pág. 293 e segs..

([4]) Cf. MARIO CASANOVA, *Beni immateriali*, pág. 284, cit. por J. O. ASCENSÃO, *ob. cit.*, pág. 684.

O direito de autor e os direitos conexos   37

terizado como um "exclusivo temporário de exploração económica da obra" ([1]).

g) Parece-nos corresponder melhor ao regime do direito de autor a ideia de um **direito de exclusivo**, centrado na exploração económica de uma obra literária, científica ou artística, mas composto por um conjunto de direitos pessoais (ou "morais" ([2])) e patrimoniais de utilização e constituindo uma categoria autónoma de *direito civil*.

Em primeiro lugar, o direito do autor (criador intelectual) referente à sua obra é um direito *absoluto* ou "erga omnes": uma situação jurídica activa que consiste num exclusivo ou monopólio de utilização e exploração, que tem por contrapartida um dever geral de respeito, à semelhança quer dos direitos reais (como o do proprietário) quer dos direitos de personalidade ([3]).

Compreende uma série de faculdades de carácter marcadamente *patrimonial*: de fixação, reprodução, transformação, inclusão em obra diferente, de modificação e de pôr em circulação, por si próprio ou por terceiro, gratuitamente ou contra remuneração.

A partir do momento em que o autor divulga ou publica – ou pretende fazê-lo – torna-se necessário celebrar diversos *negócios jurídicos*, que têm por objecto a obra ou direitos patrimoniais a ela inerentes e que criam relações jurídicas frequentemente *obrigacionais*.

Por exemplo, caso o autor reproduza, ele próprio, vários exemplares da obra literária, ao vendê-los, cria a obrigação de entregar os exemplares e, para o comprador, a obrigação de pagar o preço. Se optar por encarregar um editor da reprodução, ao celebrar o contrato de edição,

---

([1]) Cf. *Direito de Autor cit.*, 1992, pág. 646 e segs. e, sobretudo, pág. 682 e segs..

([2]) Parece-me pouco feliz este adjectivo, neste contexto, pois se trata de verdadeiros poderes jurídicos (direitos subjectivos) e não de meros "poderes" éticos.

([3]) A ideia de que os direitos reais têm como contrapartida um dever geral de respeito corresponde, grosso modo, à doutrina tradicional. Alguns autores têm vindo a defender que os direitos reais são situações jurídicas activas a que não corresponde nenhuma situação jurídica passiva, criticando o alargamento do conceito de relação jurídica, de origem obrigacional, ao direito das coisas e a própria alteridade em todo o direito (neste sentido, cf., por exemplo, J. O. Ascensão, *Direito Civil – Reais*, Coimbra, Coimbra Editora, 1993, pág. 45 e seg.; A. Menezes Cordeiro, *Direitos Reais*, Lisboa, IN-CM, 1979, pág. 309 e segs.). Não me parecem, todavia, convincentes os argumentos invocados para abandonar a doutrina tradicional, por motivos que seria deslocado discutir aqui.

cria obrigações entre si e o editor. O mesmo pode dizer-se dos contratos entre o autor e o empresário que se obriga à representação de uma obra dramática ou musical, bem como um produtor cinematográfico, fonográfico ou videográfico que organiza a feitura da obra, e um organismo de radiodifusão que efectua a emissão. Em todos estes casos, trata-se das chamadas *utilizações primárias* da obra.

Por maioria de razão, podem constituir-se relações obrigacionais na base de múltiplos contratos relativos a *utilizações secundárias*: outras utilizações para além da inicial, como, por exemplo, a autorização de recitação pública de poesias já publicadas em livro, ou de emissão radiofónica de um disco musical, ou de emissão televisiva de uma obra cinematográfica.

O autor mantém, contudo, os seus **direitos pessoais**, inalienáveis, irrenunciáveis e imprescritíveis: ao inédito, de retirada, ao nome, à paternidade, à integridade e de modificação.

SECÇÃO II

Objecto

SUBSECÇÃO I

Noção e classificação de obras

1. Como vimos, o *direito de autor, em sentido amplo*, compreende o direito de autor, em sentido estrito, e os direitos conexos.

O *direito de autor, em sentido estrito*, compreende direitos pessoais ou morais e direitos patrimoniais.

Os *direitos pessoais ou morais* abrangem o direito do autor de reivindicar a paternidade da obra e de assegurar a sua genuinidade e integridade, independentemente dos direitos patrimoniais, podendo aqueles ser exercidos mesmo depois da transmissão ou extinção destes.

Os *direitos patrimoniais* incluem o direito exclusivo do autor de fruir e utilizar a sua obra literária, científica ou artística e de dispor dela, ou autorizar a sua fruição ou utilização por terceiro, total ou parcialmente, quer contra remuneração ("direitos de autor" ou "royalties") quer gratuitamente (CDA art. 9.º).

O direito de autor e os direitos conexos 39

Assim, o *objectivo* do direito de autor consiste em garantir ao autor o respeito pela paternidade e a integridade da obra, bem como as vantagens económicas da sua utilização e exploração (CDA art. 67.º, n.º 2).

2. Importa, contudo, definir mais exactamente o **objecto** do direito de autor, porque disso depende a delimitação do âmbito de aplicação das normas deste ramo de direito.

Do que se disse já deduz-se que o direito de autor tem por objecto *obras*; mas o que é uma obra e quais as obras protegidas?

"Consideram-se obras as criações intelectuais do domínio literário, científico e artístico, por qualquer modo exteriorizadas" (CDA art. 1.º, n.º 1).

Deve notar-se, porém, que "As ideias, os processos, os sistemas, os métodos operacionais, os conceitos, os princípios ou as descobertas não são, só por si e enquanto tais, protegidas" nos termos do CDA (art. 1.º, n.º 2): apenas o são enquanto *criações exteriorizadas*.

Tal exteriorização pode, todavia, assumir qualquer forma e o que a lei protege é a obra em si, independentemente da sua divulgação, publicação, utilização ou exploração (CDA art. 1.º, n.º 3).

3. A doutrina tem feito diversas **classificações** de obras em função de vários critérios, que condicionam, em certa medida o correspondente regime.

Assim, em função do *conteúdo* da obra, distinguem-se obras **literárias**, obras **científicas** e obras **artísticas.**

Alguns autores, seguindo a terminologia da Convenção de Berna, reconduzem as obras científicas a obras literárias, por entenderem que a lei protege a forma literária de expressão e não as ideias, métodos ou descobertas ([1]). Repugna, todavia, considerar como obra literária um livro cheio de fórmulas matemáticas, do mesmo modo que não parece de considerar como obra literária um livro contendo exclusivamente fotografias ou gravuras. Certo é que a Convenção Universal e o CDA distinguem as obras literárias, científicas e artísticas, sendo esta a orientação dominante na doutrina actual.

4. Atendendo ao *modo de comunicação*, as obras podem distinguir-se consoante se exteriorizem por **textos escritos**, **sons** ou **imagens** fixas

---

([1]) Cf. L. F. Rebello, *Introdução cit.*, pág. 63.

40   *Direito da Comunicação Social*

ou em movimento, separada ou conjuntamente: livros, revistas, jornais, conferências, sermões, composições musicais, desenhos, fotografias, obras dramáticas (teatro) e dramático-musicais (ópera), coreográficas (ballet), cinematográficas, radiofónicas, televisivas, fonográficas, videográficas, lemas ou divisas publicitárias, etc. (CDA art. 2.º) ([1]).

A estes modos tradicionais acrescem, hoje, os programas de computador, por força do Dec.-Lei n.º 252/94, de 20.10 ([2]).

Deve distinguir-se, a este respeito, a **criação** em si (coisa incorpórea) do **suporte** (coisa corpórea – livro, gravura, escultura, filme, disco, cassete, etc.) e do **meio de comunicação** (imprensa, rádio, televisão, meio electrónico, etc.) usado para a exprimir ou comunicar (CDA art. 10.º).

Neste contexto, importa considerar, também a distinção legal entre obra publicada e obra divulgada (CDA art. 6.º e Conv. Berna art. 3.º, al. 3).

Obra publicada é a obra reproduzida (em vários exemplares) com o consentimento do autor e posta à disposição do público, em termos que satisfaçam razoavelmente as necessidades deste ([3]).

Obra divulgada é a obra trazida licitamente ao conhecimento do público por quaisquer outros meios, como sejam a representação de obra dramática ou dramático-musical, a exibição cinematográfica, a execução de obra musical, a recitação de obra literária, a transmissão ou a radiodifusão, a construção de obra de arquitectura ou de obra plástica nela incorporada e a exposição de qualquer obra artística.

É diferente o regime de uma e de outra, como veremos.

5. Em função do *grau de criatividade*, podem classificar-se as obras em originárias e derivadas.

([1]) Cf. J. O. Ascensão, *Direito de Autor cit.*, pág. 85 e segs..

([2]) Em execução da Directiva n.º 91/250/CEE do Conselho, de 14.5.1991, relativa à protecção jurídicas dos programas de computador. Cf. J. O. Ascensão, *Direito de Autor cit.*, pág. 75 e segs..

([3]) Este conceito deve confrontar-se com a noção de *publicação* contida no art. 9.º da LImp de 1999, sendo de notar que o CDA não exige que a reprodução seja pela imprensa, pelo que pode efectuar-se por qualquer outra técnica, não prevista no n.º 3. Esta classificação corresponde, com algumas diferenças, ao disposto no art. 3.º, n.º 3), da Convenção de Berna de 1886, revista em Paris, em 1971.

Obras originárias são as criações que não pressupõem uma obra anterior.

Obras derivadas são as que pressupõem uma obra anterior, como as traduções, instrumentações, compilações, antologias, etc. ([1]). Esta classificação aproxima-se da distinção legal entre *obras originais* e *obras equiparadas a originais* (CDA art. 2.º e 3.º), mas as duas classificações não coincidem. Efectivamente, a lei inclui, entre as obras originais, paródias e outras composições literárias ou musicais "inspiradas num tema ou motivo de outra obra", situação esta que leva a enquadrá-las entre as obras derivadas, segundo o conceito acima definido.

O CDA considera *obras originais* "as criações intelectuais do domínio literário, científico e artístico, quaisquer que sejam o seu género, a forma de expressão, o mérito, o modo de comunicação e o objectivo", compreendendo, nomeadamente, livros, revistas, jornais, conferências, lições, obras dramáticas, coreográficas, musicais, cinematográficas, televisivas, fonográficas, videográficas, radiofónicas, fotográficas, desenhos, projectos de arquitectura, lemas ou divisas (publicitárias e outras), paródias ([2]) e outras composições literárias ou musicais (CDA art. 2.º; Conv. de Berna, art. 2.º).

([1]) Uma vez que, para serem protegidas, todas as obras têm de ser, por definição, "criações" (CDA art. 1.º), constitui requisito comum (inclusivamente para as "obras equiparadas a originais") a criatividade ou originalidade, mesmo que escassa e pouco meritória. Aliás, o CDA faz essa exigência explícita em relação a algumas obras que poderiam suscitar dúvidas a tal respeito (art. 2.º, n.º 1, al. i) e m), 4.º, n.º 1, 164.º, n.º 1). Por isso, parece, realmente, preferível a terminologia que distingue entre **obras originárias** e **obras derivadas**, em vez da que o CDA usa. Neste sentido, cf. L. F. REBELLO, *Introdução cit.*, pág. 67 e segs. e 87 e segs..

([2]) As *paródias* são, segundo Jacinto Prado Coelho, "obras que decalcam outras (no entrecho, na estrutura formal, no vocabulário) com fim satírico ou jocoso" e, em sentido lato, a "imitação caricatural, não já de uma obra determinada, mas de uma escola, de uma corrente ou de um estilo". As imitações e, quando inspiradas num tema ou motivo de outra obra, outras paródias devem considerar-se obras derivadas, no sentido da distinção acima definida. O CDA inclui, todavia, todas as paródias entre as "obras originais", o que tem como consequência a desnecessidade de consentimento do autor da obra parodiada (uma vez que não se lhes aplica o n.º 2 do art. 3.º, que remete implicitamente para o art. 9.º n.º 2, do CDA). É claro que a paródia só é lícita se não induzir em erro ao criar confusão com a obra parodiada. Cf. L. F. REBELLO, *Introdução cit.*, pág. 69 e segs.

Sendo esta enumeração legal meramente *exemplificativa*, podem incluir-se nesta categoria outras criações ainda. Nomeadamente, devem considerar-se como tais as cartas-missivas ([1]), os programas de computador ([2]), as bases de dados ([3]) e as criações publicitárias ([4]) ([5]).

O CDA qualifica como **obras equiparadas a originais**, nomeadamente, as traduções, instrumentações, sumários e as compilações de textos oficiais. "A protecção conferida a estas obras não prejudica os direitos reconhecidos aos autores da correspondente obra original" (CDA art. 3.º). Com esta expressão, a lei tem em vista a necessidade de autorização

---

([1]) CCiv art. 75.º a 78.º. Cf. L. F. Rebello, *Introdução cit.*, pág. 75 e seg..

([2]) Especificamente regulados pelo Dec.-Lei n.º 252/94, de 20.10, que transpôs para a ordem jurídica portuguesa a Directiva n.º 91/250/CEE do Conselho, de 14.5, relativa à protecção jurídica dos programas de computador. Aquele Dec.-Lei foi alterado pelo Dec.-Lei n.º 334/97, de 27.11. Para maiores desenvolvimentos, cf. L. F. Rebello, *Introdução cit.*, pág. 72 e segs.; Alexandre Dias Pereira, *Informática, Direito de Autor e Propriedade Tecnodigital*, Coimbra, Coimbra Editora, 2001, pág. 389 e segs..

([3]) Definidas pelo Dec.-Lei n.º 122/2000, de 4.7, como "a colectânea de obras, dados ou outros elementos independentes, dispostos de modo sistemático ou metódico e susceptíveis de acesso individual por meios electrónicos ou outros" (art. 1.º, n.º 2). Para maiores desenvolvimentos, cf. L. F. Rebello, *Introdução cit.*, pág. 74 e seg.; Alexandre Dias Pereira, *ob. cit.*, pág. 670 e segs..

([4]) Segundo o art. 29.º do CPubl, "1 – As disposições legais sobre direitos de autor aplicam-se à criação publicitária, sem prejuízo do disposto nos números seguintes.

2. Os direitos de carácter patrimonial sobre a criação publicitária presumem-se, salvo convenção em contrário, cedidos em exclusivo ao seu criador intelectual.

3. É ilícita a utilização de criações publicitárias sem autorização dos titulares dos respectivos direitos".

Tem razão L. F. Rebello (*ob. cit.*, pág. 128 e segs.), quando critica as incorrecções desta disposição legal. O n.º 1 dá a entender que os n.ºs seguintes constituem desvios ao regime geral, o que não corresponde à realidade. O n.º 2 sugere que o criador intelectual adquire os direitos de autor por cessão, o que não pode ser, pois ele é titular originário desses direitos. O n.º 3 limita-se a reproduzir um princípio geral, decorrente dos art. 9.º, 67.º, 68.º, 195.º 196.º, 198.º, 199.º e 205.º do CDA.

([5]) Há quem defenda a inclusão no direito de autor da **protecção das topografias dos produtos semicondutores** (cf. L. F. Rebello, *Introdução cit.*, pág. 76). A Lei n.º 16/89, de 30.6, que regula tal protecção, estabelece um regime mais próximo do da propriedade industrial e, inclusivamente, manda aplicar-lhes diversas disposições do CPI (art. 21.º). Trata-se, certamente, de uma matéria de fronteira. Os tribunais franceses têm alargado a protecção do direito de autor às **personagens de uma obra de ficção ou de artes plásticas**, desde que "individualizadas pelas suas características, tais como o aspecto físico, a silhueta, o vestuário habitual, a maneira de falar, o vocabulário, os traços de carácter e o comportamento". Cf. L. F. Rebello, *Introdução cit.*, pág. 76 e referências aí citadas.

O direito de autor e os direitos conexos 43

do autor da obra preexistente (desde que protegida) para que a obra derivada possa ser realizada (¹), bem como o respeito pela sua integridade e genuinidade (²), embora tal autorização seja dispensada em relação a compilações e anotações de textos oficiais (CDA art. 8.º) (³).

6. Em função do *número de autores*, podem distinguir-se *obras individuais* (de um só autor) ou *obras em co-autoria* (de dois ou mais autores).

O CDA distingue três categorias de obras em co-autoria:

a) Obra feita em colaboração é a divulgada ou publicada em nome dos colaboradores ou de alguns deles, quer possam discriminar-se quer não os contributos individuais (CDA art. 16.º, n.º 1, al. a)) (⁴); como tal se considera, entre outras, a *obra de arte aleatória*, em que a contribuição do ou dos intérpretes se ache originariamente prevista (CDA art. 16.º, n.º 2);

b) Obra colectiva é a organizada por iniciativa de uma entidade individual ou colectiva e divulgada ou publicada em seu nome (CDA art. 16.º, n.º 1, al. b)); é o caso, por exemplo, dos jornais;

c) Obra compósita é aquela em que se incorpora, no todo ou em parte, uma obra preexistente, com autorização, mas sem a colaboração, do autor desta (CDA art. 21.º); é o caso, por exemplo, de uma colectânea de poesias de diversos autores organizada por um terceiro (⁵).

7. Atendendo à *iniciativa da criação*, distinguem-se as *obras espontâneas* (de livre iniciativa do autor), as *obras feitas por encomenda* e as *obras feitas por conta de outrem* (em cumprimento de um dever funcional ou de contrato de trabalho) (⁶).

(¹) CDA art. 9.º, n.º 2, 20.º, n.º 2, 124.º, 169.º, n.º 1 e 2.

(²) CDA art. 59.º, 169.º, n.º 3 e 4, 172.º, n.º 3.

(³) Cf. L. F. REBELLO, *Introdução cit.*, pág. 77 e segs..

(⁴) Exemplos célebres são *As Farpas* e *O Mistério da Estrada de Sintra* de Eça de Queirós e Ramalho Ortigão. Também as obras cinematográficas e as obras radiodifundidas pertencem, em regra, a esta espécie.

(⁵) Para maiores desenvolvimentos, cf. L. F. REBELLO, *Introdução cit.*, pág. 79 e seg..

(⁶) CDA art. 14.º, 15.º, 165.º, n.º 2, 173.º e 174.º.

SUBSECÇÃO II

Condições de protecção

DIVISÃO I

Condições positivas

Para que uma obra beneficie de protecção pelo direito de autor é necessário que se verifiquem dois requisitos, a que Bernard Edelman chama **condições positivas**: a *exteriorização* e a *originalidade*. A estes requisitos, correntemente reconhecidos pela doutrina, deve acrescentar-se mais um, que é óbvio, mas nem por isso deixa de merecer reflexão pela mesma doutrina, embora o não autonomize: a *cognoscibilidade do autor*.

Além disso, interessa-nos analisar algumas circunstâncias que são, em regra, irrelevantes, mas influenciam, por vezes, o regime de protecção das obras, a que o referido autor chama **condições negativas**.

I – Exteriorização

1. O primeiro requisito que interessa analisar é o da **exteriorização**.

O direito de autor protege criações intelectuais, desde que sejam "por qualquer modo exteriorizadas" (CDA art. 1.º, n.º 1).

A protecção legal aplica-se ao modo ou à *forma* de exteriorização, não à criação só por si: "As ideias, os processos, os sistemas, os métodos operacionais, os conceitos, os princípios ou as descobertas não são, por si só e enquanto tais, protegidas nos termos deste Código", diz o CDA, no art. 1.º, n.º 2.

Uma ideia ou um tema pode servir de inspiração para sucessivas obras de diferentes autores, sem que o criador da ideia ou do tema possa impedir a sua utilização por terceiros (como resulta do art. 2.º, n.º 1, alínea n), do CDA).

Necessário é que uma obra inspirada numa ideia de outra não seja "mera reprodução total ou parcial de obra alheia, divulgada ou não divulgada, nem por tal modo semelhante que não tenha individualidade própria", pois, se isto acontecer, estaremos perante uma *contrafacção*, que é punível como crime (CDA art. 196.º, n.º 1).

O direito de autor e os direitos conexos

Vários casos célebres suscitaram polémica a este respeito, como *O Crime do Padre Amaro* de Eça de Queirós, claramente inspirado no romance de Émile Zola *La Faute de l'Abbé Mouret*, e o romance de Camilo Castelo Branco *Amor de Perdição*, parecido em vários aspectos com o *Romeu e Julieta* de Shakespeare. Apesar da semelhança dos temas e de situações e personagens, o certo é que não há reprodução da forma da obra anterior e, por isso, não pode dizer-se que haja plágio.

Na verdade, os factos, os dados, as ideias, as informações, as notícias não são susceptíveis de protecção (CDA art. 7.º, n.º 1, alínea a)). O que é protegido é o modo de tratamento que o autor dá a esses elementos, apondo-lhes a sua marca pessoal ([1]).

2. A criação e exteriorização de uma obra não é, normalmente, um acto instantâneo, mas um processo mais ou menos complexo, que se prolonga no tempo. Discute-se, a este respeito, a partir de que momento é que uma obra merece protecção ou que características mínimas deve apresentar uma obra para beneficiar dela.

A questão põe-se, nomeadamente, em relação a **obras inacabadas**: fragmentos, esboços, esquissos, projectos que o próprio autor não "completou". É o caso, por exemplo, de fragmentos do *Fausto* de Fernando Pessoa, tragédia que ele não chegou a concluir, ou da 10.ª sinfonia de Beethoven ou de tantos livros que não passam do primeiro volume.

A doutrina entende que é o autor que decide quando é que a obra pode ser divulgada, sendo protegidas partes de obras ou obras incompletas (CDA art. 2.º, n.º 1, al. i)). Quanto a *obras póstumas*, tal decisão compete aos herdeiros do autor (CDA art. 70.º e 101.º) ([2]).

A lei admite, inclusivamente a penhora ou arresto de "manuscritos inéditos, esboços, desenhos, telas ou esculturas", mesmo sem consentimento do autor, desde que este tenha "revelado por actos inequívocos o seu propósito de divulgar ou publicar os trabalhos referidos" (CDA art. 50.º, n.º 2). Isto mostra que é a partir da *decisão do autor de divulgar ou publicar* a obra que esta é protegida e tem valor patrimonial, tornando--se, por isso, penhorável pelos credores.

([1]) Cf. J. O. ASCENSÃO, *ob. cit.*, pág. 60 e segs.; L. F. REBELLO, *Introdução cit.*, pág. 81 e segs..

([2]) Cf. J. O. ASCENSÃO, *ob. cit.*, pág. 337 e seg.; L. F. REBELLO, *Introdução cit.*, pág. 84 e segs..

Esta questão tem assumido particular acuidade em relação a *obras audiovisuais*, nomeadamente programas com esquemas semelhantes (concursos, jogos, debates, entrevistas, conversas).

A jurisprudência francesa decidiu que o "conceito de base" de uma série televisiva, com a caracterização pormenorizada das principais personagens e do seu meio social, constitui uma criação intelectual protegida [1]; e que existe plágio quando se "adopta, além do tema, da construção, do guião e da duração de uma emissão televisiva, a estrutura das suas sequências e o estilo de apresentação" [2].

Foi, todavia, recusada protecção ao "projecto de uma emissão (consistente) numa simples ideia em forma de plano" [3]; ao tema central da sinopse de um filme [4]; e à concepção de um jogo televisivo [5]. Foi recusada, também, por um tribunal português protecção a uma memória descritiva de um programa televisivo, considerada "como simples ordenação de ideias, na forma escrita, para um programa de rádio ou televisão" [6]. Em todos estes casos estava em causa a ideia de uma obra futura, não uma obra concreta, e só esta merece protecção [7].

II – Originalidade

1. Segundo requisito fundamental de protecção da obra é a **originalidade**.

A obra só é protegida se tiver algo *criado* pelo seu autor (CDA art. 1.º, n.º 1), se tiver "individualidade própria" (CDA art. 196.º, n.º 1), se for a "emanação de um esforço criador da inteligência, do espírito humano" [8].

Esta exigência aparece explicitada, mais concretamente, em relação às obras de artes aplicadas, desenhos ou modelos industriais e obras de

---

[1] Ac. Trib. de Grande Instância de Paris, de 23.9.1992.

[2] Ac. Trib. de Apelação de Versalhes, de 11.3.1993.

[3] Ac. Trib. Paris, de 14.10.1975.

[4] Ac. Trib. Paris, de 11.2.1991.

[5] Ac. Trib. Cassação de 25.2.1992.

[6] Sent. do 12.º Juízo Cível de Lisboa (Cura Mariano), de 1993, in *CJ*, ano XVII, t. III, 1993, pág. 313.

[7] Cf. L. F. REBELLO, *Introdução cit.*, pág. 86 e seg..

[8] Sent. do Juiz José Manuel Pinheiro, de 5.6.1981, in *CJ*, 1981, pág. 321.

design, aos lemas e divisas publicitárias (CDA art. 2.º, n.º 1, al. i) e m)), ao título da obra (CDA art. 4.º, n.º 1) e a fotografias (CDA art. 164.º, n.º 1).

2. Não se exige, todavia, a **novidade** da obra, diversamente do que se passa com os direitos da propriedade industrial. Uma invenção só é patenteável se for nova, isto é, se não tiver sido divulgada de modo a poder ser explorada (¹). De modo semelhante, uma marca só é registável se for nova, isto é, se não for a reprodução ou imitação de marca anteriormente registada por outrem para um produto ou serviço semelhante, de modo que possa induzir em erro o consumidor (²).

Diferentemente, uma obra literária, científica ou artística é protegida pelo direito de autor, mesmo que não seja nova nesse sentido, desde que não seja "mera reprodução total ou parcial de obra ou prestação alheia, divulgada ou não divulgada, ou por tal modo semelhante que não tenha individualidade própria" (CDA art. 196.º, n.º 1).

O mesmo tema, a mesma ideia podem ser tratados por sucessivos autores, sem violação dos direitos do primeiro a fazê-lo, desde que a forma adoptada, a composição, o desenvolvimento das situações e das cenas, a expressão, o modo de narrar sejam diferentes e representem um esforço criador.

(¹) "Uma invenção é considerada nova quando não está compreendida no estado da técnica" (CPI art. 50.º, n.º 1). "O estado da técnica é constituído por tudo o que, dentro ou fora do País, foi tornado acessível ao público antes da data do pedido de patente, por descrição, utilização ou qualquer outro meio, de modo a poder ser conhecido e explorado por peritos na especialidade (...)" (CPI art. 51.º, n.º 1). Cf. MARIA DE FÁTIMA RIBEIRO, "Novidade, actividade inventiva e originalidade: requisitos de patenteabilidade?", in *Direito e Justiça*, Vol. XII, 1998, T. 2, pág. 254 e segs.; Cf. também os §§ do art. 32.º do CPI de 1940 e o art. 3.º do DL n.º 176/80, de 30.5; AMÉRICO DA SILVA CARVALHO, *O objecto da invenção*, Coimbra, Coimbra Editora, 1970, J. OLIVEIRA ASCENSÃO, "A patente de processo de fabrico de um produto novo e a inversão do ónus da prova", in *RFDUL*, ano XXV, 19, pág. 11 e segs..

(²) CPI art. 189.º, n.º 1, al. m). O CPI protege, também, as *marcas notórias*, ou seja, aquelas que, embora não estejam registadas em Portugal, são notoriamente conhecidas como pertencentes a nacional de qualquer país da União de Paris para a Protecção da Propriedade Industrial (art. 190.º). Protege inclusivamente as *marcas de grande prestígio*, contra aquelas que forem gráfica ou foneticamente idênticas ou semelhantes, ainda que destinadas a produtos ou serviços não semelhantes, sempre que o uso da marca posterior procure, sem justo motivo, tirar partido indevido do carácter distintivo ou do prestígio da anterior ou possa prejudicá-los (art. 191.º).

É o caso do tema da vingança da morte do pai, dramatizado por Ésquilo na *Oréstia*, por Shakespeare no *Hamlet* e por Sartre em *As Moscas*; do tema do amor entre filhos de famílias em conflito, tratado no *Romeu e Julieta* de Shakespeare, no *Amor de Perdição* de Camilo Castelo Branco, e no filme *West Side Story*; da busca do Graal, lenda medieval galesa, escrita primeiro por Chrétien de Troyes (no séc. XII), depois por Wolfram von Eschenbach (no séc. XIII) e, mais tarde, por Wagner, no *Parsifal*; e tantos outros ([1]).

III – Cognoscibilidade do autor

Para poder ser tutelada a autoria, é preciso, em regra, que o autor seja conhecido ou cognoscível.

Se o seu autor é desconhecido, as obras não podem ser protegidas. É o que se passa com as **obras de folclore**, embora os arranjos e as instrumentações nelas baseados possam ser protegidos, nos termos gerais ([2]).

Em todo o caso, a **obra anónima** ou licitamente publicada ou divulgada sem identificação do autor é protegida, durante 70 anos após a publicação ou divulgação (CDA art. 33.º).

Diversa é a situação das obras publicadas sob **pseudónimo**, que é ainda uma forma de identificação do autor (CDA art. 33.º). Basta pensar nos heterónimos de Fernando Pessoa ([3]).

DIVISÃO II

Condições negativas

1. Deduz-se, claramente, da conjugação dos art. 1.º, n.º 1, e 2.º, n.º 1, do CDA que as obras literárias, científicas e artísticas (desde que exteriorizadas e originais, nos termos referidos) são protegidas "qualquer

---

([1]) Cf. L. F. REBELLO, *Introdução cit.*, pág. 87 e segs..

([2]) Cf. J. O. ASCENSÃO, *Direito de Autor cit.*, pág. 97 e segs.; L. F. REBELLO, *Introdução cit.*, pág. 74.

([3]) Cf. J. O. ASCENSÃO, *Direito de Autor cit.*, pág. 152 e segs..

O *direito de autor e os direitos conexos*

que seja o género, a forma de expressão, o mérito, o modo de comunicação e o objectivo".

2. A irrelevância do **género** e da **forma de expressão** decorre do próprio art. 2.º, n.º 1 do CDA, quando inclui, lado a lado, entre as obras originais (protegidas por força do art. 1.º) textos impressos, composições musicais, obras cinematográficas, radiofónicas, televisivas, etc., sendo a lista meramente exemplificativa, como vimos.

3. É de salientar que a qualificação como obra e a protecção autoral daí resultante é independente do seu **mérito**.
A valoração *estética* ou *científica* da obra – seja genial seja medíocre – não afecta o direito de autor.
Também a valoração *ética* da obra – seja edificante, seja pornográfica ou de outro modo imoral – não modifica os direitos do autor. As restrições legais a obras eticamente reprováveis e, por isso, juridicamente ilícitas afectam, eventualmente, o exercício da liberdade de expressão, mas não o direito de autor ([1]).

4. Tão pouco influi no regime autoral o **objectivo** da obra – seja a fruição estética, seja uma finalidade científica ou didáctica, seja uma aplicação utilitária, inclusivamente de mero entretenimento. Nesta perspectiva, tanto são protegidos os romances, os livros de estudo ou os jornais, como os roteiros de parques de campismo, os mapas de estradas, os manuais de instruções de máquinas ou os programas de concursos televisivos, por exemplo ([2]).

5. Além disso, "O direito de autor é reconhecido independentemente de registo, depósito ou qualquer outra formalidade" (CDA art. 12.º; Conv. de Berna, art. 5.º, n.º 2).
Vejamos primeiro o regime do **registo**.
Nos direitos anglo-saxónicos, era tradicional a exigência de registo. Actualmente, os direitos de cópia ("copyright rights") constituem-se com

---

([1]) Cf. J. O. Ascensão, *Direito de Autor cit.*, pág. 92 e segs.; L. F. Rebello, *Introdução cit.*, pág. 90 e segs..
([2]) Cf. J. O. Ascensão, *Direito de Autor cit.*, pág. 93 e segs.; L. F. Rebello, *Introdução cit.*, pág. 92 e seg., e jurisprudência aí citada.

a criação da obra, não dependendo da publicação nem do registo; mas, nos Estados Unidos da América, o registo da pretensão ("claim"), antes de instaurar uma acção por violação desses direitos, apresenta certas vantagens ([1]).

Por isso, a Convenção Universal de 1952 permite que os Estados membros imponham o cumprimento de formalidades, como o depósito ou o registo das obras, como condição da sua protecção, embora baste que todos os exemplares autorizados ostentem "o símbolo C ([2]) acompanhado do nome do titular do direito de autor e da indicação do ano da sua primeira publicação" (art. III, n.º 1).

Na lei portuguesa, a regra é que o direito de autor não depende de registo, como referem os art. 12.º e 213.º do CDA; mas este preceito ressalva o disposto no artigo seguinte, segundo o qual "condiciona a efectividade da protecção legal o registo:

a) Do título da obra não publicada nos termos do n.º 3 do artigo 4.º;

b) Dos títulos dos jornais e outras publicações periódicas".

Acresce que é obrigatório o registo do mandato conferido pelos autores a organismos de gestão do direito de autor (CDA art. 74.º) ([3]).

Deste modo, o registo não é *constitutivo* nem *obrigatório*, a não ser em três casos excepcionais: quanto ao *título de obra não publicada*, ao *título de publicações periódicas* e ao *mandato conferido a organismos de gestão do direito de autor* ([4]).

([1]) Quanto ao direito dos EUA, cf. 1976 Copyright Act – 17 U.S.C. §§ 201, 302, 411 e 412, DEBORAH E. BOUCHOUX, *Intellectual Property*, Albany (N.Y.), 2000, pág. 135. No direito inglês, era tradicional a exigência de registo na "Stationers' Company", mas foi abandonada em 1991, por influência da Convenção de Berna; cf. W. R. CORNISH, *Intellectual Property: Patents, copyright, trade marks and allied rights*, London, Sweet & Maxwell, 1981, pág. 332.

([2]) Inicial da palavra "Copyright".

([3]) O art. 215.º do CDA dispõe que "estão sujeitos a registo" diversos factos, incluindo, nomeadamente, a "constituição do direito de autor". Esta "sujeição" significa que tais factos podem ser registados, que os serviços respectivos têm competência para proceder ao registo deles, mas não que tal registo seja obrigatório. Que assim é, pode deduzir-se do confronto com o disposto no Código de Registo Predial (art. 2.º e 5.º), de que se deduz que, em regra, a falta de registo apenas importa a inoponibilidade dos factos a terceiros; e, mais claramente ainda, no Código do Registo Comercial (art. 2.º e 8.º e 15.º), em que a lei "sujeita" a registo numerosos factos, mas só alguns deles estão sujeitos a "registo obrigatório", estando a falta deste registo sujeita a coima (art. 17.º).

([4]) Alguns autores têm posto em causa a necessidade e a conveniência do registo relativo a direitos de autor, chegando mesmo a defender a sua extinção. Neste sentido, cf.

O direito de autor e os direitos conexos 51

Os registos, facultativos ou obrigatórios, dos factos relativos a direitos de autor, a que se refere o art. 215.º do CDA, são, actualmente, da competência da *Inspecção-Geral das Actividades Culturais* ([1]).

O registo do título de qualquer publicação periódica é da competência do *Instituto da Comunicação Social* ([2]), sendo bastante para a protecção autoral – porque o art. 5.º, n.º 1, do CDA é expresso neste sentido e o art. 215.º do CDA não o menciona.

6. O direito de autor é independente de **depósito** (CDA art. 12.º).

A este respeito, é de notar que as exigências relativas ao *depósito legal* ([3]), já anteriormente analisadas, em nada afectam o direito de autor: mesmo que não tenha cumprido as obrigações de depósito legal, o autor é protegido como tal, embora possa ficar sujeito a outras sanções ([4]).

7. O direito de autor não depende, em regra, de "**outras formalidades**" (CDA art. 12.º). O certo é, porém, que o CDA prevê *duas excepções* a esta regra:

a) Quanto às **obras coreográficas e pantomimas**, que só são protegidas quando a sua "expressão se fixa por escrito ou por qualquer outra forma" (CDA art. 2.º, n.º 1, al. d)), v.g. por videograma;

J. O. Ascensão, *Direito de Autor cit.*, 1992, pág. 400 e 407 e seg.; e L. F. Rebello, *Introdução cit.*, 1994, pág. 94 e seg..

([1]) Segundo o Dec.-Lei n.º 80/97, de 4.4, art. 14.º, al. a), compete à Divisão de Registo e Controlo da Direcção de Serviços de Licenciamento da IGAC. O diploma básico sobre o registo da propriedade literária é ainda o Decreto n.º 4114, de 17.4.1918, que, apesar de alterado por diversos diplomas posteriores, foi mantido em vigor pelo art. 2.º do Dec.-Lei n.º 63/85, de 14.3, que aprovou o CDA, "até à revisão da disciplina do direito de autor" – que continua por fazer. O registo foi atribuído pelo art. 107.º do Dec. n.º 13.725, de 27.5.1927, à Biblioteca Nacional. O Dec. n.º 14.462, de 22.10.1927, criou a Conservatória da Propriedade Literária, Científica e Artística, extinta pelo Dec.-Lei n.º 37.461, de 30.6.1949. A Direcção-Geral dos Espectáculos e do Direito de Autor, a que se refere o art. 74.º, n.º 1, do CDA, foi extinta pelo art. 4.º do Dec.-Lei n.º 42/96, de 7.5.

([2]) Nos termos da LImp de 1999, art. 5.º, n.º 2, al. a), e do DReg n.º 8/99, de 9.6, já acima analisados.

([3]) Dec.-Lei n.º 74/82, de 3.3, LImp de 1999, art. 18.º, e LTV art. 71.º.

([4]) V.g., multas, nos termos do art. 18.º do Dec.-Lei n.º 74/82, de 3.3. Cf. L. F. Rebello, *Introdução cit.*, 1994, pág. 95 e seg..

52   *Direito da Comunicação Social*

b) Quanto às **obras fotográficas**, que devem conter o nome do fotógrafo e, em fotografia de obras de artes plásticas, o nome do autor da obra fotografada (CDA art. 167.º, n.º 1) ([1]).

8. A lei estabelece diversas exigências relativas à classificação de **videogramas** e **fonogramas**, tendo em vista o combate à pirataria, que chegou a atingir proporções alarmantes ([2]). O incumprimento destas exigências não afecta, porém a protecção autoral das obras respectivas ([3]), podendo, em todo o caso, ser objecto de outro tipo de sanções (v.g., coimas).

9. A protecção das obras literárias, científicas e artísticas é, também, "independente da sua **divulgação, publicação, utilização** ou **exploração**" (CDA art. 1.º, n.º 3 – com negritos nossos).

DIVISÃO III

Protecção do título

1. A protecção da obra é extensiva ao *título*, independentemente de registo, desde que seja original e inconfundível com o título de qualquer outra obra do mesmo género de outro autor anteriormente divulgada ou publicada.

O título de obra não publicada ou não divulgada só é protegido, todavia, caso tiver sido registado juntamente com a obra (CDA art. 4.º, 213.º e 214.º).

Os requisitos de originalidade e de inconfundibilidade são aqui menos exigentes que no âmbito da propriedade industrial, devendo ser satisfeitos apenas quanto a obras "*do mesmo género*".

([1]) A Convenção Universal impõe a indicação do ano da fotografia, mas esta exigência – que o CDA de 1966 fazia, no art. 150.º, n.º 1, al. b) – não foi reproduzida pelo CDA de 1985. Cf. L. F. REBELLO, *Introdução cit.*, 1994, pág. 95.

([2]) Quanto a videogramas, desde o Dec.-Lei n.º 306/85, de 29.7, revogado e substituído pelo Dec.-Lei n.º 39/88, de 6.2, regulamentado pelas Port. n.º 531/90, de 10.7, n.º 936/90, de 4.10, e 400/94, de 24.6, e alterado pelo Dec.-Lei n.º 121/2004, de 21.5. Quanto a fonogramas, desde o Dec.-Lei n.º 227/89, de 8.7.

([3]) Como resulta do preâmbulo do Dec.-Lei 306/85, de 29.7, que introduziu este regime.

É claro que uma obra musical e uma obra literária não são do mesmo género, podendo, por isso, ter o mesmo título (por exemplo, *As Quatro Estações* – a música de Vivaldi e os contos de David Mourão Ferreira).

Podem, todavia, suscitar-se dúvidas quanto a saber se pertencem ao mesmo género um romance e um livro de contos ou um filme e um videograma.

O problema tem de ser resolvido caso a caso, atendendo à experiência comum e às regras da boa fé. Importa evitar que o público seja induzido em erro quanto à identidade da obra e, sobretudo, que um autor, ao utilizar um título, se aproprie do prestígio adquirido por uma obra diversa. É o que se passa, por exemplo, quando é escolhido para um filme o título de um romance "best seller", induzindo o público na convicção errónea de que o filme é uma adaptação do livro. É uma matéria afim da concorrência desleal, regulada pelo art. 260.º do CPI ([1]).

O CDA, no art. 4.º, n.º 2, considera que não satisfazem os requisitos de originalidade e inconfundibilidade:

"a) Os títulos consistentes em designação genérica, necessária ou usual do tema ou objecto de obras de certo género ([2]);

b) Os títulos exclusivamente constituídos por nomes de personagens históricas, histórico-dramáticas ou literárias e mitológicas ou por nomes de pessoas vivas" ([3]).

2. O *título de uma publicação periódica* só é protegido, enquanto a publicação se efectuar com regularidade, desde que devidamente inscrito no Instituto da Comunicação Social ([4]).

([1]) O Ac. STJ de 5.12.1989, in *BMJ*, n.º 402, pág. 567, decidiu que o título *Primeira Página* podia ser utilizado simultaneamente numa emissão televisiva e por um jornal, atendendo à diversidade de géneros e, também, à falta de originalidade. Para maiores desenvolvimentos, cf. J. O. Ascensão, *Protecção do Título de Jornal*, Lisboa, 1989; H. Hubmann, *Urheber– und Verlagsrecht*, 1987, § 53-III, 2c, pág. ; L. F. Rebello, *Introdução cit.*, 1994, pág. 94 e seg..

([2]) Por isso, não são protegidos títulos como *Contos*, *Tratado de Direito Civil*, *História de Portugal*, etc.

([3]) Por isso, não podem beneficiar de protecção títulos como Orfeu, Fausto, Don Juan ou Inês de Castro.

([4]) CDA art. 5.º e 214.º, al. b). Para maiores desenvolvimentos, cf. J. O. Ascensão, *Protecção do Título de Jornal*, Lisboa, 1989; J. O. Ascensão, "Título, marca e registo de imprensa", in *ROA*, ano 57, 1997, III, pág. 1223 e segs.

54   *Direito da Comunicação Social*

O CDA não estabelece os requisitos dos títulos das publicações periódicas, mas estes resultam do Regulamento dos Registos da Comunicação Social ([1]).

DIVISÃO IV

Obras não protegidas

1. Depois de estabelecer as condições de protecção das obras, originais ou equiparadas, e dos respectivos títulos, o CDA inclui, nos art. 7.º e 8.º ([2]), um elenco de obras **excluídas da protecção** autoral, embora com algumas **ressalvas**. Estas obras excluídas podem ser utilizadas livremente por terceiros, por não estarem abrangidas, desde a sua origem, pela protecção legal, por força de uma disposição específica. Por outras palavras, o autor de uma obra excluída não tem quaisquer direitos patrimoniais ou pessoais (ou morais).

Assim, não beneficiam de protecção autoral:

"a) As notícias do dia e os relatos de acontecimentos diversos com carácter de simples informações de qualquer modo divulgados;

b) Os requerimentos, alegações, queixas e outros textos apresentados por escrito ou oralmente perante autoridades ou serviços públicos;

c) Os textos propostos e os discursos proferidos perante assembleias ou outros órgãos colegiais, políticos e administrativos, de âmbito nacional, regional ou local, ou em debates públicos sobre assuntos de interesse comum;

d) Os discursos políticos" (art. 7.º, n.º 1);

e) Os textos compilados ou anotados de convenções, de leis, de regulamentos e de relatórios ou decisões administrativas, judiciais ou de quaisquer órgãos do Estado ou da Administração, bem como as respectivas traduções oficiais (art. 8.º, n.º 1).

([1]) Dec. Reg. n.º 8/99, de 9.6, art. 18.º, n.º 1, al. d), 19.º, n.º 1, al. b) e c), e 2, e 20.º. Para maiores desenvolvimentos, cf. A. FERRER CORREIA – M. NOGUEIRA SERENS – J. OLIVEIRA ASCENSÃO – ANTÓNIO MARIA PEREIRA – LUÍS FRANCISCO REBELLO, *Protecção do Título de Jornal*, Lisboa, SPA, 1989; J. OLIVEIRA ASCENSÃO, "Título, marca e registo de imprensa", in *ROA*; Ac. RelL, proc. n.º 4106, in *CJ*, 1992, T. III, pág. 193; Ac. RelL de 13.7.1989, proc. n.º 1970, e Ac. RelL de 2.12.1982, no proc. n.º 9893, não publicados, sumariados in MIGUEL REIS, *O Direito de Autor no Jornalismo*, 1999, pág. 15 e seg..

([2]) À semelhança da Conv. de Berna, no art. 2.º e 2.º bis.

O direito de autor e os direitos conexos 55

É de salientar que as **notícias do dia e os relatos de aconteci-mentos**, em si mesmos, não são protegidos pelo direito de autor. O que pode merecer protecção é o trabalho criativo do jornalista que acrescente alguma novidade aos factos ([1]). Consequentemente, o noticiário das agências de informação também não é protegido ([2]).

Parece dever entender-se que a exclusão de protecção autoral é ex-cepcional e, portanto, a referida enumeração é taxativa, não podendo ser alargada a outras categorias não previstas na lei (CCiv art. 11.º) ([3]).

O CDA estabelece, todavia, algumas **ressalvas** a tal exclusão.

Na verdade, a reprodução integral de textos referidos nas alíneas c) e d) "só pode ser feita pelo seu autor ou com o seu consentimento" (art. 7.º, n.º 2).

A utilização por terceiro de qualquer obra excluída pelo n.º 1 do art.º 7.º, "quando livre ([4]), deve limitar-se ao exigido pelo fim a atingir com a sua divulgação" (art. 7.º, n.º 3) ([5]).

Não é permitida, em regra, a comunicação dos textos referidos na alínea b), quando:

– esses textos forem por natureza confidenciais ([6]); ou

– da comunicação resultar prejuízo para a honra ou reputação do autor ou de qualquer outra pessoa ([7]).

Tal comunicação pode, todavia, ser permitida, mediante decisão judicial, caso se prove a "existência de interesse legítimo superior ao

---

([1]) Cf. MIGUEL REIS, *O Direito de Autor no Jornalismo*, 1999, pág. 19 e seg..

([2]) Cf. MIGUEL REIS, *Ob. cit.*, pág. 22. É claro que as agências noticiosas não são obrigadas a prestar informações a qualquer pessoa ou empresa, gratuitamente; mas, uma vez divulgadas tais informações num órgão de comunicação social, os outros podem utilizá-las, sem necessidade de autorização ou remuneração. Questão diversa é a do dever de identificação das fontes de informação (independente de qualquer autorização ou remuneração do autor), decorrente do art. 14.º do EJorn 1999 e do art. 6.º do Código Deontológico dos Jornalistas, de 4.5.1993.

([3]) Neste sentido, cf. L. F. REBELLO, *Introdução cit.*, 1994, pág. 99.

([4]) Esta expressão, à primeira vista, redundante, em face do disposto no n.º 1, é útil quando seja aplicável a ressalva da primeira parte do n.º 4 do mesmo art. 7.º.

([5]) Caso a utilização da obra excluída se faça para além do exigido pelo fim a atingir, parece existir violação de um direito previsto no CDA, sendo, por isso, aplicável o disposto no art. 203.º deste diploma. Em sentido diverso, cf. L. F. REBELLO, *Introdução cit.*, 1994, pág. 102.

([6]) Nomeadamente, por estarem abrangidos por algum dever de segredo (de justiça ou outro), acima analisado.

([7]) Recorde-se o que foi dito acima, a propósito da protecção da honra.

56   *Direito da Comunicação Social*

subjacente à proibição" (art. 7.º, n.º 4). Trata-se aqui de uma aplicação do princípio estabelecido pelo art. 335.º do CCiv, quanto à colisão de direitos.

2. As obras assim excluídas da protecção autoral são-no desde a sua origem.

Diversa é a situação das obras protegidas que caíram **no domínio público**, por terem "decorrido os prazos de caducidade do direito de autor" (CDA art. 38.º e 39.º). Estas obras já não beneficiam da protecção autoral plena, mas deve ser respeitada a sua integridade e genuinidade, cuja defesa cabe ao Estado, através do Ministério da Cultura ([1]).

3. Diferente é, também, a situação das obras protegidas, mas "**de utilização livre**" (isto é, sem o consentimento do autor), *em certas circunstâncias,* a que se referem os art. 75.º a 82.º do CDA, que são muito importantes para a comunicação social, mas serão analisados mais adiante.

4. Distinta é, ainda, a situação das chamadas **licenças obrigatórias** ou não voluntárias (ou, talvez melhor, das *dispensas de autorização de utilização*). Trata-se de casos em que, por motivos de interesse público, a lei permite a utilização de uma obra protegida independentemente do consentimento do seu autor, ou apesar da sua oposição, mas, normalmente, sem prejuízo do direito a remuneração por essa utilização ([2]).

Tais licenças podem ser de duas espécies:

a) **Licenças legais**, quando a dispensa de autorização decorre da lei;

b) **Licenças compulsivas**, quando basta a autorização de uma pessoa que não o autor.

Sendo excepções à regra geral do art. 9.º, n.º 2, do CDA, só se admitem com base em disposição expressa da lei.

A Convenção de Berna permite que os Estados membros introduzam na sua legislação nacional licenças deste género para fins didácticos

---

([1]) Dec.-Lei n.º 150/82, de 29.4, cuja vigência foi ressalvada pelo art. 3.º do Dec.-Lei n.º 63/85, de 14.3, na redacção da Lei n.º 45/85, de 17.9.

([2]) O Decreto n.º 13.725, de 3.6.1927, qualificava estas licenças como formas de "expropriação por utilidade pública" (art. 31.º).

O direito de autor e os direitos conexos

ou de informação e em matéria de reprodução e radiodifusão (art. 2.º, n.º 4, 10.º, 11.º bis, n.º 2 e 3).

A lei portuguesa prevê três casos de *licenças legais*:

a) Obras protegidas incorporadas em compilações e anotações de *textos oficiais* – sem que tal confira ao autor "qualquer direito no âmbito da actividade do serviço público de que se trate" (CDA art. 8.º, n.º 2);

b) Divulgação de *obra póstuma*, caso os sucessores do autor o não façam no prazo de 25 anos a contar da sua morte, sem justificação (CDA art. 70.º, n.º 3);

c) *Nova fixação fonográfica de obra musical e do respectivo texto*, que tenha sido objecto de anterior fixação autorizada (art. 144.º, n.º 1).

Prevê, também, um caso de *licença compulsiva*: reedição por motivos de interesse público de *obra esgotada*, no caso de recusa do autor, considerada injustificada pelo tribunal (CDA art. 52.º) ([1]).

SECÇÃO III

Sujeitos

SUBSECÇÃO I

Sujeito activo

1. O sujeito activo do direito de autor é, naturalmente, o **autor**. Importa, por isso, saber a quem é que a lei atribui esta qualidade e a titularidade do correspondente direito.

Autor é o **criador intelectual** da obra, salvo disposição em contrário (CDA art. 11.º e 27.º). É ele o *titular originário* da obra.

Assim, a *regra* é que seja autor a **pessoa singular** que usa a sua inteligência para gerar a obra.

A lei admite, todavia, **excepções** a esta regra, quer dizer, situações em que a qualidade de autor e ou os respectivos direitos são atribuídos a outra pessoa (que não o autor singular), mediante **sucessão por morte** ou **transmissão entre vivos**.

([1]) Sobre o assunto, cf. J. O. ASCENSÃO, *Direito de Autor e Direitos Conexos*, 1992, pág. 213 e segs.; L. F. REBELLO, *Introdução cit.*, 1994, pág. 101.

58   *Direito da Comunicação Social*

Mais complexos são os casos em que a mesma obra tem uma **pluralidade de autores**, sendo, então, importante distinguir entre a *obra feita em colaboração*, a *obra colectiva* e a *obra compósita*.

2. Vejamos, primeiro, as **excepções** à regra do reconhecimento da *autoria singular* ao criador intelectual.

Estas excepções relativas à autoria singular verificam-se em seis situações diferentes: *sucessão por morte, transmissão entre vivos, obra subsidiada, obra financiada, obra feita por encomenda* e *obra feita por conta de outrem*

a) Sucessão por morte e transmissão entre vivos

A primeira excepção respeita ao **sucessor** (por morte) ou **transmissário** (entre vivos) do autor (CDA art. 27.º, n.º 3).

Quer ao sucessor quer ao transmissário (seja pessoa singular seja pessoa colectiva) é atribuída a *titularidade* (derivada) dos direitos de autor.

Deve notar-se, porém, que a *qualidade* de autor (de criador intelectual da obra) e a *titularidade originária* do direito de autor pertencem sempre ao criador intelectual.

Efectivamente, os *direitos pessoais ou morais* (mais exactamente, "os poderes conferidos para tutela dos direitos morais") não são transmissíveis nem oneráveis (CDA art. 42.º): são *inalienáveis*.

Os *direitos patrimoniais* de autor são, todavia, *alienáveis* (CDA art. 40.º). Por isso, a lei equipara, para efeitos jurídicos e como regra, o sucessor e o transmissário ao autor. Trata-os mesmo como "autor" (CDA art. 27.º, n.º 3), o que não parece correcto, embora se compreenda que isso signifique que lhes é aplicável, em regra, o mesmo regime ([1]).

Enquanto a obra não cair no domínio público, o exercício dos direitos morais do autor falecido compete aos seus sucessores (designados nos termos do art. 2131.º e segs. do CCiv) ([2]).

([1]) É claro que os sucessores de um romancista falecido têm direito a receber as prestações pecuniárias correspondentes aos direitos patrimoniais de autor do "de cujus", mas é o nome deste que deve continuar a figurar como autor (criador intelectual) das suas obras. Neste sentido, cf. L. F. REBELLO, *Introdução cit.*, 1994, pág. 104.

([2]) CDA art. 57.º, 70.º. Sobre o assunto, cf. L. F. REBELLO, *Introdução cit.*, pág. 121.

b) Obra subsidiada ou financiada

É como transmissário que a lei admite a aquisição de poderes incluídos no direito de autor por quem *subsidie* ou *financie* ([1]) a preparação, conclusão, divulgação ou publicação de uma obra, desde que haja convenção *escrita* nesse sentido (CDA art. 13.º).

A entidade financiadora só pode, todavia, utilizar a obra para os fins estipulados e, em regra, não pode introduzir modificações na obra sem acordo expresso do seu criador (CDA art. 15.º, n.º 1 e 2). Garante-se, deste modo, o direito à genuinidade e à integridade da obra (CDA art. 9.º, n.º 3, e 56.º, n.º 1).

Em contrapartida, o criador não pode utilizar a obra de modo que prejudique os fins para que foi produzida (CDA art. 15.º, n.º 3).

c) Obra feita por encomenda ou por conta de outrem

Em rigor, é também na base de uma transmissão que a titularidade do direito de autor pode ser adquirida por quem não é o criador intelectual da obra, nestes casos, de harmonia com o convencionado (CDA art. 14.º, n.º 1 e 2).

Para tal convenção a lei não exige *forma* escrita, pelo que pode ser provada por qualquer outro modo ([2]). O CDA estabelece, porém, *presunções* (elidíveis) a este respeito e, mesmo que os direitos patrimoniais não pertençam ao criador da obra, reconhece-lhe o direito a *remuneração* ([3]).

A *encomenda* de uma obra literária, científica ou artística pode corresponder a um *contrato de prestação de serviço*, em sentido estrito ([4]), caso tenha por objecto apenas a criação intelectual, ainda que materializada num suporte material ([5]).

Pode, todavia, corresponder antes a um *contrato de empreitada* ([6]), caso envolva, como objecto principal, a produção ou transformação de

---

([1]) A epígrafe do art. 13.º não é rigorosa, uma vez que um subsídio corresponde a uma doação (a fundo perdido), enquanto um financiamento corresponde a um empréstimo (que deve ser reembolsado).

([2]) V.g. por testemunhas – CCiv art. 219.º e 341.º e segs..

([3]) CDA art. 14.º, n.º 1 a 4. Cf. L. F. REBELLO, *Introdução cit.*, 1994, pág. 105 e segs..

([4]) Regulado pelos art. 1154.º a 1156.º do CCiv.

([5]) Neste sentido, cf. Ac. STJ de 2.2.1988, in *BMJ*, n.º 374, pág. 449, e L. F. REBELLO, *Introdução cit.*, 1994, pág. 109 e seg..

([6]) Espécie de contrato de prestação de serviço, regulada pelos art. 1207.º a 1230.º do CCiv.

60 *Direito da Comunicação Social*

uma coisa corpórea, em que o aspecto criativo seja menos importante que o material ([1]).

A **obra feita por conta de outrem** pode ter por base um "*dever funcional*" (baseado, nomeadamente, num acto ou contrato administrativo) ou um *contrato de trabalho* (subordinado).

Na falta de convenção, presume-se que a titularidade do direito de autor relativo a obra feita por conta de outrem pertence ao seu criador intelectual. A omissão do nome do criador na obra constitui, todavia, presunção de que o direito de autor pertence ao comitente ([2]).

Ainda quando a titularidade do direito patrimonial de autor pertença ao comitente, o criador pode exigir, além da remuneração estipulada, uma *remuneração especial*: a) quando a criação exceda o desempenho da encomenda; ou b) quando da obra vierem a fazer-se utilizações ou a retirar-se vantagens não incluídas nem previstas na fixação da remuneração ajustada ([3]).

Também no caso de obra feita por encomenda ou por conta de outrem, o comitente só pode utilizar a obra para os fins estipulados e, em regra, não pode introduzir modificações na obra sem acordo expresso do seu criador ([4]). Em contrapartida, o criador tão pouco pode utilizar a obra de modo que prejudique os fins para que foi produzida ([5]).

3. Vejamos, agora, o regime da obra com uma **pluralidade de autores**, quer se trate de *obra feita em colaboração*, de *obra colectiva* ou de *obra compósita*.

([1]) Neste sentido, cf. J. O. Ascensão, *Direito de Autor e Direitos Conexos*, pág. 142 e 422, e Ac. do STJ de 3.11.1983, in *BMJ*, n.º 331, pág. 489, quanto a um contrato de produção de uma série de programas televisivos, com base num parecer de Ferrer Correia e Henrique Mesquita, "Anotação", in *ROA*, ano 45.º, I, pág. 129 e segs., contra Antunes Varela, "Parecer", in *ROA*, ano 45.º, I, pág. 159 e segs., e Calvão da Silva, "Anotação – Direitos de autor, cláusula penal e sanção pecuniária compulsória", in *ROA*, ano 47.º, I, pág. 129 e segs.. Cf. crítica a este acórdão em L. F. Rebello, *Introdução cit.*, 1994, pág. 109.

([2]) CDA art. 14.º, n.º 1 e 2.

([3]) CDA art. 14.º, n.º 4.

([4]) CDA art. 15.º, n.º 1 e 2. Cf. sentença da 3.ª Vara Cível de Lisboa, de 14.7.1978, in *Gestão e Prática Judiciária*, pág. 142, e L. F. Rebello, *Introdução cit.*, pág. 107 e seg.

([5]) CDA art. 15.º, n.º 3.

O direito de autor e os direitos conexos

a) Obra feita em colaboração

Caso a obra seja divulgada ou publicada *em nome dos vários colaboradores ou de alguns deles* (CDA art. 16.º, n.º 1, al. a)), o direito de autor pertence a *todos* os colaboradores, aplicando-se o regime da compropriedade (¹), e, salvo estipulação escrita em contrário, presumem-se de *valor igual* as partes de cada um (²).

Caso a obra seja divulgada ou publicada *apenas em nome de algum ou alguns dos colaboradores*, presume-se, na falta de designação explícita dos demais, que os não designados cederam os seus direitos àquele ou àqueles em nome de quem a divulgação ou publicação é feita (³).

"Qualquer dos autores pode solicitar a divulgação, a publicação, a exploração ou a modificação da obra feita em colaboração, sendo, em caso de divergência, a questão resolvida segundo as regras da boa fé" (⁴).

Quando a contribuição pessoal de cada co-autor possa discriminar-se, pode qualquer deles exercer individualmente os direitos relativos a ela, sem prejuízo da exploração em comum (CDA art. 18.º, n.º 2).

Note-se que "O direito de autor sobre a obra feita em colaboração, como tal, caduca 70 anos após a morte do colaborador que falecer em último lugar" (⁵).

Colaboradores (e, portanto, co-autores) são as pessoas singulares que participam na criação intelectual e em cujo nome é dada a conhecer.

A determinação de quem seja colaborador suscita, porém, algumas dificuldades no caso de *obras complexas* que exigem várias modalidades de colaboração (criativa ou não), como, por exemplo, as obras cinematográficas e de arquitectura. A lei resolve algumas dessas dificuldades do modo seguinte.

(¹) Constante do CCiv art. 1403.º a 1413.º.

(²) CDA art. 17.º, n.º 1 e 2.

(³) CDA art. 17.º, n.º 3. Esta presunção é, manifestamente, elidível. Neste sentido, cf. L. F. Rebello, *Introdução cit.*, pág. 113.

(⁴) CDA art., 18.º, n.º 1. Este preceito, que diverge do regime do CCiv art. 1407.º e 985.º, tem suscitado divergentes interpretações e justas críticas da doutrina. Cf. J. O. Ascensão, *Direito de Autor e Direitos Conexos*, pág. 133; L. F. Rebello, *Introdução cit.*, pág. 112 e seg..

(⁵) CDA art. 32.º, na redacção do Dec.-Lei n.º 334/97, de 27.11; a Conv. de Berna art. 7.º bis estabelece um prazo de 50 anos. "Se, por morte de algum dos autores de obra feita em colaboração, a sua herança dever ser devolvida ao Estado, o direito de autor sobre a obra na sua unidade ficará pertencendo apenas aos restantes" (CDA art. 51.º, n.º 3).

i – Obra radiodifundida

"Consideram-se co-autores da obra radiodifundida, como obra feita em colaboração, os autores do texto, da música, e da respectiva realização, bem como da adaptação se não se tratar de obra inicialmente produzida para a comunicação audiovisual" (CDA art. 21.º, n.º 2).

ii – Obra cinematográfica

Consideram-se co-autores de obra cinematográfica: o realizador, o autor do argumento, dos diálogos, se for pessoa diferente, e o da banda musical; quando se trate de adaptação de obra não composta expressamente para o cinema, consideram-se também co-autores os autores da adaptação e dos diálogos ([1]).

iii – Obra fonográfica ou videográfica

"Consideram-se autores da obra fonográfica ou videográfica os autores do texto ou da música fixada e ainda, no segundo caso, o realizador" ([2]).

iv – Obra de arquitectura, urbanismo e "design"

"Autor de obra de arquitectura, de urbanismo ou de "design" é o criador da sua concepção global e respectivo projecto" (CDA art. 25.º).

v – Auxiliares técnicos

"Não se consideram colaboradores e não participam, portanto, dos direitos de autor sobre a obra aqueles que tiverem simplesmente auxiliado o autor na produção e divulgação ou publicação desta, seja qual for o modo por que o tiverem feito" (CDA art. 17.º, n.º 4, e 26.º). Assim, os meros *auxiliares técnicos* (não criativos) não são considerados colaboradores (co-autores), embora possam, eventualmente, beneficiar de direitos conexos ([3]).

([1]) CDA art. 22.º. Os direitos anglo-saxónicos atribuem a qualidade de autor da obra cinematográfica ao produtor. A Conv. de Berna, no art. 14.º bis, alínea 2-a) (introduzido pelo Acto de Paris de 1971), permite as duas orientações. No mesmo sentido vão as Directivas comunitárias n.º 93/83 e 93/98. Os autores dos cenários e dos figurinos, bem como de composições musicais preexistentes e da obra originária adaptada, são protegidos nos termos do art. 23.º do CDA, que remete para o regime da obra compósita, adiante analisado. Cf. L. F. REBELLO, *Introdução cit.*, pág. 114 e seg..

([2]) CDA art. 24.º.

([3]) Cf. L. F. REBELLO, *Introdução cit.*, pág. 114 e segs.

O direito de autor e os direitos conexos 63

b) Obra colectiva

Caso a obra seja organizada por iniciativa de uma entidade individual ou colectiva e divulgada ou publicada em seu nome (CDA art. 16.º, n.º 1, al. b)), o direito de autor pertence à entidade que a organiza e dirige e em cujo nome seja divulgada ou publicada; ou seja, no caso de publicação periódica, pertence à empresa jornalística (CDA art. 19.º, n.º 1 e 3).

O direito de autor corresponde, então, não só ao esforço criativo da empresa, mas também ao seu investimento. A intervenção dos colaboradores não deixa, contudo, de ser protegida.

Efectivamente, se nessas publicações for possível discriminar a produção pessoal de colaboradores, estes gozam também do respectivo direito de autor, como se fosse uma obra feita em colaboração (CDA art. 19.º, n.º 2, e 174.º, n.º 1).

Consequentemente, o proprietário ou editor da publicação periódica pode reproduzir os números em que foram publicadas as contribuições dos seus colaboradores; mas a reprodução em separado ou noutra publicação de cada uma dessas contribuições só pode ser efectuada pelo respectivo colaborador ou com sua autorização (CDA art. 173.º).

Caso o trabalho jornalístico tenha sido produzido em cumprimento de um *contrato de trabalho* e comporte *identificação de autoria*, o colaborador tem direito de autor, mas não pode publicar em separado esse trabalho antes de decorridos três meses sobre a data de início de circulação da publicação (CDA art. 174.º, n.º1 e 2). Caso o trabalho não tenha identificação de autoria, só pode ser publicado em separado com autorização da empresa jornalística ([1]).

c) *Obra compósita* é aquela em que se incorpora, no todo ou em parte, uma obra preexistente, com autorização, mas sem a colaboração, do autor desta (CDA art. 2.º, n.º 1). É o caso, por exemplo, de uma antologia de contos de vários autores ou de uma colectânea de legislação.

Os direitos relativos à obra compósita pertencem ao seu autor, mas sem prejuízo dos direitos de autor da obra preexistente ([2]).

([1]) CDA art. 174.º, n.º 4. Cf. J. O. Ascensão, *Direito de Autor cit.,* pág. 126 e seg.; L. F. Rebello, *Introdução cit.*, pág. 106 e segs. e 116 e seg.

([2]) CDA art. 20.º, n.º 2. Para maiores desenvolvimentos, cf. L. F. Rebello, *Introdução cit.*, pág. 79 e seg. e 118.

64 *Direito da Comunicação Social*

4. Questão diferente é a da **determinação do autor** de uma certa obra.

Para isso, recorre-se, em primeiro lugar, ao que nela estiver indicado: "Presume-se autor aquele cujo nome tiver sido indicado como tal na obra, conforme o uso consagrado, ou anunciado em qualquer forma de utilização ou comunicação ao público" ([1]).

Esta presunção é elidível, pois pode dar-se o caso de erro (v.g. "gralha" tipográfica) ou violação da regra segundo a qual "Ninguém pode usar em obra sua o nome de outro autor, ainda que com autorização deste" ([2]).

5. Outro problema que pode pôr-se é o da **identificação** do autor: como é que o autor de uma obra se identifica?

Naturalmente, através do nome, mas há neste domínio algumas especialidades a assinalar.

O nome constitui objecto de um *direito de personalidade*, consagrado na Constituição, art. 26.º, n.º 1, regulado pelo Código Civil, art. 72.º a 74.º, e pelo Código do Registo Civil, art. 103.º e 104.º.

Relativamente a uma obra literária, científica ou artística, a lei permite que o autor use o seu nome civil, completo ou abreviado, as iniciais deste, um pseudónimo ou qualquer sinal convencional (CDA art. 28.º) e, mesmo, que publique a obra anonimamente (CDA art. 30.º).

Importante é que o nome escolhido seja *inconfundível* "com outro anteriormente usado em obra divulgada ou publicada, ainda que de género diverso, nem com nome de personagem célebre da história das letras, das artes ou das ciências" (CDA art. 29.º, n.º 1).

O lesado pelo uso ilegal de nome pode requerer as *providências judiciais* (civis e penais) adequadas a evitar a confusão do público sobre o verdadeiro autor, seja mediante aditamento (pai e filho, sénior e júnior, tio e sobrinho, etc.), mudança de nome ou cessação do uso ([3]).

O nome literário, científico ou artístico está sujeito a *registo* facultativo ([4]).

([1]) CDA art. 27.º, n.º 2; Convenção de Berna, art.º 15.º, n.º 1).

([2]) CDA art. 29.º, n.º 3. No sentido da elidibilidade da presunção, cf. L. F. REBELLO, *Introdução cit.*, pág. 118.

([3]) CDA art. 29.º, n.º 2 e 4, CPC art. 1474.º e 1475.º, CPPen art. 196.º.

([4]) CDA art. 215.º, n.º 1, al. a), e 216.º. Sobre o assunto, cf. L. F. REBELLO, *Introdução cit.*, pág. 118 e seg..

O direito de autor e os direitos conexos

6. Deve referir-se, aqui, uma especialidade relativa ao regime da **incapacidade**.

Sabe-se que os *menores* e os *interditos* carecem de capacidade para o exercício de direitos e que essa incapacidade é suprida pelo poder paternal e, subsidiariamente, pela tutela (CCiv art. 123.º, 124.º e 189.º).

São, todavia, válidos os negócios jurídicos relativos à profissão, arte ou ofício que o menor esteja autorizado a exercer (CCiv art. 127.º, n.º 1, al. c)).

O CDA acrescenta que "O criador intelectual incapaz pode exercer os direitos morais desde que tenha para tanto entendimento natural" ([1]).

7. Importante é, também, o regime da **representação** do autor, isto é, de substituição deste na prática de actos jurídicos relativos aos seus direitos ou interesses.

Na verdade, é frequente os autores não terem condições para defenderem eficazmente os seus próprios direitos autorais (v.g., autorizar a sua exploração, cobrar direitos e controlar a utilização das suas obras) ou não quererem fazê-lo. Para isso, o direito faculta o recurso a representantes ([2]).

Neste domínio, o regime da *representação voluntária* apresenta, todavia, três ordens de especialidades.

Primeiro, o CDA facilita a representação dos autores através de *associações e organismos nacionais e internacionais de gestão do direito de autor*, admitindo que a simples inscrição neles envolva a concessão de poderes de representação (art. 73.º), embora esteja sujeita a registo ([3]), a requerimento do representante ([4]).

([1]) Art. 69.º. Cf. L. F. REBELLO, *Introdução cit.*, pág. 125.

([2]) CCiv art. 258.º, CDA art. 72.º.

([3]) Hoje, na Inspecção-Geral das Actividades Culturais (Dec.-Lei n.º 80/97, de 8.4); anteriormente, na Direcção-Geral dos Espectáculos e Direitos de Autor. Cf. L. F. REBELLO, *Código do Direito de Autor e dos Direitos Conexos*, 1998, pág. 126 e segs.

([4]) Art. 74.º, 215.º, n.º 1, al. e), e 218.º.A Lei n.º 83/2001, de 3.8, regula a constituição, organização, funcionamento e atribuições das entidades de gestão colectiva do direito de autor e dos direitos conexos. Em Portugal, há duas associações de gestão de direitos de autor. A mais antiga é a Sociedade de Escritores e Compositores Teatrais Portugueses, criada como cooperativa em 22.5.1925, que adoptou, em 1970, a denominação de Sociedade Portuguesa de Autores (S.P.A.), tendo participado, em 1926, na criação da Confederação Internacional de Sociedades de Autores e Compositores (CISAC). A segunda é a GESTAUTOR, entidade de gestão colectiva do direito de autor e dos direitos

Segundo, caso o autor queira ocultar a sua identidade, publicando ou divulgando **obras anónimas** ou **pseudónimas**, aquele que as publicar ou divulgar com consentimento do autor considera-se, em regra, representante deste, enquanto este não revelar a sua identidade e autoria ([1]).

Terceiro, o **produtor cinematográfico** considera-se representante dos autores, se estes não assegurarem de outro modo a defesa dos seus direitos sobre a obra cinematográfica (CDA art. 126.º, n.º 3).

SUBSECÇÃO II

Sujeito passivo

Do exposto acima, a propósito da natureza do direito de autor, é fácil deduzir que sujeitos passivos deste direito são, primeiro, a generalidade das pessoas em posição de o respeitar ou desrespeitar, e, depois, todos aqueles com quem o autor tenha celebrado negócios jurídicos tendo por objecto a obra ou direitos (patrimoniais) a ela inerentes, quer se trate de utilizações primárias quer secundárias: o editor, o empresário dramático, o promotor de um espectáculo musical, o produtor cinematográfico, o emissor de radiodifusão, etc. ([2]).

SECÇÃO IV

Conteúdo do direito de autor

SUBSECÇÃO I

Considerações gerais

1. Vimos já que o direito de autor consiste na outorga a uma determinada pessoa (titular) de um *exclusivo* ou monopólio temporário do aproveitamento económico de uma obra literária, científica ou artística. Importa agora analisar o **conteúdo** do direito de autor.

---

conexos. Para maiores desenvolvimentos, cf. L.F. REBELLO, *Introdução cit.*, pág. 123 e seg. e 221 e segs.; J. O. ASCENSÃO, *Direito de Autor cit.*, pág. 691 e segs.; e www.apdi.pt/ Gestautor.

([1]) CDA art. 30.º. Cf. L.F. REBELLO, *Introdução cit.*, pág. 124.

([2]) Cf. L.F. REBELLO, *Introdução cit.*, pág. 126 e segs..

O direito de autor e os direitos conexos 67

Como dissemos, o direito de autor compreende direitos ([1]) **pessoais** ou **morais** ([2]) e **patrimoniais** (CDA art. 9.º, n.º 1).

2. Consideram-se **direitos pessoais**, fundamentalmente:

a) O direito de dar a conhecer a obra ou de não a dar a conhecer (direito ao inédito) e de a retirar de circulação;

b) O direito de paternidade;

c) O direito à integridade e genuinidade da obra;

d) O direito de modificação.

Os **direitos patrimoniais** compreendem, fundamentalmente:

a) O direito de fruir e utilizar a obra;

b) O direito de autorizar a fruição, utilização e exploração da obra por terceiro, total ou parcialmente, mediante remuneração ou gratuitamente;

c) O direito de dispor dos direitos patrimoniais sobre a obra (CDA art. 9.º);

d) O direito de compensação suplementar (por lesão enorme – CDA art. 49.º);

e) O direito de sequência (CDA art. 54.º);

f) O direito a compensação pela fixação e reprodução (CDA art. 82.º).

3. Os direitos *pessoais* são inalienáveis (por negócio entre vivos, mas são transmissíveis por morte), irrenunciáveis e imprescritíveis (CDA art. 42.º e 56.º, n.º 2).

Diversamente, os direitos *patrimoniais* são, em regra, transmissíveis (entre vivos ou por morte), renunciáveis e prescritíveis (CDA art. 40.º) ([3]). Excepção a esta regra é o *direito de sequência*, isto é, o direito do autor que tiver alienado obra de arte original (que não seja de arqui-

---

([1]) Poderá estranhar-se que um direito (de autor) tenha por conteúdo vários direitos, havendo quem prefira falar de faculdades ou prerrogativas. Não vamos entrar aqui nessa polémica de dogmática jurídica, usando a terminologia corrente e legal. Para maiores desenvolvimentos, cf. J. OLIVEIRA ASCENSÃO, *Direito de Autor cit.*, pág.647 e segs..

([2]) A terminologia oficial e tradicional na doutrina é direitos morais, de origem francesa, mas parece mais correcta a expressão direitos pessoais, como, entre nós, defende J. OLIVEIRA ASCENSÃO, *Direito de Autor cit.*, pág.166 e seg., pois há sectores não éticos nos chamados direitos morais.

([3]) Não pode, todavia, adquirir-se por usucapião (CDA art. 55.º).

68 *Direito da Comunicação Social*

tectura nem de arte aplicada), manuscrito seu ou o direito de autor sobre obra sua, a haver participação de 6% sobre o preço de cada transacção (CDA art. 54.º).

Vamos estudar, a seguir, em linhas gerais, o regime destes vários direitos, começando pelos pessoais.

SUBSECÇÃO II

Direitos pessoais

DIVISÃO I

Considerações gerais

1. A noção de direito moral (ou pessoal) do autor foi introduzida na Convenção de Berna, pela revisão de Roma de 1928 (art. 6.º bis), por iniciativa de Eduardo Piola-Caselli. De modo implícito, ela está presente, todavia, no direito de autor desde a origem, pois se baseia na própria essência da criação literária, científica e artística, enquanto manifestação da personalidade do seu autor, tendo tal direito sido definido como "a mais pessoal de todas as propriedades".

Os direitos pessoais são, na verdade, componente fundamental do direito de autor, nascendo com a criação da obra, subsistindo mesmo depois da transmissão ou extinção dos direitos patrimoniais e perpetuando-se após a morte do autor (sendo exercido pelos sucessores do autor e, após a queda no domínio público, pelo Estado) ([1]).

2. O direito de autor nasce com a criação da obra. Tal criação pressupõe, logicamente, a **liberdade de criação intelectual**, que a Constituição consagra, entre os direitos, liberdades e garantias (art. 42.º, n.º 1).

3. A titularidade dos direitos pessoais ou morais pertence, em regra, ao autor (criador intelectual da obra), sendo **inalienáveis, irrenunciáveis e imprescritíveis** (CDA art. 11.º, 14.º e 56.º, n.º 2).

([1]) CDA art. 56.º e 57.º.

Por **morte** do autor, tais direitos transmitem-se aos seus herdeiros ou legatários (CDA art. 70.°, n.° 1, e 114.°).

Após a queda da obra no **domínio público**, compete ao Estado a "defesa da genuinidade e integridade das obras" (CDA 57.°, n.° 2) e a exigência da menção do "nome do autor, quando conhecido" ([1]).

4. A lei não é expressa quanto a saber se os direitos pessoais são **típicos** (apenas os consagrados na lei) ou atípicos (admitindo-se outros ainda), mas a doutrina inclina-se para a primeira alternativa ([2]).

DIVISÃO II

Direito de publicação e divulgação

1. A protecção legal do direito de autor surge com a criação da obra, ou seja, com a sua exteriorização numa forma literária, científica ou artística, independentemente da sua divulgação, publicação, utilização ou exploração (CDA art. 1.°, n.° 3).

Só o autor tem o direito de decidir se dá ou não a conhecer a obra, como e quando.

Este direito é de tal modo importante que a divulgação ou publicação abusiva de uma obra ainda não divulgada nem publicada pelo seu autor, ou não destinada a divulgação ou publicação, é qualificada como *crime de usurpação* (CDA art. 195.°, n.° 2, al. a)).

2. Por vezes, o direito de publicação ou divulgação é referido na doutrina como ***direito ao inédito***, o qual corresponde apenas a uma parte daquele. O direito ao inédito abrange apenas a primeira divulgação ou publicação, sendo certo que o autor tem também direito a ulteriores utilizações.

Após a morte do autor, compete aos seus sucessores o exercício do direito ao inédito, como de outros direitos pessoais (CDA art. 57.° e

---

([1]) Art. 2.° do Dec.-Lei n.° 150/82, de 29.4 (cuja vigência foi ressalvada pelo Dec.--Lei n.° 63/85, de 14.3, na redacção da Lei n.° 45/85, de 17.9). Cf. L.F. REBELLO, *Introdução cit.*, 1994, pág. 177 e segs..

([2]) Cf. J. O. ASCENSÃO, *Direito de Autor cit.*, pág. 169.

70.º). Caso o autor tenha querido manter inédita uma sua obra, os sucessores devem respeitar tal vontade ([1]).

DIVISÃO III

Direito de retirada

Caso o autor de uma obra divulgada ou publicada mude de opinião e queira terminar a sua difusão, pode fazê-lo por decisão unilateral, contanto que "tenha razões morais atendíveis". Deve, todavia, indemnizar os interessados pelos prejuízos que a retirada lhes causar ([2]).

DIVISÃO IV

Direito de paternidade

1. O autor tem o direito de ser reconhecido como tal e de exigir que o seu *nome* seja mencionado na obra em todas as suas utilizações (CDA art. 9.º, n.º 3, e 56.º, n.º 1) – sob qualquer das formas de identificação permitidas: nome próprio, completo ou abreviado, as iniciais deste, *pseudónimo* ou qualquer sinal convencional (CDA art. 28.º).

Pode, também, optar pelo *anonimato*, mas, nesse caso, é-lhe lícito a todo o tempo revelar a sua identidade e autoria (CDA art. 30.º).

Tal direito existe mesmo nos casos de obra criada por encomenda ou por conta de outrem (CDA art. 14.º, n.º 3) e de obras publicadas ou divulgadas apenas em nome de algum ou alguns dos colaboradores (CDA art. 17.º, n.º 3).

"Ninguém pode usar em obra sua o nome de outro autor, ainda que com autorização deste" (CDA art. 29.º, n.º 3).

Há, contudo, situações em que a indicação dos nomes dos autores não é possível (por exemplo, em anúncios publicitários radiodifundidos) ou não é conveniente, sendo a sua omissão admitida quer por convenção entre as partes (que é válida) quer pelos usos (que a lei respeita, por exemplo, em emissões radiofónicas de músicas) ([3]).

([1]) Sobre o assunto, objecto de polémica, cf. J. O. ASCENSÃO, *Direito de Autor cit.*, 1992, pág. 170 e seg.; L.F. REBELLO, *Introdução cit.*, 1994, pág. 158 e segs..

([2]) CDA art. 62.º. Cf. J. O. ASCENSÃO, *Direito de Autor cit.*, pág. 170 e segs.; L.F. REBELLO, *Introdução cit.*, 1994, pág. 161 e seg..

([3]) CDA art. 154.º.

Inclusivamente, nos casos de utilização livre, deve ser indicado o nome do autor, "sempre que possível" (CDA art. 76.º, n.º 1, al. a)) ([1]).

O direito à menção do nome do autor aparece em vários preceitos do CDA, por vezes com restrições ([2]).

Em qualquer caso, segundo o art. 7.º do EJorn de 1999, "2 – Os jornalistas têm o direito de assinar, ou fazer identificar com o respectivo nome profissional registado na Comissão da Carteira Profissional de Jornalista, os trabalhos da sua criação individual ou em que tenham colaborado.

3 – Os jornalistas têm o direito à protecção dos textos, imagens, sons ou desenhos resultantes do exercício da liberdade de expressão e criação, nos termos das disposições legais aplicáveis".

2. O direito à menção do nome apresenta especialidades importantes relativamente a **publicações periódicas**.

Nomeadamente, os trabalhos jornalísticos feitos em cumprimento de um contrato de trabalho e apresentados sem identificação do autor são atribuídos à empresa jornalística e só com autorização desta podem ser publicados separadamente ([3]).

3. É especial também o regime aplicável à **rádio** e à **televisão**, pois, em certas circunstâncias, pode ser omitida a identificação do autor das obras radiodifundidas ([4]).

([1]) Também "A entidade que promover ou organizar a execução ou a recitação de obra literária, musical ou literário-musical em audição pública deve afixar previamente no local o respectivo programa, do qual devem constar, na medida do possível, a designação da obra e a identificação da autoria" (CDA art. 122.º, n.º 1).

([2]) Nos art. 97.º (como obrigação do editor), 115.º, n.º 4 (como obrigação do empresário de representação cénica), 122.º, n.º 1 (como obrigação do promotor de recitação de uma obra literária ou de execução de obra musical, "na medida do possível"), 134.º, n.º 1 (quanto a obra cinematográfica), 142.º (quanto a fixação fonográfica e videográfica, "sempre que a sua natureza o permita"), 154.º (como obrigação da estação emissora de radiodifusão, salvo "nos caso, consagrados pelo uso corrente, em que as circunstâncias e necessidades da transmissão levam a omitir" tal indicação), 160.º, n.º 3 (quanto a reproduções de obras de artes plásticas, gráficas e aplicadas), 161.º (quanto a estudos e projectos de arquitectura e urbanismo), 167.º, n.º 1 (quanto a exemplares de obras fotográficas), 171.º (quanto a traduções).

([3]) CDA art. 174.º, n.º 1 e 4. Sobre o assunto, cf. J. O. ASCENSÃO, *Direito de Autor cit.*, pág. 176 e segs.; L.F. REBELLO, *Introdução cit.*, 1994, pág. 163 e seg..

([4]) CDA art. 154.º. Sobre o assunto, cf. J. O. ASCENSÃO, *Direito de Autor cit.*, pág. 177 e seg.; L.F. REBELLO, *Introdução cit.*, 1994, pág. 163.

72 *Direito da Comunicação Social*

4. O direito de paternidade implica o direito de a **reivindicar** em caso de omissão ou de usurpação por terceiro (CDA art. 56.º, n.º 1).

"O uso ilegítimo do nome literário ou artístico ou de qualquer outra forma de identificação do autor confere ao interessado o direito de pedir, além da cessação de tal uso, indemnização por perdas e danos" (CDA art. 210.º).

DIVISÃO V

Direito à integridade e genuinidade da obra

1. "Independentemente dos direitos de carácter patrimonial e ainda que os tenha alienado ou onerado, o autor goza durante toda a vida do direito (...) de assegurar a genuinidade e integridade desta, opondo-se à sua destruição, a toda e qualquer mutilação, deformação ou outra modificação da mesma e, de um modo geral, a todo e qualquer acto que a desvirtue e possa afectar a honra e reputação do autor" (CDA art. 9.º, n.º 3, e 56.º, n.º 1).

"Este direito é inalienável, irrenunciável e imprescritível, perpetuando-se, após a morte do autor (...)" (CDA art. 56.º, n.º 2).

Neste caso, "enquanto a obra não cair no domínio público, o exercício destes direitos compete aos seus sucessores" (CDA art. 57.º, n.º 1). Pode, todavia, o Ministério da Cultura avocar a si, e assegurá-la pelos meios adequados, a defesa das obras ainda não caídas no domínio público que se encontrem ameaçadas na sua autenticidade ou dignidade cultural, quando os titulares do direito de autor, notificados para o exercer, se tiverem abstido sem motivo atendível" (CDA art. 57.º, n.º 3).

2. A defesa da genuinidade e integridade das obras caídas **no domínio público** compete ao Estado e é exercida através do Ministério da Cultura ([1]).

3. São, todavia, permitidas, em certos casos, **adaptações**, isto é modificações introduzidas pelo utente, nomeadamente, quando sejam necessárias ou benéficas para o meio de utilização previsto. É que se

---

([1]) Sobre o exercício do direito moral pelo Ministério da Cultura, cf. Dec.-Lei n.º 150/82, de 29 de Abril. Cf. ainda Dec.-Lei n.º 42/96, de 7 de Maio e Dec.-Lei n.º 80/97, de 8 de Abril.

O direito de autor e os direitos conexos   73

passa, nomeadamente, com obras feitas para outrem (CDA art. 15.º, n.º 2) e colectâneas destinadas ao ensino ([1]).

DIVISÃO VI

Direito de acesso

Algumas legislações estrangeiras (como a alemã e a espanhola) consagram o direito de acesso do autor ao original ou a cópias da sua obra que se encontrem legitimamente em poder de terceiro. Tem-se em vista, nomeadamente, o caso de um exemplar único ou raro de uma pintura ou escultura para reprodução.

Este direito suscita dúvidas perante a lei portuguesa, invocando uns a expressão "designadamente" do art. 9.º, n.º 3, do CDA ([2]), enquanto outros defendem o carácter típico dos direitos pessoais ([3]).

É de salientar, a este propósito, a distinção legal entre a **obra**, enquanto coisa incorpórea, e as coisas materiais que sirvam de **suporte** à sua fixação ou comunicação (CDA art. 10.º).

DIVISÃO VII

Direito de modificação

1. O autor tem, não só o direito de se opor a que outrem introduza **modificações** na sua obra, como também o de introduzir, ele próprio, as modificações que entender ou autorizar modificações por outrem (CDA art. 59.º, n.º 1).

O CDA regula especificamente as modificações em colectâneas destinadas ao ensino e em projectos arquitectónicos ([4]).

([1]) CDA art. 59.º, n.º 2 e 3. Sobre o assunto, cf. J. O. Ascensão, *Direito de Autor cit.*, pág. 180 e segs.; L.F. Rebello, *Introdução cit.*, 1994, pág. 165.

([2]) Neste sentido, cf. L.F. Rebello, *Introdução cit.*, 1994, pág. 176 e seg..

([3]) Neste sentido parece ser a posição de J. O. Ascensão, que defende a tipicidade e não inclui tal direito no elenco que apresenta (*Direito de Autor cit.*, pág. 167 e segs.). Certo é que o CDA regula, pelo menos, um caso de direito de acesso ("de fiscalizar"), quanto à execução de projectos arquitectónicos (CDA art. 60.º, n.º 1).

([4]) CDA art. 59.º, n.º 2 e 3, e 60.º. Sobre o assunto, cf. J. O. Ascensão, *Direito de Autor cit.*, pág. 187 e segs.; L.F. Rebello, *Introdução cit.*, 1994, pág. 167 e segs.

2. Não deve confundir-se a modificação de uma obra com a sua **transformação**.

A obra modificada é ainda a mesma obra (CDA art. 2.º, n.º 2).

A transformação de um obra conduz a uma *nova* obra, *derivada* da primeira: tradução, arranjo, instrumentação, dramatização, cinematização, etc.. Pode tratar-se de passagem de um género para outro género, como também de transformação de uma obra noutra do mesmo género (como, por exemplo, uma versão para crianças de um romance para adultos) ([1]).

SUBSECÇÃO III

Direitos patrimoniais

DIVISÃO I

Considerações gerais

1. O núcleo dos direitos patrimoniais consiste no *exclusivo de exploração económica da obra*.

O autor pode, obviamente, utilizar e explorar **directamente** a sua obra, por sua conta e risco: editar ele próprio o livro, pôr em cena a peça teatral, gravar a música em disco, etc..

Mais frequentemente, o autor cria a obra, mas encarrega outrem de a utilizar e explorar, quer mediante simples *autorização*, quer mediante *transmissão* total ou parcial, quer mediante *oneração* (usufruto, penhor, arresto ou penhora) (CDA art. 9.º, n.º 2, e 67.º) – recebendo, normalmente, uma contrapartida em dinheiro ou em exemplares da obra. Não é essencial, porém, que o autor receba tal contrapartida: o autor pode sempre permitir a utilização ou exploração gratuita da obra ([2]).

Tanto a autorização como a transmissão e oneração respeitam apenas aos direitos patrimoniais, pois os direitos pessoais são, como vimos, intransmissíveis ([3]).

([1]) CDA art. 3.º e 169.º. Cf. J. O. ASCENSÃO, *Direito de Autor cit.*, pág. 252 e segs.; L.F. REBELLO, *Introdução cit.*, 1994, pág. 167 e segs..

([2]) Cf. J. O. ASCENSÃO, *Direito de Autor cit.*, pág. 202 e seg..

([3]) CDA art. 9.º, n.º 3, 40.º, 42.º e 56.º, n.º 1.

O direito de autor e os direitos conexos 75

Enquanto a transmissão é definitiva, a autorização e a oneração podem ser temporárias.

Importante é, sobretudo, a protecção legal contra explorações económicas da obra por terceiros não autorizadas pelo autor.

Em certos casos, o autor tem, ainda, o *direito de sequência*, o *direito de compensação suplementar* (por lesão enorme) e o *direito a compensação pela reprodução ou gravação de obras*.

2. É no âmbito dos direitos patrimoniais que se faz sentir mais acentuadamente o conflito de interesses entre, por um lado, os direitos do autor e, por outro, as necessidades de conhecimento e informação da generalidade das pessoas. Por vezes, a lei não reconhece ao autor um direito exclusivo de autorização (prevendo até licença obrigatória ou legal), mas apenas e eventualmente um direito a remuneração ([1]). Noutros casos, consagra mesmo a possibilidade de utilização livre, sem necessidade de autorização do autor, nem de remuneração ([2]).

3. É de acentuar que o CDA estabelece para a autorização, a transmissão e a oneração exigências de **forma** (escrita) e de **conteúdo**, presume a sua **onerosidade** e a **ausência de exclusividade** a favor do adquirente.

Além disso, para diversos actos, estabelece exigências de **publicidade**, v.g. de **registo** ([3]).

4. Os rendimentos provenientes da propriedade literária, científica e artística são considerados no englobamento para efeitos de IRS apenas por 50% do seu valor, líquido de outros benefícios, com excepção de obras sem carácter literário, científico ou artístico, obras de arquitectura e obras publicitárias ([4]).

([1]) CDA art. 8.º, n.º 2, 52.º, 70.º, n.º 3, 144.º, n.º 1, 191.º.

([2]) CDA art. 75.º a 82.º.

([3]) CDA art. 213.º a 216.º. Cf. J. O. Ascensão, *Direito de Autor cit.*, pág. 397 e segs.

([4]) Estatuto dos Benefícios Fiscais (aprovado pelo Dec.-Lei n.º 215/89, de 1.7), art. 45.º.

DIVISÃO II

Direito de fruir e utilizar a obra

"1 – O autor tem o direito exclusivo de fruir e utilizar a obra, no todo ou em parte, no que se compreendem, nomeadamente, as faculdades de a divulgar, publicar e explorar economicamente por qualquer forma, directa ou indirectamente, nos limites da lei.

2 – A garantia das vantagens patrimoniais resultantes dessa exploração constitui, do ponto de vista económico, o objecto fundamental da protecção legal" (CDA art. 67.º).

"A exploração e, em geral, a utilização da obra podem fazer-se, segundo a sua espécie e natureza, por qualquer dos modos actualmente conhecidos ou que de futuro o venham a ser" (CDA art. 68.º, n.º 1). Este preceito abrange, manifestamente, a utilização electrónica de obras (v.g. através da Internet).

O n.º 2 do art. 68.º ([1]) contém uma enumeração exemplificativa das formas de utilização da obra: a publicação pela imprensa, a representação, recitação, execução, exibição ou exposição em público; a reprodução, distribuição e exibição cinematográficas; a difusão pela fotografia, televisão, radiofonia ou por qualquer outro processo de reprodução de sinais, sons ou imagens; a tradução; etc..

"Pertence em exclusivo ao titular do direito de autor a faculdade de escolher livremente os processos e as condições de utilização e exploração da obra" (CDA art. 68.º, n.º 3).

Importante, a este respeito, é, sobretudo, o uso em público, pois o uso privado (incluindo a reprodução da obra), que não tenha incidência negativa sobre a exploração económica da obra, é livre (CDA art. 81.º, al. b)) ([2]).

Adiante analisaremos as várias formas de utilização da obra (CDA art. 68.º).

([1]) Com alterações introduzidas pela Lei n.º 50/2004, de 24.8.
([2]) Cf. J. O. Ascensão, *Direito de Autor cit.*, pág. 199 e segs.

DIVISÃO III

Direito de autorizar a fruição, utilização e exploração da obra

O autor tem o direito de *autorizar* a fruição, utilização e exploração da obra por terceiro, total ou parcialmente, mediante remuneração ou gratuitamente (CDA art. 40.º, al. a)).

O regime da autorização consta do CDA art. 41.º, que dispõe o seguinte:

"1 – A simples autorização concedida a terceiro para divulgar, publicar, utilizar ou explorar a obra por qualquer processo não implica a transmissão do direito de autor sobre ela.

2 – A autorização a que se refere o número anterior só pode ser concedida por escrito, presumindo-se a sua onerosidade e carácter não exclusivo.

3 – Da autorização escrita devem constar obrigatória e especificamente a forma autorizada de divulgação, publicação e utilização, bem como as respectivas condições de tempo, lugar e preço" ([1]).

Adiante analisaremos melhor este regime.

DIVISÃO IV

Direito de dispor da obra

O autor tem o direito de *transmitir* ou *onerar*, no todo ou em parte, o conteúdo patrimonial do direito de autor sobre essa obra por terceiro, mediante remuneração ou gratuitamente (CDA art. 40.º, al. b)).

Adiante analisaremos o seu regime (CDA art. 42.º a 48.º).

DIVISÃO V

Direito de compensação suplementar (por lesão enorme)

Acontece com frequência que o autor, em início de carreira ou por outros motivos, dispõe das suas obras a favor de terceiros em condições que, mais tarde, vêm a revelar-se manifestamente desvantajosas. A dife-

---

([1]) Cf. J. O. ASCENSÃO, *Direito de Autor cit.*, pág. 385 e segs.; L.F. REBELLO, *Introdução cit.*, 1994, pág. 135 e segs.

rença entre o preço inicial e o lucro conseguido pelo transmissário da exploração ulterior da obra atinge proporções de tal modo injustas, que se impõe a sua rectificação, em condições semelhantes às previstas para a tradicionalmente chamada "lesão enorme" (CCiv art. 437.º).

Por isso, a lei confere ao autor o direito a uma compensação suplementar incidente sobre os resultados da exploração ([1]).

DIVISÃO VI

Direito de sequência

Quanto a obras de arte originais e manuscritos originais dos escritores e compositores, o autor goza do "direito inalienável de beneficiar das operações de venda de que a obra é objecto após a primeira cessão praticada pelo autor" – é o que se chama **direito de sequência**, consagrado pelo Acto de Bruxelas da Convenção de Berna de 1948. O art. 54.º do CDA português regulamenta este direito, excluindo do seu âmbito as obras de arquitectura e de arte aplicada e acrescentando a alienação do direito de autor ([2]).

([1]) CDA art. 49.º: "1 – Se o criador intelectual ou os seus sucessores, tendo transmitido ou onerado o seu direito de exploração a título oneroso, sofrerem grave lesão patrimonial por manifesta desproporção entre os seus proventos e os lucros auferidos pelo beneficiário daqueles actos, podem reclamar deste uma compensação suplementar, que incidirá sobre os resultados da exploração.

2 – Na falta de acordo, a compensação suplementar a que se refere o número anterior será fixada tendo em conta os resultados normais da exploração do conjunto das obras congéneres do autor.

3 – Se o preço da transmissão ou oneração do direito de autor tiver sido fixado sob forma de participação nos proventos que da exploração retirar o beneficiário, o direito à compensação suplementar só subsiste no caso de a percentagem estabelecida ser manifestamente inferior àquelas que correntemente se praticam em transações da mesma natureza.

4 – O direito de compensação caduca se não for exercido no prazo de dois anos a contar do conhecimento da grave lesão patrimonial sofrida". Sobre o assunto, cf. J. O. ASCENSÃO, *Direito de Autor cit.*, pág. 609 e segs.

([2]) É o seguinte o texto do art. 54.º do CDA: 1 – O autor que tiver alienado obra de arte original que não seja de arquitectura nem de arte aplicada, manuscrito seu ou o direito de autor sobre obra sua tem direito a uma participação de 6% sobre o preço de cada transacção.

2 – Se duas ou mais transacções foram realizadas num período de tempo inferior a dois meses ou em período mais alargado, mas de modo a presumir-se que houve intenção

DIVISÃO VII

Direito a compensação pela fixação e reprodução

As novas tecnologias facilitam de tal modo a reprodução de obras, prestações e produtos, que se tornou necessário introduzir uma compensação adequada para os autores, como também para os artistas, intérpretes ou executantes, os editores e os produtores fonográficos e videográficos.

Por isso, o CDA prevê, no art. 82.º, que no preço de venda ao público de aparelhos de fixação e reprodução, assim como de suportes das fixações e reproduções se inclua uma quantia para os compensar ([1]).

---

de frustrar o direito de participação do autor, o acréscimo de preço mencionado no número anterior será calculado por referência apenas à última transacção.

3 – O direito referido no n.º 1 deste artigo é inalienável, irrenunciável e imprescritível.

4 – Ao preço da transacção para efeitos de atribuição do direito de participação e de fixação do seu montante serão abatidas as despesas comprovadas relativas à publicidade, representação e outras semelhantes feitas na promoção e venda da obra e o correspondente aos índices da inflação". Sobre o assunto, cf. J. O. Ascensão, *Direito de Autor cit.*, 1992, pág. 318 e segs.; L.F. Rebello, *Introdução cit.*, 1994, pág. 141 e segs.. Foi aprovada uma Directiva do Parlamento Europeu e do Conselho, de 27.9.2001, relativa ao direito de sequência em benefício do autor de obra de arte original que seja objecto de alienações sucessivas (in *JOCE* n.º L 272, de 13.10.2001, Esta Directiva estabelece que "1. Compete aos Estados-Membros fixar um preço de venda mínimo, a partir do qual as vendas a que se refere o artigo 1.º ficam sujeitas ao direito de sequência. 2. Este preço mínimo não pode em caso algum ser superior a 3000 euros" (art. 3.º). A participação do autor sobre o preço obtido pela venda da sua obra após a sua alienação inicial é fixada em percentagens de 5%, 3%, 1%, 0,5% ou 0,25% consoante a faixa do preço de venda obtido (art. 4.º). O prazo de transposição da Directiva pelos Estados membros termina em 1.1.2006 (art. 12.º).

([1]) "1 – No preço de venda ao público de todos e quaisquer aparelhos mecânicos, químicos, eléctricos, electrónicos ou outros que permitam a fixação e reprodução de obras e, bem assim, de todos e quaisquer suportes materiais das fixações e reproduções que por qualquer desses meios possam obter-se, incluir-se-á uma quantia destinada a beneficiar os autores, os artistas, intérpretes ou executantes, os editores e os produtores fonográficos e videográficos.

2 – A fixação do regime de cobrança e afectação do montante da quantia referida no número anterior é definida por decreto-lei.

3 – O disposto no n.º 1 deste artigo não se aplica quando os aparelhos e suportes ali mencionados sejam adquiridos por organismos de comunicação audiovisual ou produtores de fonogramas e videogramas exclusivamente para as suas próprias produções ou

80 Direito da Comunicação Social

É discutida a natureza deste direito de compensação, entendendo alguns autores que se trata de um verdadeiro imposto ([1]), enquanto outros defendem que se trata de um direito de autor ([2]). Parece mais correcta esta segunda opinião.

SECÇÃO V

Duração. Domínio público

1. A **duração** do direito de autor é limitada, pois caduca, em regra, **70 anos** após a **morte do criador** da obra, mesmo que se trate de obra póstuma ([3]).

Quanto a obra feita em colaboração, o prazo conta-se a partir da **morte do último colaborador** (CDA art. 32.°, n.° 1). Analogamente, quanto a obra cinematográfica ou audiovisual, o prazo conta-se a partir da morte do último sobrevivente de entre as pessoas seguintes: o realizador; o autor do argumento ou da adaptação; o autor dos diálogos; o autor das composições musicais especialmente criadas para a obra (CDA art. 34.°).

Nalguns casos, o prazo de 70 anos conta-se a partir da **publicação ou divulgação**. É o que acontece com a obra colectiva ou atribuída a pessoa colectiva (salvo quanto às contribuições individuais discrimináveis – art. 32.°, n.° 2 e 3), bem como, em regra, com a obra anónima

---

por organismos que os utilizem para fins exclusivos de auxílio a diminuídos físicos visuais ou auditivos" (CDA art. 82.°, com as alterações do Dec.-Lei n.° 114/91, de 3.9, e da Lei n.° 50/2004, de 24.8). O disposto no n.° 2 do art. 82.° veio a ser regulamentado pela Lei n.° 62/98, de 1.9 (alterada pela Lei n.° 50/2004, de 24.8), que não se aplica aos computadores, aos seus programas nem às base de dados constituídas por meios informáticos, bem como aos equipamentos de fixação e reprodução digitais. Aliás, o art. 3.°, n.ᵒˢ 1 e 2, da Lei n.° 62/98 foi declarado inconstitucional pelo Acórdão do TC, de 16.12.2003, in *DR*, n.° 62, I série, de 13.3.2004. Sobre o assunto, cf. L. F. REBELLO, *Código cit.*, 1998, pág. 136 e seg. e 148 e segs.; J. O. ASCENSÃO, *Direito de Autor cit.*, 1992, pág. 664 e 667.

([1]) Cf. J. O. ASCENSÃO, *Direito de Autor cit.*, pág. 248.

([2]) Cf. L.F. REBELLO, *Introdução cit.*, pág. 150.

([3]) CDA art. 31.°, na redacção do DL n.° 334/97, de 27/11, que executou a Directiva n.° 93/98, de 29.10.1993, do Conselho relativa à harmonização do prazo de protecção dos direitos de autor e de certos direitos conexos, in *JOCE* n.° L 290, de 24.11.1993.

(CDA art. 33.º) e com o programa de computador originariamente atribuído a pessoa diferente do seu autor (art. 36.º, n.º 2).

"Se as diferentes **partes**, volumes ou episódios de uma obra não forem publicados ou divulgados simultaneamente, os prazos de protecção legal contam-se separadamente para cada parte, volume ou episódio". "Aplica-se o mesmo princípio aos números ou fascículos de obras colectivas de publicação periódica, tais como **jornais** ou publicações similares" (CDA art. 35.º).

"As obras que tiverem como país de origem um país **estrangeiro** não pertencente à União Europeia e cujo autor não seja nacional de um país da União gozam da duração de protecção prevista na lei do país de origem, se não exceder a fixada nos artigos precedentes" ([1]).

2. Terminado o prazo legal, a obra cai no **domínio público**. A utilização da obra passa a ser livre, ressalvados os direitos pessoais (que passam a ser defendidos pelo Estado ([2])). Cessa, portanto, o exclusivo da exploração económica da obra ([3]).

Em todo o caso, "1 – Quem fizer publicar ou divulgar licitamente, após a caducidade do direito de autor, uma obra inédita beneficia durante 25 anos a contar da publicação ou divulgação de protecção equivalente à resultante dos direitos patrimoniais do autor.

2 – As publicações críticas e científicas de obras caídas no domínio público beneficiam de protecção durante 25 anos a contar da primeira publicação lícita" (CDA art. 39.º, n.º 1).

SECÇÃO VI

Transmissão e oneração do conteúdo patrimonial do direito de autor

1. É óbvio que o autor pode utilizar e explorar **directamente** a sua obra, editando o seu livro por sua conta e risco, gravando a música em CD, expondo a pintura em público, etc.. Mais frequentemente, o autor prefere, todavia, encarregar um terceiro de a utilizar e explorar.

([1]) CDA art. 37.º (negritos nossos). Para maiores desenvolvimentos sobre a duração do direito de autor, cf. J. O. ASCENSÃO, *ob. cit.*, pág. 331 e segs.; L. F. REBELLO, *Introdução cit.*, pág. 187 e segs.

([2]) CDA art. 57.º, n.º 2 e 3, e 200.º, n.º 2.

([3]) Cf. J. O. ASCENSÃO, *Direito de Autor cit.*, pág. 331 e segs.

82 *Direito da Comunicação Social*

Pode fazê-lo de dois modos fundamentais: a) mediante **autorização** de utilização; ou b) mediante **transmissão** dos seus direitos patrimoniais de autor (CDA art. 40.º).

Em qualquer dos casos, o autor mantém intactos os seus direitos *pessoais* (que são, como vimos, intransmissíveis e irrenunciáveis) e outros excluídos por lei (CDA art. 42.º e 56.º, n.º 2). A autorização e a transmissão dizem respeito apenas aos direitos *patrimoniais*.

2. A simples **autorização** permite ao terceiro a utilização e exploração da obra nos termos e para os fins determinados pelo autor, não implicando a transmissão do direito de autor (CDA art. 41.º, n.º 1). Só pode ser concedida por *escrito*, com determinado conteúdo obrigatório; presume-se onerosa e não exclusiva ([1]).

3. A **transmissão** dos direitos patrimoniais de autor pode ser *total* ou *parcial* (isto é, limitada a certas formas de utilização da obra), *temporária* ou *definitiva*.

A *transmissão total e definitiva* só pode ser efectuada por *escritura pública*, com identificação da obra e indicação do preço respectivo, sob pena de nulidade ([2]).

A *transmissão ou oneração parciais* têm de constar de documento *escrito* com reconhecimento notarial das assinaturas, sob pena de nulidade, e com certo conteúdo (CDA art. 43.º, n.º 2 e 3).

Se a transmissão ou oneração forem transitórias e não se tiver estabelecido duração, presume-se que a vigência máxima é de 25 anos em geral e de 10 anos nos casos de obra fotográfica ou arte aplicada. O exclusivo outorgado caduca, porém, se, decorrido o prazo de sete anos, a obra não tiver sido utilizada (CDA art. 44.º, n.º 4 e 5).

A transmissão ou oneração do direito de autor sobre **obra futura** só pode abranger as que o autor vier a produzir no prazo máximo de 10 anos (CDA art. 48.º).

4. A autorização, transmissão e oneração podem ser objecto de vários **tipos de contratos**, quer nominados quer inominados.

([1]) CDA art. 41.º, n.º 2 e 3. Cf. J. O. Ascensão, *Direito de Autor cit.*, pág. 385 e segs.; L. F. Rebello, *Introdução cit.*, 1994, pág. 135 e segs.

([2]) CDA art. 44.º. Cf. J. O. Ascensão, *Direito de Autor cit.*, pág. 377 e segs.; L. F. Rebello, *Introdução cit.*, 1994, pág. 138 e segs.

O direito de autor e os direitos conexos

Na verdade, aplica-se neste domínio, também, o princípio da autonomia da vontade ou da *liberdade contratual* (CCiv art. 405.º), não o princípio da tipicidade. Em todo o caso, as partes não podem estipular a constituição de direitos absolutos não previstos na lei. O conteúdo dos contratos sofre, assim, limitações, resultantes da *tipicidade dos direitos de autor* ([1]).

A autorização, transmissão e oneração podem ser objecto de **contratos comuns** – como a *compra e venda, aluguer, comodato* ([2]), *sociedade, trabalho, prestação de serviço, empreitada*, etc. ([3]) – mas também de diversos tipos de **contratos específicos** do direito de autor – como os contratos de *edição* (CDA art. 83.º), de *representação* (CDA art. 109.º), de *produção cinematográfica* (CDA art. 139.º), de *fixação fonográfica e videográfica* (CDA art. 141.º), de *reprodução de obras de artes plásticas, gráficas e aplicadas* (CDA art. 159.º) e outros ainda ([4]).

Em geral, os negócios de disposição de direitos de autor estão sujeitos, como vimos, a **forma escrita**, exigindo-se para a transmissão e oneração parciais *escrito com reconhecimento notarial* das assinaturas e para a transmissão total *escritura pública* ([5]).

Tais negócios são, em regra, **onerosos** ([6]), sendo variados os critérios de determinação da remuneração ([7]).

5. Os direitos patrimoniais de autor também podem ser objecto de **usufruto** ([8]), **penhor** ([9]), **penhora** e **arresto** ([10]) (CDA art. 45.º, 46.º, 47.º, 50.º).

([1]) Cf. J. O. Ascensão, *Direito de Autor cit.*, pág. 417 e segs.

([2]) CDA art. 68.º, n.º 2, al. f). Ao aluguer e comodato aplica-se também o Dec.--Lei n.º 332/97, de 27.11, que transpôs para a ordem jurídica interna portuguesa a Directiva comunitária n.º 92/100/CEE, do Conselho, de 19.11.1992.

([3]) Cf. L. F. Rebello, *Introdução cit.*, 1994, pág. 151 e seg.. Especificamente sobre a empreitada, cf. J. O. Ascensão, *Direito de Autor cit.*, pág. 421 e segs.

([4]) Cf. J. O. Ascensão, *Direito de Autor cit.*, pág. 418 e segs..

([5]) CDA art. 41.º, n.º 2 e 3, 43.º, n.º 2 e 3, e 44.º. Cf. J. O. Ascensão, *Direito de Autor cit.*, pág. 424 e segs.

([6]) CDA art. 41.º, n.º 2, 43.º, n.º 3, e 44.º. Cf. J. O. Ascensão, *Direito de Autor cit.*, pág. 426 e seg.

([7]) CDA art. 91.º, n.º 2, 3 e 4, 110.º, n.º 1, etc.. Cf. J. O. Ascensão, *Direito de Autor cit.*, pág. 427 e seg.

([8]) Sobre a noção e o regime do usufruto, em geral, cf. CCiv art. 1439.º a 1483.º.

([9]) Sobre a noção e o regime do penhor, em geral, cf. CCiv art. 666.º a 685.º. Cf. L.F. Rebello, *Direito de Autor cit.*, 1994, pág. 145 e segs.

([10]) Sobre a penhora de direitos, cf. art.º 856.º e segs. do CPC. Sobre o arresto, cf. art.º 406.º do CPC.

84   *Direito da Comunicação Social*

6. Não podem, todavia, ser adquiridos por **usucapião**, por ser inadmissível a posse do direito de autor ([1]).

SECÇÃO VII

Utilização da obra

SUBSECÇÃO I

Considerações gerais

DIVISÃO I

Modalidades de utilização

1. O CDA contém diversas disposições **gerais** sobre a utilização da obra e disposições para certas modalidades de utilização **em especial**. Vamos analisá-las, sumariamente.

2. A exploração e a utilização da obra – pelo autor ou por terceiros habilitados – podem fazer-se, segundo a sua espécie e natureza, por qualquer dos modos actualmente conhecidos ou que de futuro o venham a ser (CDA art. 68.º, n.º 1).

"Assiste ao autor, entre outros, o direito exclusivo de fazer ou autorizar, por si ou pelos seus representantes:

a) A publicação pela imprensa ou por qualquer outro meio de reprodução gráfica;

b) A representação, recitação, execução, exibição ou exposição em público;

c) A reprodução, adaptação, representação, execução, distribuição e exibição cinematográficas;

d) A fixação ou adaptação a qualquer aparelho destinado à reprodução mecânica, eléctrica, electrónica ou química e a execução pública, transmissão ou retransmissão por esses meios;

e) A difusão pela fotografia, telefotografia, televisão, radiofonia ou por qualquer outro processo de reprodução de sinais, sons ou imagens e

---

([1]) CDA art. 55.º. Cf. J. O. Ascensão, *Direito de Autor cit.*, pág. 163 e segs. e 355.

O *direito de autor e os direitos conexos* 85

a comunicação pública por altifalantes ou instrumentos análogos, por fios ou sem fios, nomeadamente por ondas hertzianas, fibras ópticas, cabo ou satélite, quando essa comunicação for feita por outro organismo que não o de origem;

f) Qualquer forma de distribuição do original ou de cópias da obra, tal como venda, aluguer ou comodato (¹);

g) A tradução, adaptação, arranjo, instrumentação ou qualquer outra transformação da obra;

h) Qualquer utilização em obra diferente;

i) A reprodução directa ou indirecta, temporária ou permanente, por quaisquer meios e sob qualquer forma, no todo ou em parte;

j) A colocação da obra à disposição do público, por fio ou sem fio, por forma a torná-la acessível a qualquer pessoa a partir do local e no momento por ela escolhido;

l) A construção de obra de arquitectura segundo o projecto, quer haja ou não repetições" (CDA art. 68.º, n.º 2).

DIVISÃO II

Gestão do direito de autor

"Os poderes relativos à gestão do direito de autor podem ser exercidos pelo seu titular ou por intermédio de representante deste devidamente habilitado" (CDA art. 72.º) – como é regra do direito comum (CCiv art. 258.º a 269.º).

O que há de especial no direito de autor é a legitimação das associações de autores para os representar, em resultado da simples qualidade de sócio, aderente ou beneficiário (CDA art. 73.º), que deve, todavia, ser objecto de registo (²), a requerimento do representante (³).

(¹) Redacção do DL n.º 332/97, de 27/11.

(²) Hoje, na Inspecção-Geral das Actividades Culturais (Dec.-Lei n.º 80/97, de 8.4); anteriormente, na Direcção-Geral dos Espectáculos e Direitos de Autor (CDA art. 74.º, n.º 1). Cf. L. F. REBELLO, *Código do Direito de Autor e dos Direitos Conexos*, 1998, pág. 126 e segs.

(³) CDA art. 74.º, 215.º, n.º 1, al. e), e 218.º. A Lei n.º 83/2001, de 3.8, regula a constituição, organização, funcionamento e atribuições das entidades de gestão colectiva do direito de autor e dos direitos conexos. Em Portugal, há duas associações de gestão de direitos de autor. A mais antiga é a Sociedade de Escritores e Compositores Teatrais Portugueses, criada como cooperativa em 22.5.1925, que adoptou, em 1970, a denominação

SUBSECÇÃO II

Utilizações livres

1. O autor tem o exclusivo da exploração económica da sua obra, mas este direito sofre diversas limitações, tendentes a promover a informação do público, a investigação, o ensino e a cultura.

2. Com especial relevo no contexto da sociedade de informação, "São excluídos do direito de reprodução os actos de reprodução temporária que sejam transitórios, episódicos ou acessórios, que constituam parte integrante e essencial de um processo tecnológico e cujo único objectivo seja permitir uma transmissão numa rede entre terceiros por parte de um intermediário, ou uma utilização legítima de uma obra protegida e que não tenham, em si, significado económico (...)" ([1]).

3. São especialmente importantes diversos casos em que a lei permite a **utilização livre** da obra, mesmo sem o consentimento do autor.

Nomeadamente, segundo o art. 75.º, n.º 2, do CDA (com negritos nossos), "São lícitas, sem o consentimento do autor, as seguintes utilizações da obra:

a) A reprodução de obra, para **fins exclusivamente privados**, em papel ou suporte similar, realizada através de qualquer tipo de técnica fotográfica ou processo com resultados semelhantes, com excepção das partituras, bem como a reprodução em qualquer meio realizada por pessoa singular para uso privado e sem fins comerciais directos ou indirectos;

---

de Sociedade Portuguesa de Autores (S.P.A.), tendo participado, em 1926, na criação da Confederação Internacional de Sociedades de Autores e Compositores (CISAC). Para maiores desenvolvimentos, cf. L.F. REBELLO, *Introdução cit.*, pág. 123 e seg. e 221 e segs.; J. O. ASCENSÃO, *ob. cit.*, pág. 150 e segs. e 691 e segs.

([1]) Art. 75.º, n.º 1, do CDA, aditado pela Lei n.º 50/2004, de 24.8. O n.º 1 do referido art. 75.º continua assim: "(...), incluindo, na medida em que cumpram as condições expostas, os actos que possibilitam a navegação em redes e a armazenagem temporária, bem como os que permitem o funcionamento eficaz dos sistemas de transmissão, desde que o intermediário não altere o conteúdo da transmissão e não interfira com a legítima utilização da tecnologia conforme os bons usos reconhecidos pelo mercado, para obter dados sobre a utilização da informação, e em geral os processos meramente tecnológicos de transmissão".

O direito de autor e os direitos conexos 87

b) A **reprodução e a colocação à disposição do público pelos meios de comunicação social**, para fins de informação, de discursos, alocuções e conferências pronunciadas em público que não entrem nas categorias previstas no artigo 7.º (¹), por extracto ou em forma de resumo;

c) A selecção regular dos artigos da imprensa periódica, sob forma de **revista de imprensa**;

d) A fixação, reprodução e comunicação pública, por quaisquer meios, de fragmentos de obras literárias ou artísticas, quando a sua inclusão em relatos de acontecimentos de actualidade for justificada pelo fim de informação prosseguido;

e) A reprodução, no todo ou em parte, de uma obra que tenha sido previamente tornada acessível ao público, desde que tal reprodução seja realizada por uma **biblioteca pública**, um **arquivo público**, um **museu público**, um **centro de documentação não comercial** ou uma **instituição científica** e que essa reprodução e o respectivo número de exemplares se não destinem ao público, se limitem às necessidades das actividades próprias dessas instituições e não tenham por objectivo a obtenção de uma vantagem económica ou comercial, directa ou indirecta, incluindo os actos de reprodução necessários à preservação e arquivo de quaisquer obras;

f) A reprodução, distribuição e disponibilização pública, para **fins de ensino e educação**, de partes de uma obra publicada, contanto que se destinem exclusivamente aos objectivos do ensino nesses estabelecimentos e não tenham por objectivo a obtenção de uma vantagem económica ou comercial, directa ou indirecta;

g) A inserção de **citações** ou resumos de obras alheias, quaisquer que sejam o seu género e natureza, em apoio das próprias doutrinas ou com fins de crítica, discussão ou ensino, e na medida justificada pelo objectivo a atingir;

(¹) Segundo o n.º 1 deste art. 7.º, "Não constituem objecto de protecção:

a) As notícias do dia e os relatos de acontecimentos diversos com carácter de simples informações de qualquer modo divulgados;

b) Os requerimentos, alegações, queixas e outros textos apresentados por escrito ou oralmente perante autoridades ou serviços públicos;

c) Os textos propostos e os discursos proferidos perante assembleias ou outros órgãos colegiais, políticos e administrativos, de âmbito nacional, regional ou local, ou em debates públicos sobre assuntos de interesse comum;

d) Os discursos políticos".

h) A inclusão de peças curtas ou fragmentos de obras alheias em obras próprias destinadas ao **ensino**;

i) A reprodução, a comunicação pública e a colocação à disposição do público a favor de **pessoas com deficiência** de obra que esteja directamente relacionada e na medida estritamente exigida por essas específicas deficiências e desde que não tenham, directa ou indirectamente, fins lucrativos;

j) A execução e comunicação públicas de hinos ou de **cantos patrióticos** oficialmente adoptados e de obras de carácter exclusivamente **religioso** durante os actos de culto ou as práticas religiosas;

l) A utilização de obra para efeitos de **publicidade** relacionada com a exibição pública ou venda de obras artísticas, na medida em que tal seja necessário para promover o acontecimento, com exclusão de qualquer outra utilização comercial;

m) A reprodução, comunicação ao público ou colocação à disposição do público de **artigos de actualidade**, de discussão económica, política ou religiosa, de obras radiodifundidas ou de outros materiais da mesma natureza, se **não** tiver sido expressamente **reservada**;

n) A utilização de obra para efeitos de **segurança pública** ou para assegurar o bom desenrolar ou o relato de **processos administrativos, parlamentares ou judiciais**;

o) A comunicação ou colocação à disposição do público, para efeitos de investigação ou estudos pessoais, a membros individuais do público por **terminais** destinados para o efeito nas instalações de bibliotecas, museus, arquivos públicos e escolas, de obras protegidas não sujeitas a condições de compra ou licenciamento, e que integrem as suas colecções ou acervos de bens;

p) A reprodução de obra, efectuada por **instituições sociais sem fins lucrativos**, tais como hospitais e prisões, quando a mesma seja transmitida por radiodifusão;

q) A utilização de obras, como, por exemplo, obras de arquitectura ou escultura, feitas para serem mantidas permanentemente **em locais públicos**;

r) A inclusão episódica de uma obra ou outro material protegido noutro material;

s) A utilização de obra relacionada com a **demonstração** ou **reparação** de equipamentos;

t) A utilização de uma obra artística sob a forma de um edifício, de

O direito de autor e os direitos conexos 89

um desenho ou planta de um edifício para efeitos da sua **reconstrução ou reparação**" (¹).

Em todo o caso, a utilização livre nos casos referidos "deve ser acompanhada:

a) Da indicação, sempre que possível, do nome do autor e do editor, do título da obra e demais circunstâncias que os identifiquem;

b) Nos casos das alíneas *a*) e *e*) do n.º 2 do artigo anterior, de uma remuneração equitativa a atribuir ao autor e, no âmbito analógico, ao editor pela entidade que tiver procedido à reprodução;

c) No caso da alínea *h*) do n.º 2 do artigo anterior, de uma remuneração equitativa a atribuir ao autor e ao editor;

d) No caso da alínea *p*) do n.º 2 do artigo anterior, de uma remuneração equitativa a atribuir aos titulares de direitos.

2. As obras reproduzidas ou citadas, nos casos das alíneas *b*), *d*), *e*), *f*), *g*) e *h*) do n.º 2 do artigo anterior, não se devem confundir com a obra de quem as utilize, nem a reprodução ou citação podem ser tão extensas que prejudiquem o interesse por aquelas obras.

3. Só o autor tem o direito de reunir em volume as obras a que se refere a alínea *b*) do n.º 2 do artigo anterior" (²).

Outras disposições do CDA permitem, em certas condições, a utilização de alguns tipos de obras alheias: comentários, anotações e polémicas (art. 77.º), certas obras não protegidas (art. 78.º), prelecções de professores (art. 79.º), reprodução pelo processo Braille ou similar (art. 80.º).

(¹) O art. 75.º acrescenta ainda o seguinte: "3 – É também lícita a distribuição dos exemplares licitamente reproduzidos, na medida justificada pelo objectivo do acto de reprodução.

4 – Os modos de exercício das utilizações previstas nos números anteriores não devem atingir a exploração normal da obra, nem causar prejuízo injustificado aos interesses legítimos do autor.

5 – É nula toda e qualquer cláusula contratual que vise eliminar ou impedir o exercício normal pelos beneficiários das utilizações enunciadas nos n.ᵒˢ 1, 2 e 3 deste artigo, sem prejuízo da possibilidade de as partes acordarem livremente nas respectivas formas de exercício, designadamente no respeitante aos montantes das remunerações equitativas".

(²) CDA art. 76.º, na redacção da Lei n.º 50/2004, de 24.8.

90   *Direito da Comunicação Social*

Particularmente importante é o disposto no art. 81.º, segundo o qual "É consentida a reprodução:

a) Em **exemplar único**, para fins de interesse exclusivamente científico ou humanitário, de **obras ainda não disponíveis** no comércio ou de obtenção impossível, pelo tempo necessário à sua utilização;

b) **Para uso exclusivamente privado**, desde que não atinja a exploração normal da obra e não cause prejuízo injustificado dos interesses legítimos do autor, não podendo ser utilizada para quaisquer fins de comunicação pública ou comercialização" ([1]).

3. São também importantes os vários casos das chamadas **licenças legais**: quanto a certas compilações e anotações de textos oficiais (art. 8.º, n.º 2), certas obras póstumas (art. 70.º, n.º 3) e obras musicais fixadas em fonogramas comerciais sem oposição do autor (art. 144.º) ([2]).

4. Diversa é a situação das chamadas **licenças compulsivas** (a conceder pela autoridade judicial ou administrativa), v.g. no caso de reedição de obras esgotadas (art. 52.º e 53.º) ([3]).

SUBSECÇÃO III

Edição

1. Passando a analisar o regime das **utilizações em especial** (pela ordem que parece mais adequada aos objectivos agora em vista), interessa referir, primeiro, o **contrato de edição**. Trata-se de um dos mais importantes tipos de contratos tendo por objecto o direito de autor, quer pela frequência da sua utilização, quer porque o seu regime é subsidiariamente aplicável a diversos outros tipos de contratos de direito de autor ([4]).

([1]) Sobre o assunto, cf. J. O. ASCENSÃO, *Direito de Autor cit.*, pág. 212 e segs.; L. F. REBELLO, *Introdução cit.*, 1994, pág. 212 e segs.

([2]) Cf. J. O. ASCENSÃO, *Direito de Autor cit.*, pág. 213 e seg.; L. F. REBELLO, *Introdução cit.*, 1994, pág. 218 e segs..

([3]) No âmbito dos direitos conexos, cf. art. 191.º do CDA. Sobre o assunto, cf. J. O. ASCENSÃO, *Direito de Autor cit.*, pág. 214 e segs.; L. F. REBELLO, *Introdução cit.*, 1994, pág. 218 e segs.

([4]) Nomeadamente, aos contratos de produção cinematográfica (art. 139.º, n.º 1), de fixação fonográfica e videográfica (art. 147.º, n.º 1), de radiodifusão (art. 156.º, n.º 1) e de tradução (art. 172.º, n.º 1).

O direito de autor e os direitos conexos　　91

"Considera-se de edição o contrato pelo qual o autor concede a outrem, nas condições nele estipuladas ou previstas na lei, autorização para produzir por conta própria um número determinado de exemplares de uma obra ou conjunto de obras, assumindo a outra parte a obrigação de os distribuir e vender" (CDA art. 83.º).

Assim, pelo contrato de edição o autor autoriza a *reprodução* da sua obra. No sentido corrente e restrito, abrange apenas a reprodução *gráfica* (pela imprensa); mas o próprio CDA contém disposições que abrangem reproduções segundo *outras técnicas* (desde que não sejam *manuais*) ([1]).

O contrato de edição pode ser *oneroso* ou *gratuito*, mas, na falta de estipulação entre as partes, presume-se oneroso (CDA art. 91.º, n.º 1).

O próprio CDA distingue o contrato de edição de **figuras afins**, sujeitas a regime diverso.

Assim, "Não se considera contrato de edição o acordo pelo qual o autor encarrega outrem de: a) Produzir por conta própria um determinado número de exemplares de uma obra e assegurar o seu depósito, distribuição e venda, convencionando as partes dividir entre si os lucros ou os prejuízos da respectiva exploração (...)" (CDA art. 84.º, n.º 1). Neste contrato, em vez da remuneração do editor ao autor, é estipulada a divisão dos lucros ou prejuízos entre as partes. A este contrato é aplicável, fundamentalmente, o regime da **associação em participação** (CDA art. 84.º, n.º 2), ou seja, o Dec.-Lei n.º 231/86, de 3.7, art. 21.º e segs..

Também "Não se considera contrato de edição o acordo pelo qual o autor encarrega outrem de: (...)

b) Produzir um determinado número de exemplares da obra e assegurar o seu depósito, distribuição e venda por conta e risco do titular do direito, contra o pagamento de certa quantia fixa ou proporcional;

c) Assegurar o depósito, distribuição e venda dos exemplares da obra por ele mesmo produzidos, mediante pagamento de comissão ou qualquer outra forma de retribuição" (CDA art. 84.º, n.º 1).

Nestes casos, em que os exemplares da obra são vendidos por conta e risco do autor, aplica-se, fundamentalmente, o regime do **contrato de prestação de serviço** (CDA art. 84.º, n.º 2), ou seja, o estabelecido nos art. 1154.º a 1156.º do Código Civil.

([1]) Cf. J. O. Ascensão, *Direito de Autor cit.*, pág. 439 e seg.

2. "O contrato de edição pode ter por **objecto** uma ou mais obras, existentes ou futuras, inéditas ou publicadas" (CDA art. 85.º).

Além disso, o CDA estabelece diversas regras quanto ao **conteúdo** do contrato de edição ([1]).

3. O contrato de edição só é válido quando celebrado por **escrito** (CDA art. 87.º).

4. Tem por **efeito** fundamental a concessão ao editor de *autorização* para a reproduzir e comercializar. Não implica a transmissão, permanente ou temporária, para o editor do direito de publicar a obra, nem de a traduzir, transformar ou adaptar (CDA art. 88.º, n.º 1 e 2). Em todo o caso, o autor fica, em regra, inibido de fazer ou autorizar nova edição da mesma obra na mesma língua, enquanto não estiver esgotada a edição anterior ou não tiver decorrido o prazo estipulado (CDA art. 88.º, n.º 3).

As principais **obrigações do autor** decorrentes do contrato de edição são as seguintes:

a) Proporcionar ao editor os meios necessários para cumprimento

---

([1]) Art. 86.º: "1 – O contrato de edição deve mencionar o número de edições que abrange, o número de exemplares que cada edição compreende e o preço de venda ao público de cada exemplar.

2 – Se o número de edições não tiver sido contratualmente fixado, o editor só está autorizado a fazer uma.

3 – Se o contrato de edição for omisso quanto ao número de exemplares a tirar, o editor fica obrigado a produzir, pelo menos, dois mil exemplares da obra.

4 – O editor que produzir exemplares em número inferior ao convencionado pode ser coagido a completar a edição e, se não o fizer, poderá o titular do direito de autor contratar com outrem, a expensas do editor, a produção do número de exemplares em falta, sem prejuízo do direito a exigir deste indemnização por perdas e danos.

5 – Se o editor produzir exemplares em número superior ao convencionado, poderá o titular do direito de autor requerer a apreensão judicial dos exemplares a mais e apropriar-se deles, perdendo o editor o custo desses exemplares.

6 – Nos casos de o editor já ter vendido, total ou parcialmente, os exemplares a mais ou de o titular do direito de autor não ter requerido a apreensão, o editor indemnizará este último por perdas e danos.

7 – O autor tem o direito de fiscalizar, por si ou seu representante, o número de exemplares de edição, podendo, para esse efeito e nos termos da lei, exigir exame à escrituração comercial do editor ou da empresa que produziu os exemplares, se esta não pertencer ao editor, ou recorrer a outro meio que não interfira com o fabrico da obra, como seja a aplicação da sua assinatura ou chancela em cada exemplar" (CDA art. 86.º).

do contrato, nomeadamente, entregar o original da obra objecto da edição, corrigir e restituir as provas e autorizar a impressão;

b) Assegurar ao editor o exercício dos direitos emergentes do contrato de edição contra os embargos e turbações provenientes de direitos de terceiros (CDA art. 89.º, 94.º, n.º 1).

Em contrapartida, as principais **obrigações do editor** decorrentes do contrato de edição são as seguintes:

a) Executar a edição nas condições convencionadas (devendo, em regra, iniciá-la, no prazo de 6 meses e concluí-la no prazo de 12 meses);

b) Identificar o autor em cada exemplar da obra;

c) Fomentar, com zelo e diligência, a sua promoção e a colocação no mercado dos exemplares produzidos;

d) Facultar ao autor provas para correcção;

e) Pagar a retribuição estipulada;

f) Prestar contas dos resultados das vendas, caso a retribuição dependa deles (CDA art. 90.º, 91.º, 94.º, 96.º, 97.º e 98.º).

"A retribuição do autor (...) pode consistir numa quantia fixa, a pagar pela totalidade da edição, numa percentagem sobre o preço de capa de cada exemplar, na atribuição de certo número de exemplares, ou em prestação estabelecida em qualquer outra base, segundo a natureza da obra, podendo sempre recorrer-se à combinação das modalidades" (CDA art. 91.º, n.º 2).

"Na falta de estipulação quanto à retribuição do autor, tem este direito a 25% sobre o preço de capa de cada exemplar vendido" (CDA art. 91.º, n.º 3) ([1]).

5. Quanto à **transmissão dos direitos de editor**, o CDA dispõe que "1 – O editor não pode, sem consentimento do autor, transferir para terceiros, a título gratuito ou oneroso, direitos seus emergentes do contrato de edição, salvo se a transferência resultar de trespasse do seu estabelecimento.

2 – No caso de o trespasse causar ou vir a causar prejuízos morais ao outro contratante, este tem direito de resolver o contrato no prazo de

---

([1]) CCiv art. 742.º: "O crédito do autor de obra intelectual, fundado em contrato de edição, tem privilégio [mobiliário especial] sobre os exemplares da obra existentes em poder do editor".

94   *Direito da Comunicação Social*

seis meses a contar do conhecimento do mesmo trespasse, assistindo ao editor direito à indemnização por perdas e danos (...)" (CDA art. 100.º).

6. O CDA regula desenvolvidamente diversos outros aspectos relevantes do contrato de edição, estabelecendo, designadamente, normas relativas a certas modificações (art. 95.º), a venda de exemplares em saldo ou a peso (art. 99.º), a casos de morte ou incapacidade do autor (art. 101.º), a falência do editor (art. 102.º), a obras completas, obras futuras, reedições e edições sucessivas (art. 103.º a 105.º) e à resolução do contrato (art. 106.º).

SUBSECÇÃO IV
Tradução e outras transformações

1. A **tradução** de um texto escrito numa língua para outra língua ([1]) corresponde a uma transformação da obra originária, dando origem a uma obra derivada.

A maior ou menor liberdade de tradução – com as correspondentes limitações do direito de autor – constitui um elemento importante da política de promoção da língua e da cultura de um país no estrangeiro (inclusivamente nos países com a mesma língua), bem como da abertura à influência das línguas e culturas de outros países. Os países com línguas mais difundidas (v.g. inglês e francês) propendem a defender mais os direitos de autor dos seus nacionais; inversamente, aos países menos desenvolvidos ou com línguas menos difundidas interessa que as traduções sejam mais facilitadas ([2]).

([1]) Incluindo a dobragem de uma obra audiovisual.

([2]) A Convenção de Berna de 1886 confere aos autores um direito exclusivo de tradução, como qualquer outro direito de autor (art. 8.º).

A Convenção Universal, de 1952, permite que, na falta de tradução de uma obra no país de origem, sete anos depois da sua publicação, qualquer nacional de um Estado contratante obtenha uma licença da autoridade competente para traduzir essa obra, desde que seja respeitado certo condicionalismo (art. V). O Acto de Paris de 1971 estabeleceu um regime especial para os países em desenvolvimento (art. V bis a quater). Cf. J. O. ASCENSÃO, *Direito de Autor cit.*, pág. 259 e segs.; L.F. REBELLO, *Código cit.*, 1998, pág. 220 e segs.

O regime da tradução é particularmente importante para os meios de comunicação social, na medida em que estes têm, frequentemente, de utilizar textos em línguas estrangeiras.

2. Em face do CDA português vigente, o autor da obra originária tem o **direito de tradução**: o direito de traduzir, ele próprio, a sua obra ou de autorizar a tradução por outra pessoa (tradutora), com ou sem exclusivo a favor desta (CDA art. 3.º, n.º 2, 68.º, n.º 2, al. *g*), e 169.º, n.º 1 e 2).

A autorização de tradução deve ser dada por *escrito* (CDA art. 169.º, n.º 2).

"O beneficiário da autorização deve respeitar o sentido da obra original", mas, "Na medida exigida pelo fim a que o uso da obra se destina, é lícito proceder a modificações que não a desvirtuem" (CDA art. 169.º, n.º 3 e 4). Trata-se aqui da contrapartida do direito do autor da obra originária à genuinidade da sua criação, com a flexibilidade necessária à respectiva adaptação funcional.

Há casos em que é permitida, todavia, a tradução sem autorização do autor da obra originária: nos casos de utilização livre da obra (v.g. CDA art. 75.º, 78.º, 81.º) e de obras caídas no domínio público (CDA art. 31.º).

Na verdade, "A faculdade legal de utilização de uma obra sem prévio consentimento do autor implica a faculdade de a traduzir ou transformar por qualquer modo, na medida necessária para essa utilização" (CDA art. 71.º).

2. O autor da tradução goza do direito de autor sobre a obra derivada: o chamado **direito do tradutor** ([1]).

O tradutor goza, relativamente à tradução, dos direitos pessoais e patrimoniais de autor, pois a tradução é equiparada à obra original (CDA art. 3.º, n.º 1, al. *a*)).

Nomeadamente, goza do *direito de paternidade* (CDA art. 9.º, n.º 3, e 56.º, n.º 1), dispondo o CDA expressamente que "O nome do tradutor deverá sempre figurar nos exemplares da obra traduzida, nos anúncios do teatro, nas comunicações que acompanham as emissões de

---

([1]) Cf. J. O. ASCENSÃO, "Direito de tradução e direitos do tradutor", in *BMJ*, n.º 275.

96   *Direito da Comunicação Social*

rádio e de televisão, na ficha artística dos filmes e em qualquer material de promoção" (art. 171.º).

Tem, além disso, *direito a compensação suplementar por utilização excessiva* ([1]).

3. Ao **contrato de edição de traduções** são aplicáveis as regras relativas à edição de originais, constantes dos art. 83.º a 106.º (acima analisados), "quer a autorização para traduzir haja sido concedida ao editor quer ao autor da tradução" (CDA art. 172.º, n.º 1).

O CDA veio resolver, no art. 172.º, n.º 2, uma questão que, anteriormente, suscitou polémica: "Salvo convenção em contrário, o contrato celebrado entre o editor e tradutor não implica cedência nem transmissão, temporária ou permanente, a favor daquele, dos direitos deste sobre a sua tradução".

Os n.os 3 e 4 do art. 172.º do CDA visam assegurar o respeito pelo "sentido original da obra" traduzida ([2]).

SUBSECÇÃO V

Publicações periódicas

1. Uma publicação periódica (jornal, revista, etc.) pode ser feita por um só indivíduo (porventura, assinando diversos artigos com pseudónimos diferentes); mais frequentemente, é feita, todavia, por empresas jornalísticas com recurso a um número mais ou menos elevado de jornalistas, correspondentes e colaboradores (trabalhadores subordinados,

---

([1]) Nos termos do art. 170.º do CDA (Compensação suplementar), "O tradutor tem direito a uma compensação suplementar sempre que o editor, o empresário, o produtor ou qualquer outra entidade utilizar a tradução para além dos limites convencionados ou estabelecidos neste Código".

([2]) "3 – O editor pode exigir do tradutor as modificações necessárias para assegurar o respeito pela obra original e, quando esta implicar determinada disposição gráfica, a conformidade do texto com ela; caso o tradutor não o faça no prazo máximo de 30 dias, o editor promoverá, por si, tais modificações.

4 – Sempre que a natureza e características da obra exijam conhecimentos específicos, o editor pode promover a revisão da tradução por técnico de sua escolha". Para maiores desenvolvimentos, cf. J. O. Ascensão, *Direito de Autor cit.*, pág. 258 e segs. e 465 e segs.; L.F. Rebello, *Código cit.*, 1998, pág. 220 e segs.; J. O. Ascensão, "O regime do contrato de tradução", in *Rev. Fac. Dir. Lisboa*, vol. XXVI, 1985.

O direito de autor e os direitos conexos

prestadores de serviço ou independentes). Compreende-se, por isso, que o CDA disponha que "os jornais e outras publicações presumem-se obras colectivas" (art. 19.º, n.º 3), isto é, "organizada por iniciativa de entidade singular ou colectiva e divulgada ou publicada em seu nome" (art. 16.º, n.º 1, al. *b*)).

Trata-se, obviamente, de uma presunção que admite prova em contrário ([1]), no sentido de se considerar quer como obra individual quer como obra feita em colaboração, por exemplo, quando haja estipulação expressa a tal respeito.

Em regra, o direito de autor sobre uma obra colectiva é da entidade que a tiver organizado e dirigido a sua criação e em nome de quem tiver sido divulgada ou publicada (CDA art. 19.º, n.º 1).

Se, porém, no conjunto da obra colectiva for possível discriminar a produção pessoal de algum ou alguns colaboradores, aplicar-se-á, relativamente aos direitos sobre essa produção pessoal, o preceituado quanto à obra feita em colaboração (CDA art. 19.º, n.º 2).

Assim, quanto a publicações periódicas ([2]), pertencentes a empresas jornalísticas e elaboradas por diversos jornalistas e outros autores (de fotografias, caricaturas, bandas desenhadas, etc.), há que distinguir entre o direito de autor sobre o *conjunto* da publicação (atribuído à empresa ([3])) e o direito de autor sobre *cada uma das obras* nela introduzidas (reconhecido aos respectivos autores, ainda que não sejam assinadas ([4])).

2. Consequentemente, o proprietário ou editor pode **reproduzir** a publicação, como *conjunto*, sem prejuízo dos direitos dos diversos autores (v.g., de paternidade, integridade, genuinidade e a retribuição ([5]) – CDA art. 173.º, n.º 2).

([1]) CCiv art. 350.º. Neste sentido, cf. J. O. Ascensão, *Direito de Autor cit.*, pág. 536; Miguel Reis, *O Direito de Autor no Jornalismo*, pág. 26.

([2]) Recorde-se que as publicações periódicas (definidas na LImp de 1999, art. 11.º, n.º 1) presumem-se obras colectivas (CDA art. 19.º, n.º 3). "Se, porém, no conjunto da obra colectiva for possível discriminar a produção pessoal de algum ou alguns colaboradores, aplicar-se-á, relativamente aos direitos sobre essa produção pessoal, o preceituado quanto à obra feita em colaboração" (CDA art. 19.º, n.º 2).

([3]) CDA art. 19.º, n.º 3.

([4]) CDA art. 173.º, n.º 1.

([5]) Nos contratos de trabalho de jornalistas com empresas jornalísticas, não é habitual estipular que a retribuição varie em função da tiragem do periódico. Em regra, só a empresa corre o risco das sobras e das faltas. Por isso, a retribuição não terá de

A reprodução de uma das obras *em separado* ou noutra publicação congénere, só pode ser autorizada pelo respectivo autor, salvo convenção escrita em contrário (CDA art. 173.º, n.º 1 (¹)) ou disposição especial (²).

Tratando-se, todavia, de uma obra jornalística de um **trabalhador subordinado**:

a) Se o autor estiver *identificado*, pertence-lhe o direito de autor, mas não pode publicar a obra em separado sem autorização da empresa jornalística, antes de decorridos três meses (CDA art. 174.º, n.º 1 e 2);

b) Se o autor *não* estiver *identificado*, o direito de autor pertence à empresa jornalística e só com autorização desta poderá a obra ser publicada em separado por quem a escreveu (CDA art. 174.º, n.º 4).

O disposto no n.º 1 do art. 174.º é mera aplicação do princípio da atribuição do direito de autor ao criador intelectual da obra (CDA art. 11.º e 173.º, n.º 1) (³), incluindo o direito irrenunciável à paternidade e à integridade da obra (CDA art. 9.º, n.º 3, e 56.º, n.º 1; e EJorn de 1999, art. 7.º, n.º 2). É importante a sua explicitação relativamente ao autor trabalhador subordinado, pois corresponde a uma excepção ao regime geral do direito do trabalho, em que a propriedade do produto da actividade do trabalhador é, em regra, atribuída ao empregador.

A regra do n.º 2 do art. 174.º constitui uma limitação do direito de autor do jornalista para protecção da empresa jornalística, que se justifica pela necessidade de esta dispor de um tempo mínimo para auferir os rendimentos do seu investimento no conjunto da publicação.

O preceito do n.º 4 do art. 174.º corresponde ao princípio da representação do autor anónimo pelo editor (CDA art. 30.º).

3. O art. 175.º do CDA contém, além disso, normas de protecção do consumidor relativas à **venda por assinatura** de **publicações fraccionadas e periódicas**.

---

aumentar, quando a empresa faça segunda tiragem da mesma publicação ou aumente substancialmente a tiragem. Nada impede, porém, estipulação em sentido diverso. Situação diferente é a de segunda publicação da mesma obra jornalística num número posterior do jornal. Tudo depende, porém, do que for estipulado entre as partes. Para maiores desenvolvimentos, cf. Miguel Reis, *ob. cit.*, pág. 32 e 41.

(¹) Neste n.º 1, não é evidente se o termo "respectivo" se refere à obra ou ao jornal ou publicação. A interpretação que se refere no texto resulta da conjugação deste n.º com o art. 19.º e o art. 173.º, n.º 2. No sentido do texto, cf. L.F. Rebello, *Código cit.*, 1998, pág. 62 e 225.

(²) É o caso dos textos de polémicas (CDA art. 77.º, n.º 2)

(³) Concordo, neste aspecto com Miguel Reis, *ob. cit.*, pág. 28.

O direito de autor e os direitos conexos 99

Por um lado, permite a venda por assinatura, mas, por outro lado, liberta claramente o destinatário de propostas de assinatura da obrigação de devolver textos que tenha recebido, se não os tiver encomendado ([1]).

SUBSECÇÃO VI
Artes plásticas, gráficas e aplicadas

1. Atendendo ao *modo de expressão*, é habitual distinguir, entre as **obras artísticas,** as obras *musicais*, as obras de *artes plásticas* (em que é essencial a forma exterior, a duas ou três dimensões, como o desenho, a pintura, a escultura, a arquitectura, a cerâmica, o azulejo, a tapeçaria, etc.), de *artes gráficas* (gravura, litografia, ilustrações, cartas geográficas, fotografia, etc.) e de *artes cinéticas* (baseadas no movimento, como a dança, a pantomima, o cinema, a televisão, a videografia, etc.) ([2]).

As obras de *artes aplicadas* caracterizam-se, fundamentalmente, pela sua finalidade utilitária (v.g. criações artísticas relativas a objectos de uso corrente ou industrial – pratos, copos, camas, aparelhos de rádio ou TV, ferramentas, etc.) ([3]).

2. O CDA contém, nos art. 157.° a 163.°, um **regime especial** para obras "de artes plásticas, gráficas e aplicadas", que é aplicável "igualmente às maquetas de cenários, figurinos, cartões para tapeçarias, maquetas para painéis cerâmicos, azulejos, vitrais, mosaicos, relevos rurais, cartazes e desenhos publicitários ([4]), capas de livros e, eventual-

---

([1]) Efectivamente, o art.175.°, sob a epígrafe "Publicação fraccionada e periódica", dispõe o seguinte: "1 – O autor ou editor de obra que se publique em volumes, tomos, fascículos ou folhas seguidas e, bem assim, o autor ou editor de publicação periódica podem contratar com outrem a venda por assinatura, à medida que for sendo feita impressão, por tempo determinado ou indefinido.

2 – A não devolução do primeiro tomo ou fascículo expedido pelo autor ou pelo editor não implica a celebração tácita do contrato, nem o destinatário tem a obrigação de o conservar ou devolver.

3 – A remessa de tomos, fascículos ou folhas por via postal é sempre a risco do expedidor, ficando este obrigado a substituir os exemplares extraviados sem direito a novo pagamento, salvo convenção em contrário".

([2]) CDA art. 2.°. Cf. J. O. ASCENSÃO, *Direito de Autor cit.*, pág. 85 e segs.

([3]) CDA art. 2.°. Cf. J. O. ASCENSÃO, *Direito de Autor cit.*, pág. 91 e segs.

([4]) Segundo o art. 29.° do **Código da Publicidade** (aprovado pelo Dec.-Lei n.° 330/90, de 23.10), sob a epígrafe "Criação publicitária", "1 – As disposições legais

100 Direito da Comunicação Social

mente, à criação gráfica que estes comportam, que sejam criação artística" (CDA art. 163.º).

3. A obra de arte plástica traduz-se, necessariamente, na produção de um *exemplar*, único ou múltiplo. A *obra* protegida (a criação) não se confunde, porém, com o seu *suporte* material.

Os **modos de utilização** da obra de arte plástica são, fundamentalmente, dois: a *exposição* e a *reprodução*.

4. O **direito de exposição** é um dos direitos exclusivos do autor: "Só o autor pode expor ou autorizar outrem a expor publicamente as suas obras de arte" (CDA art. 68.º, n.º 2, al. *b*), e 157.º, n.º 1).

Em todo o caso, "A alienação de obra de arte envolve, salvo convenção expressa em contrário, a atribuição do direito de a expor" (CDA art. 157.º, n.º 2). Deste modo, a alienação do suporte material da obra de arte envolve a transmissão do direito de exposição (embora não a totalidade dos direitos patrimoniais do autor) ([1]).

A exposição pode ser promovida pelo autor ou adquirente da obra, mas também por outra entidade (um museu, uma galeria de arte, etc.). Neste caso, o autor ou adquirente entrega a obra na base de um **contrato** com a entidade promotora, nomeadamente de *aluguer, comodato* ou *depósito* ([2]).

---

sobre direitos de autor aplicam-se à criação publicitária, sem prejuízo do disposto nos números seguintes.

2 – Os direitos de carácter patrimonial sobre a criação publicitária presumem-se, salvo convenção em contrário, cedidos em exclusivo ao seu criador intelectual.

3 – É ilícita a utilização de criações publicitárias sem a autorização dos titulares dos respectivos direitos".

O n.º 2 tem uma redacção surpreendente, pois presume uma cessão (!) de direitos ao criador intelectual, que é, naturalmente, o titular originário (não derivado) desses direitos; apresenta como regime especial o que corresponde ao regime normal, mesmo que se trate de obra feita por encomenda ou por conta de outrem (CDA art. 11.º e 14.º, n.º 2); e restringe a regra aos direitos patrimoniais, quando ela deveria aplicar-se, por maioria de razão aos direitos pessoais! Provavelmente, terá havido a intenção de presumir a cessão a favor da empresa, mas não foi isso que ficou no texto... O n.º 3 limita-se a repetir um princípio geral, sendo, pois totalmente inútil! Em sentido semelhante e para maiores desenvolvimentos, cf. J. O. Ascensão, *Direito de Autor cit.*, pág. 533 e segs.

([1]) Neste sentido, cf. J. O. Ascensão, *Direito de Autor cit.*, pág. 492 e seg.

([2]) CCiv art. 1022.º, 1129.º, 1185.º.

O art. 158.° do CDA impõe à entidade promotora de exposição de obras de arte a *responsabilidade pela integridade das obras expostas*, "sendo obrigada a fazer o seguro das mesmas contra incêndio, transporte, roubo e quaisquer outros riscos de destruição ou deterioração, bem como a conservá-las no respectivo recinto até ao termo do prazo fixado para a sua devolução". Deve notar-se que estas imposições não visam apenas a protecção dos direitos de autor, mas também a protecção das obras, em si mesmas, como elementos do património cultural.

5. O **direito de reprodução** é, também, um dos direitos exclusivos do autor: "A reprodução das criações de artes plásticas, gráficas e aplicadas, *design*, projectos de arquitectura e planos de urbanização só pode ser feita pelo autor ou por outrem com a sua autorização" (CDA art. 68.°, n.° 2, al. *i*) ([1]), e 159.°, n.° 1).

A palavra **reprodução** usa-se com vários significados. Em *sentido amplo*, pode dizer-se que um imitador reproduz o canto dos pássaros, que uma testemunha reproduz o que viu, etc.. No direito de autor relativo a obras de artes plásticas, a reprodução, em *sentido estrito*, consiste na produção de um exemplar da *mesma natureza* que o anterior: uma pintura a óleo é reproduzida noutra pintura a óleo; uma escultura é reproduzida noutra escultura. Neste sentido, um desenho ou uma fotografia de uma escultura não são reproduções desta ([2]).

A **autorização para reprodução** (em sentido estrito) deve ser dada por *escrito*, presume-se *onerosa* e pode ser *condicionada*.

O **contrato de reprodução** tem um conteúdo mínimo legal: deve identificar a obra ([3]) e são-lhe aplicáveis, subsidiariamente, as disposi-

---

([1]) Alterada pela Lei n.° 50/2004, de 24.8.

([2]) Cf. J. O. Ascensão, *Direito de Autor cit.*, pág. 234 e segs.. As fotografias de obras de artes plásticas devem, todavia, indicar o nome do autor da obra fotografada (CDA art. 167.°, n.° 1, al. b)). Em todo o caso, o CDA também usa o termo reprodução num *sentido intermédio*: segundo o art. 196.°, n.° 3, "Para que haja contrafacção não é essencial que a reprodução seja feita pelo mesmo processo que o original, com as mesmas dimensões ou com o mesmo formato".

([3]) Segundo o art. 160.° do CDA, "1 – O contrato deverá conter indicações que permitam identificar a obra, tais como a sua descrição sumária, debuxo, desenho ou fotografia, com a assinatura do autor.

2 – As reproduções não podem ser postas à venda sem que o autor tenha aprovado o exemplar submetido a seu exame.

3 – Em todos os exemplares reproduzidos deve figurar o nome, pseudónimo ou outro sinal que identifique o autor".

ções do artigo 86.° (¹), "devendo, porém, fixar-se nele o número mínimo de exemplares a vender anualmente, abaixo do qual a entidade que explora a reprodução poderá usar das faculdades nesse artigo reconhecidas".

Extinto o contrato de reprodução, "devem ser restituídos ao autor os modelos originais e qualquer outro elemento de que se tenha servido aquele que fez as reproduções". "Os instrumentos exclusivamente criados para a reprodução da obra devem, salvo convenção em contrário, ser destruídos ou inutilizados, se o autor não preferir adquiri-los" (CDA art. 162.°, n.° 1 e 2) (²).

O art. 161.° do CDA, relativo a "**Estudos e projectos de arquitectura e urbanismo**", acrescenta que

1 – Em cada exemplar dos estudos e projectos de arquitectura e urbanismo, junto ao estaleiro da construção da obra de arquitectura e nesta, depois de construída, é obrigatória a indicação do respectivo autor, por forma bem legível.

2 – A repetição da construção de obra de arquitectura, segundo o mesmo projecto, só pode fazer-se com o acordo do autor".

(¹) Este art. 86.°, relativo ao contrato de edição, dispõe o seguinte:

"1 – O contrato de edição deve mencionar o número de edições que abrange, o número de exemplares que cada edição compreende e o preço de venda ao público de cada exemplar.

2 – Se o número de edições não tiver sido contratualmente fixado, o editor só está autorizado a fazer uma.

3 – Se o contrato de edição for omisso quanto ao número de exemplares a tirar, o editor fica obrigado a produzir, pelo menos, dois mil exemplares da obra.

4 – O editor que produzir exemplares em número inferior ao convencionado pode ser coagido a completar a edição e, se não o fizer, poderá o titular do direito de autor contratar com outrem, a expensas do editor, a produção do número de exemplares em falta, sem prejuízo do direito a exigir deste indemnização por perdas e danos.

5 – Se o editor produzir exemplares em número superior ao convencionado, poderá o titular do direito de autor requerer a apreensão judicial dos exemplares a mais e apropriar-se deles, perdendo o editor o custo desses exemplares.

6 – Nos casos de o editor já ter vendido, total ou parcialmente, os exemplares a mais ou de o titular do direito de autor não ter requerido a apreensão, o editor indemnizará este último por perdas e danos.

7 – O autor tem o direito de fiscalizar, por si ou seu representante, o número de exemplares de edição, podendo, para esse efeito e nos termos da lei, exigir exame à escrituração comercial do editor ou da empresa que produziu os exemplares, se esta não pertencer ao editor, ou recorrer a outro meio que não interfira com o fabrico da obra, como seja a aplicação da sua assinatura ou chancela em cada exemplar".

(²) Para maiores desenvolvimentos, cf. J. O. Ascensão, *Direito de Autor cit.*, pág. 290 e segs. e 490 e segs.

SUBSECÇÃO VII

Fotografia

1. A protecção das obras fotográficas pelo direito de autor tem suscitado muitas objecções, que estão na origem do regime especial da lei portuguesa.

Na verdade, as fotografias são obtidas por meios mecânicos. Algumas são obtidas com máquinas automáticas (para bilhetes de identidade ou para envio por satélites artificiais), quase sem intervenção humana. Não podendo falar-se de criação artística (o objecto não é criado, mas, quando muito, descoberto), não merecem protecção autoral.

É evidente, todavia, que há também fotografias que são autênticas criações artísticas, quer pela escolha do tema e do enquadramento, quer sobretudo pelo tratamento das formas, da luz, do contraste, das tonalidades, quando não pelos retoques e montagens.

Certo é que algumas leis estrangeiras consideram que a fotografia nunca é uma obra de arte digna de protecção autoral, enquanto outras a qualificam sempre como tal e outras ainda tomam posições intermédias. Por outro lado, algumas leis conferem-lhe a protecção do direito de autor (porventura, com prazos de duração mais limitados que os normais), enquanto outras apenas lhe atribuem direitos conexos.

2. A lei portuguesa inclui entre as *criações intelectuais* susceptíveis de protecção autoral as "obras fotográficas ou produzidas por quaisquer processos análogos aos da fotografia" (CDA art. 2.º, n.º 1, al. h)), como "os fotogramas das películas cinematográficas" (CDA art. 164.º, n.º 3).

No entanto, "para que a fotografia seja protegida é necessário que pela escolha do seu objecto ou pelas condições da sua execução possa considerar-se como criação artística pessoal do seu autor" (CDA art. 164.º, n.º 1).

Não são protegidas as "fotografias de escritos, de documentos, de papéis de negócios, de desenhos técnicos e de coisas semelhantes" (CDA art. 164.º, n.º 2).

3. "O autor da obra fotográfica tem o direito exclusivo de a reproduzir, difundir e pôr à venda" (CDA 165.º, n.º 1), bem como de haver uma "remuneração equitativa" de quem utilizar a reprodução fotográfica para fins comerciais (CDA art. 165.º, n.º 3).

104 *Direito da Comunicação Social*

O autor de obra fotográfica deve respeitar, todavia, "as restrições referentes à exposição, reprodução e venda de retratos" (CDA 165.º, n.º 1), nomeadamente, as que decorrem do direito à imagem e à privacidade (CCiv art. 79.º e 80.º; CPen art. 180.º e segs. e 190.º e segs.).

Por outro lado, no que respeita às fotografias de obras de artes plásticas, devem ser assegurados os direitos de autor sobre a obra reproduzida (CDA 165.º, n.º 1), nomeadamente, deve ser indicado o nome do autor da obra fotografada (CDA art. 167.º, n.º 1, al. b)).

O direito de autor sobre a obra fotográfica pertence, em regra, ao seu *criador*. Se a fotografia for efectuada em execução de um contrato de *trabalho* ou *por encomenda*, presume-se que tal direito pertence à entidade patronal ou à pessoa que fez a encomenda (CDA art. 165.º, n.º 2).

Por isso, quando a fotografia de uma pessoa seja executada *por encomenda*, pode ser publicada, reproduzida ou mandada reproduzir pela pessoa fotografada ou por seus herdeiros ou transmissários sem consentimento do fotógrafo seu autor, salvo convenção em contrário; mas o nome do fotógrafo constante do original deve ser indicado também nas reproduções (CDA art. 168.º).

4. A alienação do negativo de uma obra fotográfica importa, salvo convenção em contrário, a transmissão dos respectivos direitos de autor (CDA art. 166.º).

5. Para a comunicação social é particularmente importante o disposto no art. 167.º, sob a epígrafe "**Indicações obrigatórias**":

"1 – Os exemplares de obra fotográfica devem conter as seguintes indicações:

a) Nome do fotógrafo;

b) Em fotografia de obras de artes plásticas, o nome do autor da obra fotografada.

2 – Só pode ser reprimida como abusiva a reprodução irregular das fotografias em que figurem as indicações referidas, não podendo o autor, na falta destas indicações, exigir as retribuições previstas no presente Código, salvo se o fotógrafo provar má fé de quem fez a reprodução" ([1]).

([1]) Para maiores desenvolvimentos, cf. J. O. ASCENSÃO, *Direito de Autor cit.*, pág. 500 e segs.; L.F. REBELLO, *Código cit.*, 1998, pág. 216 e segs.

SUBSECÇÃO VIII

Representação cénica

1. Os conceitos de representação, recitação e execução – todas modalidades de utilização de uma obra (CDA art. 68.º, n.º 2, al. b)) – suscitam alguma controvérsia na doutrina.

Alguns autores falam da **representação** como género, abrangendo todas as formas de comunicação directa ao público de uma obra literária ou artística e compreendendo, como espécies, a *recitação* (de obras literárias), a *representação cénica* (de obras dramáticas – teatro – ou dramático-musicais – ópera, opereta, etc.) e a *execução* (de obras musicais ou literário-musicais) – quer "ao vivo" quer, por extensão, através da radiodifusão, do cinema ou de fonogramas ou videogramas ([1]).

Outros preferem identificar representação e representação cénica, por oposição à recitação (dicção de uma obra literária sem jogo cénico) e à execução (de uma obra musical) ([2]).

Certo é que o regime da representação cénica se aplica, com pequenas diferenças, à recitação e à execução (CDA art. 121.º, n.º 2).

Segundo o art. 107.º do CDA, o primeiro da secção II intitulada **"Da representação cénica"**, "Representação é a exibição perante espectadores de uma obra dramática, dramático-musical, coreográfica, pantomímica ou outra de natureza análoga, por meio de ficção dramática, canto, dança, música ou outros processos adequados, separadamente ou combinados entre si" (CDA art. 107.º).

2. Um dos direitos patrimoniais do autor é o **direito de representação**.

Na verdade, "A utilização da obra por representação depende de **autorização** do autor, quer a representação se realize em lugar público, quer em lugar privado, com ou sem entradas pagas, com ou sem fim lucrativo" (CDA art. 108.º, n.º 1).

No entanto, "Se a obra tiver sido divulgada por qualquer forma, e desde que se realize sem fim lucrativo e em privado, num meio familiar, a representação poderá fazer-se independentemente de autorização do autor, princípio que se aplica, aliás, a toda a comunicação" (CDA art. 108.º, n.º 2).

([1]) Cf. L. F. REBELLO, *Código cit.*, 1998, pág. 164 e 176.

([2]) Cf. J. O. ASCENSÃO, *Direito de Autor cit.*, pág. 284.

3. A concessão do direito de representar pode ser objecto de um **negócio jurídico unilateral** ou de um **contrato**. Presume-se onerosa, excepto quando feita a favor de amadores (CDA art. 108.º, n.º 3).

4. O regime do **contrato representação** é importante, quer pela frequência da sua utilização, quer porque é subsidiariamente aplicável a diversos outros tipos de contratos de direito de autor ([1]).

Contrato de representação é aquele pelo qual "o autor autoriza um empresário a promover a representação da obra, obrigando-se este a fazê-la representar nas condições acordadas" (CDA art. 109.º, n.º 1).

"O contrato de representação deve ser celebrado por *escrito* e, salvo convenção em contrário não atribui ao empresário o *exclusivo* da comunicação directa da obra por esse meio" (CDA art. 109.º, n.º 2).

"O contrato deve definir com precisão as condições e os limites em que a representação da obra é autorizada, designadamente quanto ao prazo, ao lugar, à retribuição do autor e às modalidades do respectivo pagamento" (CDA art. 108.º, n.º 3).

"A *retribuição* do autor pela outorga do direito de representar poderá consistir numa quantia global fixa, numa percentagem sobre as receitas dos espectáculos, em certa quantia por cada espectáculo ou ser determinada por qualquer outra forma estabelecida no contrato" (CDA art. 110.º, n.º 1).

"Se a retribuição for determinada em função da receita do espectáculo, deve ser paga no dia seguinte ao do espectáculo respectivo, salvo se de outro modo tiver sido convencionado" (CDA art. 110.º, n.º 2).

"Sendo a retribuição determinada em função da receita de cada espectáculo, assiste ao autor o direito de fiscalizar por si ou por seu representante as receitas respectivas" (CDA art. 110.º, n.º 3).

"Se o empresário viciar as notas de receita ou fizer uso de quaisquer outros meios fraudulentos para ocultar os resultados exactos da sua exploração incorrerá nas penas aplicáveis aos correspondentes crimes e o autor terá o direito a resolver o contrato" (CDA art. 110.º, n.º 4).

([1]) Nomeadamente, aos contratos de recitação e execução (art. 121.º, n.º 2), de produção cinematográfica (art. 139.º), de fixação fonográfica e videográfica (art. 147.º, n.º 2) e de radiodifusão (art. 156.º).

O direito de autor e os direitos conexos   107

5. A representação cénica é sempre um **espectáculo**.

Quando seja um espectáculo *público*, está, em regra, sujeito a licenciamento administrativo ([1]).

O CDA estabelece um **controlo administrativo** especial da autorização do autor, por ocasião do licenciamento administrativo do espectáculo.

Efectivamente, "Sempre que uma representação de obra não caída no domínio público dependa de licença ou autorização administrativa, será necessário, para a obter, a exibição perante autoridade competente de documento comprovativo de que o autor consentiu na representação" (CDA art. 111.º).

6. O art. 113.º do CDA estabelece os **direitos do autor** decorrentes do contrato de representação, nos termos seguintes.

"1 – Do contrato de representação derivam para o autor, salvo estipulação em contrário, os seguintes direitos:

a) De introduzir na obra, independentemente do consentimento da outra parte, as alterações que julgar necessárias, contanto que não prejudiquem a sua estrutura geral, não diminuam o seu interesse dramático ou espectacular nem prejudiquem a programação dos ensaios e da representação;

b) De ser ouvido sobre a distribuição dos papéis;

c) De assistir aos ensaios e fazer as necessárias indicações quanto à interpretação e encenação;

d) De ser ouvido sobre a escolha dos colaboradores da realização artística da obra;

e) De se opor à exibição enquanto não considerar suficientemente ensaiado o espectáculo, não podendo, porém, abusar desta faculdade e protelar injustificadamente a exibição, caso em que responde por perdas e danos;

f) De fiscalizar o espectáculo, por si ou por representante, para o que tanto um como o outro têm livre acesso ao local durante a representação.

([1]) Licença de recinto e licença de representação, reguladas pelo Dec.-Lei n.º 315//95, de 28.11 (art. 9.º, 20.º e 26.º), devendo os recintos respeitar as normas previstas no Regulamento das Condições Técnicas e de Segurança de Recintos de Espectáculos e Divertimentos Públicos, aprovado pelo Dec. Regulam. n.º 34/95, de 16.12, alterado pelo Dec.-Lei n.º 65/97, de 31.3.

108   *Direito da Comunicação Social*

2 – Se tiver sido convencionado no contrato que a representação da obra seja confiada a determinados actores ou executantes, a substituição destes só poderá fazer-se por acordo dos outorgantes".

O art. 114.° acrescenta que "Se, por decisão judicial, for imposta a supressão de algum passo da obra que comprometa ou desvirtue o sentido da mesma, poderá o autor retirá-la e resolver o contrato, sem por esse facto incorrer em qualquer responsabilidade".

Além disso, "O autor que tiver contratado a representação de obra ainda não divulgada poderá publicá-la, impressa ou reproduzida por qualquer outro processo, salvo se outra coisa tiver sido convencionada com o empresário" (CDA art. 119.°).

7. As **obrigações do empresário** são impostas pelo o art. 115.°, do seguinte modo (com itálicos nossos).

"1 – O empresário assume pelo contrato a obrigação de *fazer representar* a obra em espectáculo público dentro do *prazo* convencionado e, na falta de convenção, dentro do prazo de um ano a contar da celebração do contrato, salvo tratando-se de obra dramático-musical, caso em que o prazo se eleva a dois anos.

2 – O empresário é obrigado a realizar os *ensaios* indispensáveis para assegurar a representação nas condições técnicas adequadas e, de um modo geral, a empregar todos os esforços usuais em tais circunstâncias para o bom êxito da representação.

3 – O empresário é obrigado a fazer representar o texto que lhe tiver sido fornecido, não podendo fazer nele quaisquer *modificações*, como sejam eliminações, substituições ou aditamentos, sem o consentimento do autor.

4 – O empresário é obrigado a *mencionar*, por forma bem visível, nos programas, cartazes e quaisquer outros meios de publicidade o *nome*, pseudónimo ou qualquer outro sinal de identificação adoptado pelo autor".

O art. 116.° acrescenta que, "Tratando-se de obra que ainda não tenha sido representada nem reproduzida, o empresário não pode dá-la a conhecer antes da primeira representação, salvo para efeitos publicitários, segundo os usos correntes".

8. "Para que a representação da obra, no todo ou em parte, possa ser transmitida pela radiodifusão sonora ou visual, reproduzida em

fonograma ou videograma, filmada ou exibida, é necessário, para além das autorizações do empresário do espectáculo e dos artistas, o consentimento escrito do autor" (CDA art. 117.º).

"O empresário não pode transmitir os direitos emergentes do contrato de representação sem o consentimento do autor" (CDA art. 118.º).

9. Quanto à **resolução do contrato**, o art. 120.º dispõe que "1 – O contrato de representação pode ser resolvido:

a) Nos casos em que legal ou contratualmente for estabelecido;

b) Nos casos correspondentes aos das alíneas *a)* e *d)* do artigo 106.º;

c) No caso de evidente e continuada falta de assistência do público.

2 – A resolução do contrato entende-se sempre sem prejuízo de responsabilidade por perdas e danos da parte a quem for imputável".

10. A representação sem autorização ou que não se conforme com o seu conteúdo confere ao autor o direito de a *fazer cessar* imediatamente, sem prejuízo de *responsabilidade civil* ou *criminal* do empresário ou promotor do espectáculo (CDA art. 112.º) ([1]).

SUBSECÇÃO IX

Recitação e execução

1. A **recitação** consiste na dicção de uma obra literária, sem encenação.

A **execução** refere-se à utilização por instrumentos ou por instrumentos e cantores de uma obra musical ou literário-musical.

A recitação e a execução são equiparadas à representação (cénica). Consequentemente, ao **contrato de recitação** ou **de execução** aplicam-se as disposições relativas ao contrato de representação, "contanto que seja compatível com a natureza da obra e da exibição" (CDA art. 121.º).

2. As regras específicas dos contratos de recitação ou de execução referem-se apenas às obrigações do promotor relativas à afixação do

---

([1]) Para maiores desenvolvimentos, cf. J. O. Ascensão, *Direito de Autor cit.*, pág. 459 e segs.; L. F. Rebello, *Código cit.*, 1998, pág. 163 e segs.

programa e sua comunicação ao autor, bem como à responsabilidade civil e criminal por fraude na organização ou realização do programa (CDA art. 122.º e 123.º).

É de salientar que "Não implica responsabilidade ou ónus para os organizadores da audição o facto de os artistas, por solicitação insistente do público, executarem ou recitarem quaisquer obras além das constantes do programa" (CDA art. 123.º, n.º 2) ([1]).

SUBSECÇÃO X

Cinema

1. A **obra cinematográfica** é o resultado da fixação em filme de sucessivas imagens que, projectadas a certa velocidade, criam a ilusão de movimento, porventura acompanhadas de som. Desde que tenham carácter artístico gozam de protecção autoral (CDA art. 2.º, n.º 1, al. f)).

A obra cinematográfica pode ser a criação de uma única pessoa singular. Maior importância prática têm os filmes resultantes da intervenção de várias pessoas, mais ou menos numerosas: o realizador, o argumentista, o adaptador do argumento ao cinema, o produtor, o compositor da música, os intérpretes, os instrumentistas, o cenógrafo, o operador da câmara, o planificador ou roteirista, o montador, o técnico de som, os figurinistas, os maquilhadores, etc..

2. No âmbito do direito de autor, o primeiro problema suscitado pela **obra cinematográfica** consiste em caracterizar correctamente a sua **natureza**.

Não é fácil, porque ela pode ser uma *obra singular*, de uma pessoa só, mas mais frequentemente é uma *obra colectiva*, uma *obra feita em colaboração* ([2]), ou uma *obra compósita*, consoante as circunstâncias de cada caso.

([1]) Para maiores desenvolvimentos, cf. J. O. Ascensão, *Direito de Autor cit.*, pág. 286 e segs.; L. F. Rebello, *Código cit.*, 1998, pág. 175 e segs.

([2]) J. O. Ascensão, *Direito de Autor cit.*, pág. 514 e seg., contesta que esta qualificação seja possível, mas não é de excluir a hipótese de a realização ser concretizada por duas ou mais pessoas, em colaboração.

O direito de autor e os direitos conexos 111

Pode o próprio realizador concretizar uma *obra original*; mais frequentemente, os filmes são, todavia, *obras derivadas*, resultantes da adaptação de obras preexistentes (romances, peças de teatro, composições musicais, etc.).

Discute-se, por isso, se a obra cinematográfica é a resultante das várias contribuições ou antes uma obra unitária, autónoma, distinta das obras nela englobadas.

A primeira alternativa coloca em paralelo as várias contribuições.

A segunda dá maior relevo ao *realizador*, como criador da obra cinematográfica, no que tem de específico ([1]).

Particularmente delicada é a posição do *produtor*, que é o empresário do filme, cabendo-lhe a organização da feitura da obra, a obtenção dos meios humanos, materiais e financeiros necessários e a responsabilidade técnica e financeira (CDA art. 126.º). Pode ou não ser ele a tomar a iniciativa do filme. Não é ele o criador da obra artística. Mas compete-lhe a exploração económica do filme ([2]).

A obra cinematográfica constitui uma unidade, mas os direitos sobre as partes nela incorporadas podem ser objecto de utilização e reprodução separadas ([3]). Encontramos aqui uma situação semelhante à das *universalidades*.

3. O **regime** das obras cinematográficas pode considerar-se paradigmático, na medida em que é aplicável, também, às obras produzidas por qualquer processo análogo à cinematografia (CDA art. 140.º). Estas abrangem as obras *televisivas* e, mais genericamente, *audiovisuais* (embora o CDA contenha algumas disposições específicas relativas à fixação fonográfica e videográfica, que estudaremos mais adiante) ([4]).

4. A lei portuguesa só considera **co-autores** da obra cinematográfica: o realizador, o autor do argumento, dos diálogos, se for pessoa diferente, e o da banda musical. "Quando se trate de adaptação de obra não composta expressamente para o cinema, consideram-se também co-autores os autores da adaptação e dos diálogos" (CDA art. 22.º).

([1]) Cf. J. O. Ascensão, *Direito de Autor cit.*, pág. 516 e segs.

([2]) Cf. J. O. Ascensão, *Direito de Autor cit.*, pág. 518 e seg.

([3]) "Os autores da parte literária e da parte musical da obra cinematográfica podem reproduzi-las e utilizá-las separadamente por qualquer modo, contanto que não prejudiquem a exploração da obra no seu conjunto" (CDA art. 135.º).

([4]) Cf. J. O. Ascensão, *Direito de Autor cit.*, pág. 530 e segs.

A lei também protege, todavia, os autores das obras preexistentes, mesmo que não sejam considerados co-autores da obra cinematográfica, pois faz depender a produção desta da autorização de todos eles (CDA art. 124.º).

4. "Considera-se pronta a obra cinematográfica após o realizador e o produtor estabelecerem, por acordo, a sua versão definitiva" (CDA art. 130.º).

"As traduções, dobragens ou quaisquer transformações da obra cinematográfica dependem de autorização escrita dos autores" ([1]).

5. O CDA contém algumas disposições sobre o **contrato de produção cinematográfica**, mandando aplicar subsidiariamente, "com as necessárias adaptações, as disposições relativas ao contrato de edição, representação e execução (CDA art. 139.º, n.º 1). Paralelamente, manda aplicar "à exibição pública da obra cinematográfica, com as devidas adaptações, o regime previsto nos artigos 122.º e 123.º para a recitação e a execução" (CDA art. 139.º, n.º 2).

A **autorização** de *produção* ([2]) deve abranger também a autorização de *distribuição* e *exibição* da película (CDA art. 125.º, n.º 1).

Uma vez autorizada a exibição, o exercício dos **direitos de exploração económica** da obra cinematográfica compete ao **produtor**(CDA art. 125.º, n.º 2), que deve ser como tal identificado no filme e, em regra, representa os autores durante o período de exploração (CDA art. 126.º, n.º 2 e 3).

Dependem de autorização específica "dos autores das obras cinematográficas a radiodifusão sonora ou visual da película, do filme-anúncio e das bandas ou discos em que se reproduzam trechos da película, a sua comunicação ao público, por fios ou sem fios, nomeadamente por

---

([1]) CDA art. 129.º, n.º 1. "A autorização para exibição ou distribuição de um filme estrangeiro em Portugal confere implicitamente autorização para a tradução ou dobragem". "É admissível cláusula em contrário, salvo se a lei só permitir a exibição da obra traduzida ou dobrada (CDA art. 129.º, n.º 2 e 3).

([2]) Que abrange "o direito de produzir o negativo, os positivos, as cópias e os registos magnéticos necessários para exibição da obra", e, em regra, "autorização para a distribuição e exibição do filme em salas públicas de cinema, bem como para a sua exploração económica por este meio, sem prejuízo do pagamento da remuneração estipulada" (CDA art. 127.º, n.º 1 e 2).

O direito de autor e os direitos conexos 113

ondas hertzianas, fibras ópticas, cabo ou satélite, e a sua reprodução, exploração ou exibição sob a forma de videograma" (CDA art. 127.º, n.º 3).

É também necessária autorização especial para "a transmissão radiofónica da banda sonora ou de fonograma em que se reproduzam trechos de obra cinematográfica" (CDA art. 127.º, n.º 4).

No entanto, "Não carece de autorização do autor a difusão de obras produzidas por organismo de radiodifusão sonora ou audiovisual, ao qual assiste o direito de as transmitir e comunicar ao público, no todo ou em parte, através dos seus próprios canais transmissores" (CDA art. 127.º, n.º 5).

Salvo convenção em contrário, a autorização dos autores para a produção cinematográfica de uma obra implica a concessão de **exclusivo**, por 25 anos a contar da celebração do contrato, sem prejuízo do direito de exploração económica da obra (CDA art. 128.º).

"A retribuição dos autores de obra cinematográfica pode consistir em quantia global fixa, em percentagem sobre as receitas provenientes da exibição e em quantia certa por cada exibição ou revestir outra forma acordada com o produtor" (CDA art. 131.º).

6. O produtor pode, em regra, associar-se com outro produtor, para **co-produção** (CDA art. 132.º) e pode **transmitir** os direitos emergentes do contrato de produção, "ficando, todavia, responsável para com os autores pelo cumprimento pontual do mesmo" (CDA art. 133.º).

7. Para respeitar o **direito de paternidade**, na projecção do filme, deve ser indicada a identificação do autor ou co-autores da obra cinematográfica e das obras preexistentes, bem como a contribuição de cada um deles (CDA 134.º).

8. "Se o produtor não concluir a produção da obra cinematográfica no prazo de três anos a contar da data da entrega da parte literária e da parte musical ou não fizer projectar a película concluída no prazo de três anos a contar da conclusão, o autor ou co-autores terão o direito de **resolver o contrato**" (CDA art. 136.º).

9. O produtor só é obrigado a fazer as **cópias** ou **provas** da obra cinematográfica à medida que estas lhe forem requisitadas e a conservar

114   *Direito da Comunicação Social*

a respectiva **matriz**, que em nenhum caso poderá destruir, não tendo o direito de vender as cópias produzidas a preços de saldo (CDA art. 137.º).

Mesmo em caso de **falência do produtor**, os autores devem ser avisados para defenderem os seus interesses e exercerem o *direito de preferência* na aquisição das cópias (CDA art. 138.º).

SUBSECÇÃO XI
Fixação fonográfica e videográfica

1. A generalidade das pessoas e, sobretudo, as emissoras de rádio e de televisão utilizam com frequência fonogramas e videogramas, sendo, por isso, particularmente importante conhecer o regime da sua fixação e radiodifusão.

Fonograma é o registo resultante da fixação, em suporte material, de sons provenientes de uma prestação ou de outros sons, ou de uma representação de sons (CDA art. 176.º, n.º 4 ([1])). É a designação comum dos discos, cassetes e CD audio, entre outros.

Videograma é o registo resultante da fixação, em suporte material, de imagens, acompanhadas ou não de sons, bem como a cópia de obras cinematográficas ou audiovisuais (CDA art. 176.º, n.º 5). Corresponde, fundamentalmente, às cassetes video e aos DVD ([2]).

Fixação fonográfica ou videográfica é "a incorporação de sons ou de imagens, separada ou cumulativamente, num suporte material suficientemente estável e duradouro que permita a sua percepção, reprodução ou comunicação de qualquer modo, em período não efémero" (CDA art. 141.º, n.º 1). É um termo mais amplo do que *gravação* – em cabo metálico, em disco (de vinil ou compacto), em fita magnética, etc. –, podendo ser efectuada mediante a utilização de qualquer aparelho de reprodução mecânica, eléctrica, electrónica ou química ([3]).

([1]) Na redacção da Lei n.º 50/2004, de 24.8.

([2]) Segundo a nova redacção dada ao art. 1.º, n.º 2, do Dec.-Lei n.º 39/88, de 6.2, pelo Dec.-Lei n.º 121/2004, de 21.5, "São igualmente considerados videogramas, independentemente do suporte material, forma de fixação ou interactividade, os videojogos ou jogos de computador".

([3]) A fixação, sem mais, pode aplicar-se também à redução a escrito da letra ou música de uma canção, por exemplo. Não é isso, porém, que está em causa agora.

A Convenção de Berna considera qualquer gravação sonora ou visual como uma *reprodução* (art. 9.º, n.º 3). Na terminologia do CDA, a **reprodução** pressupõe uma fixação anterior e implica uma pluralidade de exemplares da obra (art. 176.º, n.º 7) ([1]).

A fixação é uma forma de utilização, necessária ou conveniente para a exploração económica de obras musicais ou audiovisuais, por facilitar a sua comunicação ao público.

2. Consideram-se **autores** da obra fonográfica ou videográfica os autores do texto ou da música fixada e ainda, no segundo caso, o realizador (CDA art. 24.º).

O **direito de fixação** é um direito *exclusivo* do autor (CDA art. 68.º, n.º 2, al. d)).

A fixação de uma obra depende de **autorização** do autor, que deve ser dada por escrito (CDA art. 141.º, n.º 1 e 2).

3. O **contrato de fixação fonográfica e videográfica** tem por objecto a autorização para fixar a obra, mas também para a reproduzir e vender os exemplares produzidos (CDA art. 141.º, n.º 3).

Compreende-se, por isso, que se lhe apliquem, com as necessárias adaptações, as disposições relativas ao contrato de edição (CDA art. 147.º, n.º 1).

Aliás, o regime do contrato de fixação é aplicável "à reprodução de obra intelectual obtida por qualquer processo análogo à fonografia ou videografia, já existente ou que venha a ser inventado" (CDA art. 148.º).

Aquele com quem tiver sido contratada a fixação não pode **transferir** para terceiro os direitos emergentes do contrato de autorização sem consentimento dos autores. Exceptua-se o caso de trespasse do estabelecimento, nomeadamente por cisão (CDA art. 145.º) ([2]).

([1]) Cf. J. O. Ascensão, *Direito de Autor cit.*, pág. 228 e segs. A Lei n.º 50/2004, de 28.8, deu a seguinte redacção aos n.os 6 e 7 do art. 176.º do CDA: "6 – Cópia é o suporte material em que se reproduzem sons e imagens, ou representação destes, separada ou cumulativamente, captados directa ou indirectamente de um fonograma ou videograma, e se incorporam, total ou parcialmente, os sons ou imagens ou representações destes, neles fixados. 7 – Reprodução é a obtenção de cópias de uma fixação, directa ou indirecta, temporária ou permanente, por quaisquer meios e sob qualquer forma, no todo ou em parte dessa fixação".

([2]) Para maiores desenvolvimentos, cf. J. O. Ascensão, *Direito de Autor cit.*, pág. 462 e segs.

116   *Direito da Comunicação Social*

4. Distinta da autorização de fixação é a **autorização para executar em público**, **radiodifundir** ou **transmitir** de qualquer modo a obra fixada, que deve igualmente ser dada por *escrito* e pode ser conferida a entidade diversa da que fez a fixação (CDA art. 141.º, n.º 3).

"Aplica-se ao espectáculo consistente na comunicação pública de obra fonográfica ou videográfica, com as devidas adaptações, o regime previsto nos artigos 122.º e 123.º para a recitação e a execução" (CDA art. 147.º, n.º 2) ([1]).

"A compra de um fonograma ou videograma não atribui ao comprador o direito de os utilizar para quaisquer fins de execução ou transmissão públicas, reprodução, revenda ou aluguer com fins comerciais" (CDA art. 141.º, n.º 4). Assim, o comprador pode utilizar livremente os fonogramas ou videogramas em privado, mas precisa de autorização especial para utilização pública ou comercial.

5. Em correspondência com o **direito de paternidade**, "Dos fonogramas e dos videogramas devem constar, impressos directamente ou apostos em etiquetas, sempre que a sua natureza o permita, o título da obra ou o modo de a identificar, assim como o nome ou qualquer outro sinal de identificação do autor" (CDA art. 142.º).

6. Mesmo que não tenha sido dada autorização, a obra musical e o respectivo texto que foram objecto de fixação fonográfica comercial *sem oposição* do autor podem voltar a ser fixados. Em todo o caso, o autor tem sempre direito a *retribuição* equitativa, cabendo ao Ministério da Cultura, na falta de acordo das partes, determinar o justo montante (CDA art. 144.º, n.º 1 e 2). "O autor pode fazer cessar a exploração sempre que a qualidade técnica da fixação comprometer a correcta comunicação da obra" (CDA art. 144.º, n.º 3).

7. Considerando a gravidade do fenómeno da *pirataria* de fonogramas e videogramas, o CDA ([2]) conferiu ao *autor*, nos casos de suspeita de contrafacção, o direito de **fiscalizar** os estabelecimentos de prensagem e duplicação de fonogramas e videogramas e armazenamento dos suportes materiais. Esse direito foi alargado a outros casos pela Lei n.º 45/85, de 14.3.

([1]) Sobre o assunto, cf. J. O. Ascensão, *Direito de Autor cit.*, pág. 314 e segs.

([2]) Art. 145.º, na versão inicial aprovada pelo Dec.-Lei n.º 63/85, de 14.3.

O actual art. 143.° do CDA regula, também, o dever dos importadores, fabricantes e vendedores de **comunicação** das quantidades importadas, fabricadas e vendidas de suportes materiais para obras fonográficas e videográficas, bem como das quantidades de fonogramas e videogramas fabricados ou duplicados, e o dever de exibir a autorização do autor ([1]).

SUBSECÇÃO XII

Radiodifusão e outros processos de reprodução de sinais, sons e imagens

1. O CDA trata, na mesma secção mas separadamente, da **radio-difusão** (por uma emissora para o público, disperso por vários lugares – art. 149.°, n.° 1), da **comunicação da obra em qualquer lugar público** ([2]), por qualquer meio que sirva para difundir sinais, sons ou imagens (v. g. altifalantes – art. 149.°, n.° 2) e da **comunicação pública da obra radiodifundida** (art. 155.°).

O CDA define **obra radiodifundida** como "a que foi criada segundo as condições especiais da utilização pela radiodifusão sonora ou

---

([1]) Este art. 143.°, na redacção da Lei 45/85, de 17.9, dispõe o seguinte:

"1 – O autor tem o direito de fiscalizar os estabelecimentos de prensagem e duplicação de fonogramas e videogramas e armazenamento dos suportes materiais, sendo aplicável o disposto no n.° 7 do artigo 86.°, com as devidas adaptações.

2 – Aqueles que importam, fabricam e vendem suportes materiais para obras fonográficas e videográficas devem comunicar à Direcção-Geral dos Espectáculos e do Direito de Autor as quantidades importadas, fabricadas e vendidas, podendo os autores fiscalizar também os armazéns e fábricas dos suportes materiais.

3 – Aqueles que fabricam ou duplicam fonogramas e videogramas são obrigados a comunicar periódica e especificadamente à Direcção-Geral dos Espectáculos e do Direito de Autor as quantidades de fonogramas e videogramas que prensarem ou duplicarem e a exibir documento do qual conste a autorização do respectivo autor.

4 – A Direcção-Geral dos Espectáculos e do Direito de Autor definirá a periodicidade e as modalidades que deve revestir a comunicação a que se referem os n.ºˢ 2 e 3".

O disposto neste n.° 4 foi executado pelo Despacho do DGEDA, de 7.5.1985 (in *DR*, II série, de 18.5.1985), que estabeleceu que a comunicação deve ser efectuada dentro dos 30 dias seguintes ao fim de cada trimestre e definiu as respectivas modalidades. Cf. L. F. REBELLO, *Código cit.*, 1998, pág. 198.

([2]) "Entende-se por lugar público todo aquele a que seja oferecido o acesso, implícita ou explicitamente, mediante remuneração ou sem ela, ainda que com reserva declarada do direito de admissão" (CDA art. 149.°, n.° 3).

visual e, bem assim, as adaptações a esses meios de comunicação de obras originariamente criadas para outra forma de utilização" (art. 21.º, n.º 1).

Em face deste preceito, deve distinguir-se a **obra radiofónica** *original*, produzida para ser radiodifundida, e a obra radiofónica *derivada*, correspondente à radiodifusão de uma anterior obra original, porventura adaptada previamente para o efeito.

Os art. 149.º a 156.º do CDA respeitam à radiodifusão de obras, e não propriamente às obras radiofónicas ([1]).

Noutro contexto, o CDA define **emissão de radiodifusão** como "a difusão de sons ou de imagens, ou a representação destes separada ou cumulativamente, por fios ou sem fios, nomeadamente por ondas hertzianas, fibras ópticas, cabo ou satélite, destinada à recepção pelo público" (art. 176.º, n.º 9 ([2])).

A radiodifusão compreende, assim, a radiodifusão sonora (radiofonia ([3]) ou, simplesmente, rádio) e a radiodifusão audiovisual (ou televisiva ou televisão). A referência à recepção pelo público visa afastar do âmbito do regime autoral outras modalidades de radiocomunicação, já analisadas anteriormente.

O CDA distingue entre a radiodifusão directa, a radiodifusão diferida e a retransmissão. A radiodifusão *directa* (ou "em directo") é a difusão simultânea com a produção da obra sonora ou audiovisual. A radiodifusão *diferida* (ou "em diferido") pressupõe a fixação anterior (efémera ou não) da obra a difundir. A *retransmissão* é definida como "a emissão simultânea por um organismo de radiodifusão de uma emissão de outro organismo de radiodifusão" (art. 176.º, n.º 10); corresponde à emissão em cadeia ([4]).

2. Como vimos, "Consideram-se **co-autores** da obra radiodifundida, como obra feita em colaboração, os autores do texto, da música

---

([1]) Cf. J. O. Ascensão, *Direito de Autor cit.*, pág. 297 e seg.

([2]) Na redacção da Lei n.º 50/2004, de 28.8.

([3]) CDA art. 68.º, n.º 2, al. *e*).

([4]) Apesar desta definição legal, o CDA utiliza, por vezes, o termo retransmissão em sentido corrente (não técnico) de nova transmissão da mesma obra (depois de uma primeira transmissão), v.g. no art. 149.º. Aliás, o CDA usa também a expressão "nova transmissão", no art. 153.º, n.º 2. Cf. J. O. Ascensão, *Direito de Autor cit.*, pág. 303.

O direito de autor e os direitos conexos 119

e da respectiva realização, bem como da adaptação se não se tratar de obra inicialmente produzida para a comunicação audiovisual" (CDA art. 21.º, n.º 2).

Aplica-se à autoria da obra radiodifundida, com as necessárias adaptações, o disposto nos art. 22.º e 23.º quanto à obra cinematográfica (CDA art. 21.º, n.º 3).

3. O **regime** das modalidades de utilização da obra acima referidas consta de algumas disposições específicas do CDA (art. 149.º a 155.º), sendo-lhes subsidiariamente aplicáveis as disposições relativas ao contrato de edição, representação e execução (CDA art. 156.º ([1])).

4. Depende de **autorização do autor** quer (a) a *radiodifusão sonora ou visual da obra*, tanto directa como por retransmissão, por qualquer modo obtida ([2]), quer (b) a *comunicação da obra em qualquer lugar público*, por qualquer meio que sirva para difundir sinais, sons ou imagens (CDA art. 149.º).

5. Sobre o **âmbito da autorização de radiodifusão**, dispõe o art. 153.º do CDA que "1 – A autorização para radiodifundir uma obra é geral para todas as emissões, directas ou em diferido, efectuadas pelas estações da entidade que a obteve, sem prejuízo de remuneração ao autor por cada transmissão ([3]).

2 – Não se considera nova transmissão a radiodifusão feita em momentos diferentes, por estações nacionais ligadas à mesma cadeia

---

([1]) O n.º 2 do art. 156.º do CDA era desnecessário, pois não acrescenta nada que não esteja já no n.º 1 – como bem observa L. F. REBELLO, *Código cit.*, 1998, pág. 211.

([2]) Cf., também, o art. 36.º, n.º 2, da LRádio de 2001.

([3]) O art. 150.º acrescenta que "Se a obra foi objecto de fixação para fins de comercialização com autorização do autor, abrangendo expressamente a respectiva comunicação ou radiodifusão sonora ou visual, é desnecessário o *consentimento* especial deste *para cada comunicação ou radiodifusão*, sem prejuízo dos *direitos morais* e do direito a *remuneração* equitativa" (itálicos nossos). Com história atribulada, este preceito não traz nada de novo, pois, se a autorização de fixação abrange "expressamente" a comunicação ou radiodifusão, não faria nunca sentido exigir o referido "consentimento especial"; a remuneração especial está assegurada pelo art. 153.º, n.º 1; e os direitos morais são, em qualquer caso, intransmissíveis (CDA art. 42.º). Têm razão, por isso, os que o consideram inútil. Neste sentido, cf. J. O. ASCENSÃO, *Direito de Autor cit.*, pág. 299; L. F. REBELLO, *Código cit.*, 1998, pág. 205 e seg.

120   *Direito da Comunicação Social*

emissora ou pertencentes à mesma entidade, em virtude de condicionalismos horários ou técnicos.

3 – A transmissão efectuada por entidade diversa da que obteve a autorização referida no n.º 1, quando se faça por cabo ou satélite, e não esteja expressamente prevista naquela autorização, depende de consentimento do autor e confere-lhe o direito a remuneração" (²).

A **radiodifusão por satélite** e **retransmissão por cabo** estão, actualmente, regulamentadas pelo Dec.-Lei n.º 333/97, de 27.11, que transpôs para a ordem jurídica interna portuguesa a Directiva comunitária n.º 93//83/CEE, de 27.9.1993.

Salvo estipulação em contrário, a autorização de radiodifusão não implica autorização para **fixar** as obras radiodifundidas (CDA art. 152.º, n.º 1).

No entanto, é lícito aos organismos de radiodifusão fixar as obras a radiodifundir, mas unicamente para uso das suas estações emissoras, nos casos de radiodifusão diferida. Estas fixações devem, porém, ser destruídas no prazo máximo de três meses, dentro do qual não podem ser transmitidas mais de três vezes, sem prejuízo de remuneração ao autor (CDA art. 152.º, n.º 2 e 3).

O CDA permite, todavia, as fixações que ofereçam interesse excepcional a título de documentação, podendo ser conservadas em arquivos oficiais ou, enquanto estes não existirem, nos da Radiotelevisão Portuguesa – RTP, E.P., e Radiodifusão Portuguesa – RDP, E.P., sem prejuízo do direito de autor (CDA art. 152.º, n.º 4) (²).

(¹) Cf. L. F. REBELLO, *Código cit.*, 1998, pág. 208 e seg.; J. O. ASCENSÃO, *Direito de Autor cit.*, 1992, pág. 302 e segs.

(²) A Lei da Rádio (Lei n.º 4/2001, de 23.2), impõe que as emissões sejam gravadas e conservadas pelo período mínimo de 30 dias, se outro mais longo não for determinado por lei ou por decisão judicial; e que os serviços de programas organizem mensalmente um registo das obras difundidas (incluindo, entre outros, a menção da autoria e dos intérpretes, para efeitos dos correspondentes direitos de autor e conexos, a enviar, durante o mês imediato, quando solicitado, às instituições representativas dos autores (art. 43.º). Obriga a concessionária do serviço público de rádio a manter e actualizar arquivos sonoros (art. 48.º, al. c)). Além disso, "Os operadores radiofónicos devem organizar arquivos sonoros e musicais com o objectivo de conservação dos registos de interesse público" (art. 77.º, n.º 1).

A Lei da TV (Lei n.º 31-A/98, de 14.7), por seu lado, impõe que as emissões sejam gravadas e conservadas pelo prazo mínimo de 90 dias, se outro mais longo não for determinado por lei ou por decisão judicial (art. 35.º), obriga a concessionária do serviço

O direito de autor e os direitos conexos 121

Para assegurar o direito à **paternidade**, "As estações emissoras devem anunciar o nome ou pseudónimo do autor juntamente com o título da obra radiodifundida, ressalvando-se os casos, consagrados pelo uso corrente, em que as circunstâncias e necessidades da transmissão levam a omitir as indicações referidas" (CDA art. 154.º).

6. É de salientar que a autorização de radiodifusão é exigida à *emissora* de radiodifusão, pois a *recepção* (seja privada seja colectiva ou pública) é *livre*. Os destinatários da emissão não precisam de autorização nem têm de pagar nenhuma remuneração aos autores.

Diversa é, todavia, a situação de quem recebe a emissão e, subsequentemente (com altifalantes, amplificadores ou outros meios análogos), a comunica ao público reunido em certo lugar (seja num auditório, seja num café) ou instalado nos quartos de um hotel – cobrando certo montante ou beneficiando de outro modo dessa comunicação. Nesses casos, a **comunicação pública da obra radiodifundida** constitui uma nova utilização da obra, pelo que o autor tem direito a remuneração ([1]).

7. Com o objectivo de assegurar a **integridade e a genuinidade** da obra radiofónica, o CDA estabelece que "O proprietário de casa de espectáculos ou de edifício em que deva realizar-se a radiodifusão ou comunicação prevista no artigo 149.º, o empresário e todo aquele que concorra para a realização do espectáculo a transmitir são obrigados a permitir a instalação dos instrumentos necessários para a transmissão, bem como as experiências ou ensaios técnicos necessários para a boa execução desta" (art. 151.º).

---

público de televisão a conservar e actualizar os arquivos audiovisuais e facultar o seu acesso a diversas entidades (art. 46.º, al. b)) e sujeita a depósito legal os registos das emissões qualificáveis como de interesse público, em função da sua relevância histórica ou cultural, para efeitos de conservação a longo prazo e acessibilidade aos investigadores (art. 71.º, n.º 1).

([1]) CDA art. 155.º. A delimitação dos casos referidos no texto suscita considerável controvérsia. Cf. J. O. Ascensão, *Direito de Autor cit.*, pág. 301 e seg. e 310 e segs.; L. F. Rebello, *Código cit.*, 1998, pág. 210 e seg.

SUBSECÇÃO XIII

Programas de computador

1. As *inovações tecnológicas* introduzidas com os computadores suscitaram numerosos problemas novos no domínio do direito de autor (como noutros domínios jurídicos) [1].

A projecção que as novas tecnologias tiveram, desde o início, na ordem internacional e a necessidade de regras uniformes levou à criação de normas jurídicas por organismos internacionais, antes ainda da aprovação de disposições internas.

Na realidade, foram objecto de regulamentação, até agora, dois temas fundamentais: a protecção jurídica dos programas de computador e a das bases de dados.

2. A necessidade de protecção jurídica dos **programas de computadores** decorre da importância dos investimentos de recursos humanos, técnicos e financeiros exigidos pelo seu desenvolvimento e da facilidade de reprodução dos programas, depois de produzidos. A falta de protecção levaria a desincentivar a elaboração dos programas, com evidentes consequências nefastas para toda a economia.

3. Sobre esta matéria, foi aprovada a **Directiva do Conselho n.º 91/250**, de 14.5.1991 [2], que veio a ser transposta para a ordem jurídica interna portuguesa pelo **Dec.-Lei n.º 252/94**, de 20.10.

O legislador português optou, assim, por um diploma extravagante, em vez de incluir as novas disposições no CDA.

3. O novo regime jurídico atribui aos programas de computadores que tenham "carácter criativo" a protecção do *direito de autor*, "análoga à conferida às *obras literárias*" (Dec-Lei n.º 252/94, art. 1.º).

A protecção dos programas de computador abrange o *"material de concepção preliminar"* (Dec.-Lei n.º 252/94, art. 1.º, n.º 3).

A exigência de *criatividade* ou *originalidade* corresponde a uma das condições de protecção da obra, exigida pelo CDA (art. 1.º, n.º 1, e

---

[1] Cf. J. O. Ascensão, *Direito de Autor cit.*, 1992, pág. 75 e segs. e 472 e segs.

[2] Sobre o assunto, cf. *Livro Verde sobre Direito de Autor e o Desafio Tecnológico*, elaborado pela Comissão das Comunidades Europeias, Bruxelas, 1988.

196.º). A Directiva comunitária protege o programa "se for original, no sentido em que é o resultado da criação intelectual do autor", excluindo, expressamente, "outros critérios" (art. 1.º, n.º 3), nomeadamente "méritos qualitativos ou estéticos" (preâmbulo). O Dec.-Lei n.º 252/94 não menciona estes critérios, mas a mesma solução decorre do proémio do art. 2.º do CDA – para que a parte final do n.º 2 do art. 1.º daquele Dec.--Lei inequivocamente remete.

A protecção do programa incide sobre a sua *expressão*, sob qualquer forma, não sobre as *ideias* ou *princípios* subjacentes (Dec-Lei n.º 252/94, art. 2.º).

A Directiva n.º 91/250 protege os programas "mediante a concessão de direitos de autor, enquanto obras literárias, na acepção da Convenção de Berna Para a Protecção das Obras Literárias e Artísticas". Não menciona qualquer analogia com as **obras literárias** (diferentemente do que faz o Dec-Lei n.º 252/94 ([1])). Os programas de computador podem, efectivamente, considerar-se uma espécie de linguagem de comunicação do homem com a máquina (cujo mérito estético é irrelevante para este efeito).

4. Aplicam-se ao programa de computador as regras sobre **autoria** e **titularidade** vigentes para o direito de autor (Dec-Lei n.º 252/94 art. 3.º, n.º 1) e já descritas acima.

O programa realizado no âmbito de uma *empresa* presume-se *obra colectiva* (Dec.-Lei n.º 252/94 art. 3.º, n.º 1) – o que tem como consequência, em regra, a atribuição do direito de autor à empresa (CDA art. 19.º), sem prejuízo do direito a remuneração do criador intelectual (Dec.--Lei n.º 252/94 art. 3.º, n.º 4).

O programa criado por um *empregado* no exercício das suas funções, ou segundo instruções emanadas do dador de trabalho, ou por encomenda, pertence ao *destinatário do programa* ([2]), salvo estipulação em contrário ou se outra coisa resultar das finalidades do contrato – e sem prejuízo do direito a remuneração do criador intelectual (Dec.-Lei n.º 252/94 art. 3.º, n.º 3 e 4).

([1]) Porventura influenciado pelas dúvidas anteriormente suscitadas por J. O. ASCENSÃO, *Direito de Autor cit.*, 1992, pág. 76 e seg.

([2]) Em contexto equivalente, a Directiva n.º 91/250 atribui os direitos de natureza económica ao "empregador". Podendo o "destinatário do programa" ser um cliente do empregador, é evidente que a Directiva não está correctamente transposta (como bem observa L. F. REBELLO, *Código cit.*, 1998, pág. 672).

124   *Direito da Comunicação Social*

5. A protecção do programa tem a **duração** de 70 anos após a morte do criador intelectual ou, quando o direito seja atribuído originariamente a outra pessoa, de 70 anos após a primeira publicação ou divulgação lícita ([1]).

6. O **titular do programa** tem os *direitos de paternidade*, de *reprodução*, de *transformação* e de *distribuição* (incluindo a locação) dele (Dec.-Lei n.º 252/94 art. 11.º, 5.º e 8.º, respectivamente).

Sem prejuízo destes direitos do titular, o **utente** tem os *direitos* de providenciar uma *cópia de apoio*, de *observar, estudar e ensaiar o funcionamento do programa, carregá-lo, visualizá-lo, executá-lo, transmiti-lo e armazená-lo* (Dec.-Lei n.º 252/94 art. 6.º).

Além disso, o titular da licença de utilização ou outra pessoa habilitada ou pessoas por estes autorizadas podem proceder à **descompilação** de partes de um programa necessárias à interoperacionalidade desse programa com outros, quando isso for indispensável para obter informações necessárias a essa interoperacionalidade. A utilização dessas informações é, todavia, restringida (Dec.-Lei n.º 252/94 art. 7.º) ([2]).

7. *Mutatis mutandis*, os direitos de autor relativos a programas de computador têm os **limites** do direito de autor, em geral, nomeadamente os relativos a *utilizações livres*, mencionados no art. 75.º do CDA (Dec.--Lei n.º 252/94 art. 10.º).

8. Aplicam-se aos direitos de autor sobre programas de computador as regras gerais sobre os **contratos**, o **registo** da propriedade literária, a **apreensão** de cópias contrafeitas, a **tutela penal** e a tutela relativa à **propriedade industrial** (Dec.-Lei n.º 252/94 art. 11.º a 15.º) ([3]).

([1]) CDA art. 36.º, na redacção do Dec.-Lei n.º 334/97, de 27.11. A Directiva n.º 252/94 previa um prazo de 50 anos, mas admitia que os Estados membros com prazo superior o mantivessem até uma harmonização mais geral (art. 8.º). Esta harmonização, iniciada com a proposta da Comissão publicada no *JOCE* n.º C 92, de 1992, veio a ser feita pela Directiva n.º 93/98, do Conselho, de 29.10.1998, antecipadamente transposta pelo Dec.-Lei n.º 334/97, de 27.11, que alterou o art. 36.º do CDA.

([2]) Para maiores desenvolvimentos, cf. L. F. REBELLO, *Código cit.*, 1998, pág. 279.

([3]) Para maiores desenvolvimentos, cf. L. F. REBELLO, *Código cit.*, 1998, pág. 281 e segs.

SUBSECÇÃO XIV

Bases de dados

1. À semelhança do que se passa com os programas de computadores, a elaboração de uma base de dados exige um investimento humano e tecnológico importante, enquanto a sua utilização é fácil e barata. É necessário, por isso, proteger quem as elabora contra utilizações não autorizadas, que podem ter graves consequências económicas e técnicas, nomeadamente para o desenvolvimento dos sistemas modernos de armazenamento e tratamento da informação.

2. Sobre esta matéria foi aprovada a **Directiva do Conselho n.º 96/ /9/CE**, de 11.3.1996 ([1]), relativa à protecção jurídica das bases de dados.
Esta Directiva não foi ainda transposta para a ordem jurídica interna portuguesa, pelo que apenas faremos dela uma análise muito sumária.

3. A Directiva considera **base de dados** "uma colectânea de obras, dados ou outros elementos independentes, dispostos de modo sistemático ou metódico e susceptíveis de acesso individual por meios electrónicos ou outros" (art. 1.º, n.º 2).
Assim, a Directiva tem em vista bases de dados *electrónicas*, mas também as *não electrónicas* (Considerando n.º 14).
A protecção visa a *recolha* de obras literárias, artísticas ou outras ou quaisquer outros dados, mas não abrange a *fixação* de uma obra, como tal (Considerando n.º 17).

4. A Directiva protege as bases de dados mediante a atribuição de um **direito de autor** e de um **direito *sui generis***.
A protecção pelo **direito de autor** visa as bases de dados que constituam uma *criação intelectual*, atendendo à selecção ou à disposição do conteúdo da base de dados, mas não a outros critérios (v.g. estéticos ou qualitativos). A protecção incide sobre a *estrutura da base*, não o seu conteúdo (art. 3.º).
O **autor** de uma base de dados – i.e., o(s) seu(s) criador(es) ou a pessoa colectiva considerada titular (art. 4.º) – tem o **direito exclusivo**

([1]) In *JOCE* n.º L 77, de 27.3.1996.

126 *Direito da Comunicação Social*

de reprodução, modificação, distribuição, comunicação, exposição ou representação pública da forma de expressão protegida ou dos seus resultados (art. 5.º).

A título de **excepções**, o utilizador legítimo pode efectuar os actos necessários para aceder ao conteúdo da base e para a utilizar em condições normais, sem autorização do autor. Além disso, os Estados membros podem prever restrições ao direito de autor, quanto a uma reprodução para fins particulares de uma base de dados não electrónica, quanto a utilização para ilustração didáctica ou investigação científica, para fins de segurança pública, para efeitos de um processo administrativo ou judicial ou quanto a excepções tradicionalmente previstas – desde que não causem prejuízo injustificado ao titular dos direitos nem prejudiquem a exploração normal da base de dados (art. 6.º).

5. A protecção pelo **direito *sui generis*** consiste no direito de o fabricante de uma base de dados proibir a extracção e/ou a reutilização do conteúdo desta, quando a obtenção, verificação ou apresentação desse conteúdo representem um investimento substancial (art. 7.º, n.º 1).

Este direito pode ser transferido, cedido ou objecto de licenças contratuais (art. 7.º, n.º 1).

O fabricante de uma base de dados posta à disposição do público não pode impedir o utilizador legítimo dessa base de extrair e/ou reutilizar partes não substanciais do respectivo conteúdo para qualquer efeito – desde que o utilizador não colida com a exploração normal dessa base, nem lese injustificadamente os legítimos interesses do fabricante da base, nem prejudique o titular de um direito de autor ou de um direito conexo sobre obras ou prestações contidas nessa base (art. 8.º).

A título de **excepções**, os Estados membros podem prever que o utilizador legítimo de uma base de dados posta à disposição do público possa, sem autorização do fabricante da base de dados, extrair e/ou reutilizar uma parte substancial do seu conteúdo: (a) quanto a uma extracção para fins particulares de uma base da dados não electrónica; (b) quanto a uma extracção para fins de ilustração didáctica ou investigação científica, desde que indique a fonte e na medida em que tal se justifique pelo objectivo não comercial a atingir; (c) quanto a uma extracção e/ou reutilização para fins de segurança pública ou para efeitos de um processo administrativo ou judicial (art. 9.º).

O direito *sui generis* **expira** ao fim de *15 anos* a contar de 1 de Janeiro do ano seguinte ao da data de conclusão do fabrico da base se dados (art. 10.º).

CAPÍTULO III
Direitos conexos

SECÇÃO I
Considerações gerais

1. Os **direitos conexos** ([1]) compreendem os direitos patrimoniais e pessoais (ou morais) dos artistas intérpretes ou executantes, dos produtores de fonogramas e de videogramas e dos organismos de radiodifusão relativamente às respectivas prestações (CDA art. 176.º a 194.º). Acresce a estes o direito ao espectáculo ([2]).

2. Também quanto aos direitos conexos se discute qual seja a sua **natureza,** podendo contrapor-se teorias **monistas** e teorias **dualistas.**

É de notar, contudo, que a situação não é idêntica para todos os direitos conexos. Mesmo autores (como Oliveira Ascensão) que defendem posições dualistas (ou mesmo pluralistas, em certo sentido), quanto ao direito de autor, entendem que o direito dos artistas inclui direitos

---

([1]) Por vezes, usa-se, também a expressão direitos vizinhos ("droits voisins", "neighbouring rights", "Nachbarrechte") e direitos afins ("Verwandterechte"). A expressão direitos conexos ("droits connexes", "diritti conessi") é, actualmente, a preferida pela lei e pela doutrina portuguesas e brasileiras. Cf. J. O. Ascensão, *Direito de Autor cit.,* 1992, pág. 548.

([2]) Cf. J. O. Ascensão (*Direito de Autor cit.,* 1992, pág. 547e segs. e 599 e segs.) observa que, noutros países, a lista dos direitos conexos (que, em princípio, são típicos) é mais longa, reconhecendo-se, nomeadamente, o direito à fotografia (que, em Portugal, é um direito de autor) e o direito aos caracteres tipográficos. Considera, mesmo que, em face da lei portuguesa actual, o **direito ao título** pode ser qualificado como direito conexo (quando protegido antes da divulgação ou publicação da obra não periódica – CDA art. 4.º, n.º 3 – e no caso do título de publicação periódica – CDA art. 5.º –, acima analisados); e que está em embrião um novo direito conexo atribuído ao **editor** (v.g., pelos art. 76, n.º 1, alíneas a), b) e c), e 82.º do CDA.).

pessoais e direitos patrimoniais, mas os sujeitos dos restantes direitos conexos são apenas patrimoniais e unitários ([1]).

Por outro lado, é óbvio que os direitos conexos protegem *prestações*, não sendo possível qualquer apropriação de um bem. "O que há sempre é um exclusivo, que se reporta a actividades que consubstanciam utilizações da prestação através de instrumentos de comunicação ou da feitura de exemplares da prestação" ([2]).

"Os direitos conexos apenas tutelam contra a apropriação mediata da prestação através de meios técnicos, e *não contra a imitação por terceiros*" – o que é uma importante diferença em relação ao direito de autor ([3]).

A actividade protegida tem sempre de se traduzir em *sons ou e imagens*. E a protecção não supõe necessariamente uma *fixação*: o artista pode proibir a radiodifusão e a comunicação ao público das suas prestações e a empresa de radiodifusão pode proibir a retransmissão (sem fixação) ([4]).

Não há, todavia, um exclusivo geral da exploração económica da prestação, pois todas as faculdades outorgadas são típicas; e é muito maior o âmbito dos direitos de remuneração do que no direito de autor ([5]). Assim, todos os direitos conexos podem configurar-se como *direitos exclusivos de utilização de uma prestação*, de carácter predominantemente *patrimonial* ([6]).

4. Os direitos conexos estão sujeitos a regimes bastante diferenciados, mas há alguns aspectos comuns a todos eles. Vamos começar por referir os principais aspectos do **regime comum**.

Em primeiro lugar, deve mencionar-se o princípio da **independência** dos direitos conexos relativamente aos direitos de autor: "A tutela dos direitos conexos em nada afecta a protecção dos autores sobre a obra utilizada" (CDA art. 177.º) ([7]).

([1]) Cf. *ob. cit.*, 1992, pág. 665 e seg.

([2]) Cf. J. O. Ascensão, *Direito de Autor cit.*, 1992, pág. 686.

([3]) Cf. J. O. Ascensão, *Direito de Autor cit.*, 1992, pág. 549.

([4]) Cf. J. O. Ascensão, *Direito de Autor cit.*, 1992, pág. 549 e seg.

([5]) Cf. *Ibidem*.

([6]) Em sentido próximo, cf. J.O. Ascensão, *Direito de Autor cit.*, pág. 687.

([7]) Cf. J. O. Ascensão, *Direito de Autor cit.*, pág. 582, contra a ideia da prevalência do direito de autor sobre os direitos conexos, defendida por L. F. Rebello, *Código cit.*, 1998, pág. 232.

Segunda regra comum respeita à **aplicabilidade subsidiária do regime dos direitos de autor**, quanto aos *modos de exercício* dos direitos conexos ([1]).

Terceira regra comum refere-se ao **âmbito de aplicação da protecção**: "Beneficiam também de protecção os artistas, os produtores de fonogramas ou videogramas e os organismos de radiodifusão protegidos por convenções internacionais ratificadas ou aprovadas" (CDA art. 193.º).

5. Outra importante disposição comum respeita às **utilizações livres** e consta do art. 189.º, n.º 1, do CDA: "1 – A protecção concedida neste título não abrange:

a) O uso privado;

b) Os excertos de uma prestação, um fonograma, um videograma ou uma emissão de radiodifusão, contanto que o recurso a esses excertos se justifique por propósito de informação ou crítica ou qualquer outro dos que autorizam as citações ou resumos referidos na alínea *g*) do n.º 2 do artigo 75.º;

c) A utilização destinada a fins exclusivamente científicos ou pedagógicos;

d) A fixação efémera feita por organismo de radiodifusão;

e) As fixações ou reproduções realizadas por entes públicos ou concessionários de serviços públicos por algum interesse excepcional de documentação ou para arquivo;

f) Os demais casos em que a utilização da obra é lícita sem o consentimento do autor (…).

([1]) "As disposições sobre os modos de exercício dos direitos de autor aplicam-se no que couber aos modos de exercício dos direitos conexos" (CDA art. 192.º). Sobre o assunto, cf. J. O. ASCENSÃO, *Direito de Autor cit.*, 1992, pág. 582 e seg., contra a generalização da subsidiariedade do regime do direito de autor relativamente aos direitos conexos e salientando dificuldades de aplicação desta disposição mesmo relativamente a modos de exercício dos direitos conexos, nomeadamente, quanto à forma (escrita) dos actos com efeitos sobre direitos de autor (perante o princípio da liberdade de forma – art. 219.º do CCiv). Quanto à aplicabilidade das disposições sobre a gestão dos direitos de autor, cf. L. F. REBELLO, *Código cit.*, 1998, pág. 246.

130   *Direito da Comunicação Social*

3 – As limitações e excepções que recaem sobre o direito de autor são aplicáveis aos direitos conexos, em tudo o que for compatível com a natureza destes direitos" (¹).

6. É de salientar o relevo que tem o **consentimento** do titular do direito conexo, quanto à utilização da sua prestação, em confronto com o interesse do público nesta. Deslocando-se muitos artistas com grande frequência, torna-se muito importante a **presunção de anuência** estabelecida pelo art. 191.º do CDA:

"Quando, apesar da diligência do interessado, comprovada pelo Ministério da Cultura, não for possível entrar em contacto com o titular do direito ou este se não pronunciar num prazo razoável que para o efeito lhe for assinado, presume-se a anuência, mas o interessado só pode fazer a utilização pretendida se caucionar o pagamento da remuneração" (²).

7. Comum é ainda o regime da **duração** dos direitos conexos, que é mais curta do que a do direito de autor, pois caduca, em regra, *50 anos*:

"*a*) Após a representação ou execução pelo artista intérprete ou executante;

b) Após a primeira fixação, pelo produtor, do fonograma, videograma ou filme (³);

c) Após a primeira emissão pelo organismo de radiodifusão, quer a emissão seja efectuada com ou sem fio, incluindo cabo ou satélite" (CDA art. 183.º, n.º 1 (⁴)).

(¹) Redacção da Lei n.º 50/2004, de 24.8. Para maiores desenvolvimentos, cf. J. O. ASCENSÃO, *Direito de Autor cit.*, 1992, pág. 587 e seg.

(²) Sobre o assunto, cf. J. O. ASCENSÃO, *Direito de Autor cit.*, 1992, pág. 584.

(³) "O termo «filme» designa uma obra cinematográfica ou audiovisual e toda e qualquer sequência de imagens em movimento, acompanhadas ou não de som" (CDA art. 183.º, n.º 3).

(⁴) Redacção do Dec-Lei n.º 334/97, de 27/11. "É aplicável às entidades referidas nas alíneas *a)*, *b)* e *c)* do n.º 1 o disposto no artigo 37.º" (CDA art. 183.º, n.º 4). Este art. 37.º dispõe o seguinte: "As obras que tiverem como país de origem um país estrangeiro não pertencente à União Europeia e cujo autor não seja nacional de um país da União gozam da duração de protecção prevista na lei do país de origem, se não exceder a fixada nos artigos precedentes". Merece referência neste contexto, o disposto no art. 194.º, sobre **retroactividade** do regime da duração da protecção. Sobre o assunto, cf. J. O. ASCENSÃO, *Direito de Autor cit.*, 1992, pág. 588 e seg.

O direito de autor e os direitos conexos 131

Se, no decurso do período referido, "forem objecto de publicação ou comunicação lícita ao público uma fixação da representação ou execução do artista intérprete ou executante, o fonograma, o videograma ou o filme protegidos, o prazo de caducidade do direito conta-se a partir destes factos e não a partir dos factos referidos, respectivamente, nas alíneas *a)* e *b)* (...)" (CDA art. 183.º, n.º 2).

SECÇÃO II
Direitos dos artistas intérpretes ou executantes

1. "Artistas intérpretes ou executantes são os actores, cantores, músicos, bailarinos e outros que representem, cantem, recitem, declamem, interpretem ou executem de qualquer maneira obras literárias ou artísticas" (CDA art. 176.º, n.º 2).

Durante séculos, a actuação destes artistas teve carácter efémero, só se mantendo na memória dos espectadores interessados, sem mais protecção jurídica. Quando a interpretação ou execução passou a ser comunicada a um ambiente diferente (v.g. pela radiodifusão) ou fixada para posterior transmissão ou reprodução, porventura mediante remuneração, sentiu-se a necessidade de assegurar ao artista uma justa participação nos benefícios daí resultantes.

O modo de protecção a conceder foi discutido quando da revisão da Convenção de Berna de 1948 e em várias outras ocasiões posteriores. Só em 26.10.1961 veio, porém, a ser assinada, em Roma, a **Convenção internacional para protecção dos artistas intérpretes e executantes, dos produtores de fonogramas e dos organismos de radiodifusão** (entrada em vigor em 18.5.1984 ([1])). Após a Resolução do Conselho das Comunidades Europeias de 14.5.1992, Portugal aderiu a esta Convenção, que entrou em vigor relativamente ao nosso País em 17.7.2002 ([2]).

([1]) Pode ver-se o texto desta Convenção em L. F. REBELO, *Código cit.*, 1998, pág. 565 e segs.

([2]) A Convenção foi aprovada, para adesão, pela Resolução da Assembleia da República n.º 61/99 e ratificada pelo Dec. do P.R. n.º 168/99, in *DR*, I série-A, n.º 169, de 22.7.1999, tendo o instrumento de adesão sido depositado, em 17.4.2002, conforme Aviso n.º 52/2002, de 8.6.2002.

132   *Direito da Comunicação Social*

Entretanto, o CDA de 1985 incluiu – pela primeira vez no nosso direito – algumas disposições sobre a matéria (art. 178.º a 182.º e 190.º), inspiradas na Convenção de Roma.

A Lei n.º 50/2004, de 24.8, introduziu importantes alterações a este regime, tendo em vista transpor para a ordem jurídica portuguesa a Directiva n.º 2001/29/CE, do Parlamento Europeu e do Conselho, de 22.5, relativa à sociedade de informação.

2. A expressão "**artistas intérpretes ou executantes**" tem suscitado algumas dúvidas. Certo é que se trata de pessoas que, com arte, dão vida a uma obra literária ou artística. *Executantes* são os que o fazem utilizando um instrumento – o que é característico dos *músicos* (instrumentistas); todos os restantes artistas são considerados *intérpretes* em sentido estrito. Em todo o caso, a execução também pode considerar-se uma espécie de interpretação, em sentido amplo ([1]).

Quando na prestação participem vários artistas, as dificuldades de exercício dos direitos são resolvidas, na falta de acordo, mediante a sua **representação** pelo director do conjunto ou, na sua falta, pelo encenador e os membros da orquestra ou os membros do coro pelo maestro ou director respectivo (CDA art. 181.º).

3. A **obra interpretada ou executada** tem de ser uma *obra literária ou artística* (CDA art. 176.º, n.º 2), mas pode ser preexistente ou criada na ocasião, da autoria do próprio artista (v. g. uma improvisação) ou de outrem, *protegida* ou *não* (v. g. por ter caído no domínio público) ([2]).

4. Trata-se de proteger a própria *actividade* do artista, enquanto *prestação* (não coisa). São sons ou gestos *criadores*, porque acrescentam algo de novo à obra literária ou artística, enquanto a *concretizam*.

Esta nova criação do artista pode satisfazer o interesse (necessidades) de outras pessoas e, nesse sentido, é útil – tem *valor* e, por conseguinte, merece uma remuneração ([3]).

No entanto, nem todas as prestações são protegidas. Além das utilizações livres, acima referidas (art. 189.º, n.º 1), "a prestação decorrente

---

([1]) Cf. J. O. Ascensão, *Direito de Autor cit.*, 1992, pág. 551 e segs.
([2]) Cf. J. O. Ascensão, *Direito de Autor cit.*, 1992, pág. 554 e seg.
([3]) Cf. J. O. Ascensão, *Direito de Autor cit.*, 1992, pág. 555 e seg.

*O direito de autor e os direitos conexos*133

do exercício de dever funcional ou de contrato de trabalho" não é protegida (CDA art. 189.º, n.º 2) – o que tem sido, aliás, muito criticado. É possível estipular um direito (v. g. remuneração) a favor do artista (de carácter obrigacional), mas não um direito conexo, enquanto direito absoluto e típico ([1]).

Além disso, tem de se verificar um dos seguintes **requisitos de protecção** definidores do seu **âmbito internacional**: nacionalidade portuguesa ou de Estado membro das Comunidades Europeias do artista; ocorrência da prestação em território português; fixação ou radiodifusão da prestação original pela primeira vez em território português (CDA art. 190.º, n.º 1) ([2]).

5. Os artistas intérpretes ou executantes são protegidos mediante direitos conexos que incluem **direitos patrimoniais** e **direitos pessoais**.

Os **direitos patrimoniais** abrangem *direitos exclusivos* e *direitos a remuneração*.

Em face da versão inicial do art. 178.º do CDA, os artistas não tinham o direito de *autorizar*, mas apenas o direito de *impedir* certas utilizações das suas interpretações ou execuções não previamente autorizadas (*radiodifusão, comunicação ao público, fixação* e *reprodução*). O art. 179.º do CDA estabelecia disposições específicas para a *autorização para radiodifundir* ([3]).

([1]) Neste sentido, cf. J. O. Ascensão, *Direito de Autor cit.*, 1992, pág. 557 e seg.; contra L. F. Rebello, *Código cit.*, 1998, pág. 243.

([2]) Cf. J. O. Ascensão, *Direito de Autor cit.*, 1992, pág. 585 e segs.

([3]) "1 – Na falta de acordo em contrário, a autorização para radiodifundir uma prestação implica a autorização para a sua *fixação* e posterior *radiodifusão* e *reprodução* dessa fixação, bem como para a *radiodifusão* de fixações licitamente autorizadas por outro organismo de radiodifusão.

2 – O artista tem, todavia, direito a *remuneração suplementar* sempre que, sem estarem previstas no contrato inicial, forem realizadas as seguintes operações:

a) Uma nova transmissão;

b) A retransmissão por outro organismo de radiodifusão;

c) A comercialização de fixações obtidas para fins de radiodifusão.

3 – A retransmissão e a nova transmissão não autorizadas de uma prestação dão aos artistas que nela intervêm o direito de receberem, no seu conjunto, 20% da *remuneração* primitivamente fixada.

4 – A comercialização dá aos artistas o direito de receberem, no seu conjunto, 20% da quantia que o organismo da radiodifusão que fixou a prestação receber do adquirente.

5 – O artista pode estipular com o organismo de radiodifusão condições diversas

A Lei n.º 50/2004, de 28.8, alterou significativamente este regime, pois reconhece ao artista, em determinadas condições, o **direito exclusivo de fazer ou autorizar** a *radiodifusão, comunicação ao público, fixação* e *reprodução* das suas prestações ([1]).

Mantém-se a *presunção de anuência* do titular do direito, caso não seja possível contactar com este ou ele não se pronuncie num prazo razoável – embora o interessado só possa fazer a utilização pretendida se prestar *caução* (CDA art. 191.º).

A nova redacção do art. 178.º, n.ºs 2, 3 e 4, do CDA regula diversos aspectos da sua **remuneração** ([2]).

---

das referidas nos números anteriores, mas não renunciar aos direitos nela consignados" (itálicos nossos).

Assim, este artigo reservava a utilização imediata das prestações dos artistas, em que se inclui a própria fixação. As utilizações mediatas não estão sujeitas a consentimento, embora confiram direito a remuneração. Cf. J. O. Ascensão, *Direito de Autor cit.*, 1992, pág. 559 e seg.

([1]) Mais concretamente, dispõe, hoje, o art. 178.º, n.º 1, do CDA que "1 – Assiste ao artista intérprete ou executante o direito exclusivo de fazer ou autorizar, por si ou pelos seus representantes:

a) A radiodifusão e a comunicação ao público, por qualquer meio, da sua prestação, excepto quando a prestação já seja, por si própria, uma prestação radiodifundida ou quando seja efectuada a partir de uma fixação;

b) A fixação, sem o seu consentimento, das prestações que não tenham sido fixadas;

c) A reprodução directa ou indirecta, temporária ou permanente, por quaisquer meios e sob qualquer forma, no todo ou em parte, sem o seu consentimento, de fixação das suas prestações quando esta não tenha sido autorizada, quando a reprodução seja feita para fins diversos daqueles para os quais foi dado o consentimento ou quando a primeira fixação tenha sido feita ao abrigo do artigo 189.º e a respectiva reprodução vise fins diferentes dos previstos nesse artigo;

d) A colocação à disposição do público, da sua prestação, por fio ou sem fio, por forma que seja acessível a qualquer pessoa, a partir do local e no momento por ela escolhido".

O art. 179.º do CDA foi revogado pela citada Lei n.º 50/2004.

([12]) "2 – Sempre que um artista intérprete ou executante autorize a fixação da sua prestação para fins de radiodifusão a um produtor cinematográfico ou audiovisual ou videográfico, ou a um organismo de radiodifusão, considerar-se-á que transmitiu os seus direitos de radiodifusão e comunicação ao público, conservando o direito de auferir uma remuneração inalienável, equitativa e única, por todas as autorizações referidas no n.º 1, à excepção do direito previsto na alínea *d)* do número anterior. A gestão da remuneração equitativa única será exercida através de acordo colectivo celebrado entre os utilizadores

O direito de autor e os direitos conexos 135

6. Os **direitos pessoais** atribuídos aos artistas são dois: o direito à *menção da designação* e o direito à *integridade*.

O *direito à menção da designação* corresponde ao direito de paternidade ([1]).

O *direito à integridade* decorre do disposto no art. 182.º: "São ilícitas as utilizações que deformem, mutilem e desfigurem uma prestação, que a desvirtuem nos seus propósitos ou que atinjam o artista na sua honra ou na sua reputação" ([2]).

SECÇÃO III

Direitos dos produtores de fonogramas e videogramas

1. Independentemente dos direitos dos *autores* relativos à *fixação* fonográfica e videográfica, acima analisados, foi reconhecida a conveniência de proteger os *produtores* de fonogramas e de videogramas mediante direitos conexos.

---

e a entidade de gestão colectiva representativa da respectiva categoria, que se considera mandatada para gerir os direitos de todos os titulares dessa categoria, incluindo os que nela não se encontrem inscritos.

3 – A remuneração inalienável e equitativa a fixar nos termos do número antecedente abrangerá igualmente a autorização para novas transmissões, a retransmissão e a comercialização de fixações obtidas para fins exclusivos de radiodifusão.

4 – O direito previsto na alínea d) do n.º 1 só poderá ser exercido por uma entidade de gestão colectiva de direitos dos artistas, que se presumirá mandatada para gerir os direitos de todos os titulares, incluindo os que nela não se encontrem inscritos, assegurando-se que, sempre que estes direitos forem geridos por mais que uma entidade de gestão, o titular possa decidir junto de qual dessas entidades deve reclamar os seus direitos".

([1]) Segundo o art. 180.º do CDA (na redacção da Lei n.º 50/2004, de 24.8), sob a epígrafe "**Identificação**", 1 – Em toda a divulgação de uma prestação será indicado, ainda que abreviadamente, o nome ou pseudónimo do artista, salvo convenção em contrário ou se o modo de utilização da interpretação ou execução impuser a omissão da menção. 2 – Exceptuam-se os programas sonoros exclusivamente musicais sem qualquer forma de locução e os referidos no artigo 154.º" (ou seja, "os casos, consagrados pelo uso corrente, em que as circunstâncias e necessidades da transmissão levam a omitir as indicações referidas"). Este direito é confirmado pelo art. 198.º do CDA. Cf. J. O. Ascensão, *ob. cit.*, 1992, pág. 563.

([2]) Na redacção da Lei n.º 50/2004, de 24.8. Cf. J. O. Ascensão, *Direito de Autor cit.*, 1992, pág. 564.

136 *Direito da Comunicação Social*

Atendeu-se, por um lado, à importância dos investimentos que estes têm de fazer para a produção e à facilidade e baixo custo da reprodução e, por outro lado, ao fenómeno da multiplicação das "cassetes piratas" e da importação ("download") através da Internet. Não sendo suficiente a tutela resultante da proibição da concorrência desleal, reconheceu-se que o aproveitamento das gravações, sobretudo para fins comerciais, deveria beneficiar não só os autores, mas também os produtores e, sobretudo, não os parasitas.

2. Os produtores de fonogramas são protegidos desde a *Convenção de Roma* de 26.10.1961, sobre direitos vizinhos, já acima referida – que não abrange os videogramas.

Em 29.10.1971, foi assinada em *Genebra* uma *Convenção* Internacional para a Protecção dos Produtores de Fonogramas contra a Reprodução não Autorizada dos seus Fonogramas [1].

Apesar de não ter ratificado nenhuma destas Convenções, Portugal introduziu na *Lei n.º 41/80*, de 12.8, disposições tendentes a reprimir o fabrico e a distribuição ilícitos de *fonogramas* não autorizados, alargadas pelo *Dec.-Lei n.º 219/82*, de 26.6, aos produtores de *videogramas*.

As disposições incluídas sobre o assunto no **CDA de 1985** foram inspiras nas referidas Convenções e nos dois diplomas mencionados.

O CDA sofreu várias alterações posteriores [2], sendo de destacar o *Dec.-Lei n.º 306/85*, de 29.7, que regulamentou a distribuição, sob qualquer forma, nomeadamente o aluguer e a venda, e a exibição pública de *videogramas*. Este diploma foi revogado e substituído pelo *Dec.-Lei n.º 39/88*, de 6.2, que pretendeu "disciplinar melhor o mercado de videogramas, aperfeiçoando mecanismos dissuasores de comportamentos ilícitos" [3].

O mercado *fonográfico* foi regulamentado pelo *Dec.-Lei n.º 227/89*, de 8.7, que estendeu às "cassettes-audio" a protecção administrativa anteriormente estabelecida para os videogramas.

---

[1] Pode ver-se os textos destas duas Convenções em L. F. REBELO, *Código cit.*, 1998, pág. 565 e segs. e 583 e segs.

[2] A Lei n.º 45/85, de 17.9, aumentou de 10 para 25 anos a duração da protecção, de novo alargada pela Lei n.º 114/91, de 3.9, para 50 anos.

[3] O Dec.-Lei n.º 39/88 foi alterado pelo Dec.-Lei n.º 121/2004, de 21.5.

O Dec.-Lei n.º 332/97, de 27.11, transpôs para a ordem jurídica portuguesa a Directiva n.º 92/100/CEE, do Conselho, de 19.11.1992, relativa ao direito de aluguer, ao direito de comodato e a certos direitos conexos ao direito de autor ([1]).

3. **Objecto da protecção** não são os *suportes materiais* (sobre que recai o direito de propriedade civilístico), nem as *obras* (literárias ou artísticas, protegidas pelo direito de autor ([2]), ou não literárias nem artísticas nem protegidas de todo), mas sim os *sons e ou imagens* naqueles fixados, em resultado de *prestações empresariais* ([3]).

4. A lei portuguesa actual protege os produtores de fonogramas e videogramas ([4]) conferindo-lhes quatro direitos conexos:

a) O *direito exclusivo de autorizar* a *reprodução* e a *distribuição* ao público de cópias dos mesmos, bem como a respectiva *importação* ou *exportação*, e ainda a sua *difusão* por qualquer meio, a sua *execução pública* e a colocação à disposição do público (CDA art. 184.º, n.º 1 e 2) – aplicando-se aqui, também, a referida *presunção de anuência*, mediante *caução* (CDA art. 191.º);

([1]) Cf. L. F. REBELLO, *Código cit.*, 1998, pág.227 e segs.

([2]) CDA art. 177.º.

([3]) Cf. J. O. ASCENSÃO, *Direito de Autor cit.*, 1992, pág. 566 e segs.

([4]) O CDA apresenta, no art. 176.º (na redacção da Lei n.º 50/2004 de 24.8), as seguintes definições: "3 – Produtor de fonograma ou videograma é a pessoa singular ou colectiva que fixa pela primeira vez os sons provenientes de uma execução ou quaisquer outros, ou as imagens de qualquer proveniência, acompanhadas ou não de sons.

4 – Fonograma é o registo resultante da fixação, em suporte material, de sons provenientes de uma prestação ou de outros sons, ou de uma representação de sons.

5 – Videograma é o registo resultante da fixação, em suporte material, de imagens, acompanhadas ou não de sons, bem como a cópia de obras cinematográficas ou audio visuais.

6 – Cópia é o suporte material em que se reproduzem sons ou imagens, ou representação destes separada ou cumulativamente, captados directa ou indirectamente de um fonograma ou videograma, e se incorporam, total ou parcialmente, os sons ou imagens ou representações destes, neles fixados.

7 – Reprodução é a obtenção de cópias de uma fixação, directa ou indirecta, temporária ou permanente, por quaisquer meios e sob qualquer forma, no todo ou em parte dessa fixação.

8 – Distribuição é a actividade que tem por objecto a oferta ao público, em quantidade significativa, de fonogramas ou videogramas, directa ou indirectamente, quer para venda quer para aluguer".

b) O **direito a remuneração** equitativa pela utilização por qualquer forma de *comunicação pública* de um fonograma ou videograma editado comercialmente, ou uma reprodução dos mesmos (CDA art. 184.º, n.º 3);

c) O **direito de fiscalização** dos estabelecimentos de prensagem e duplicação de fonogramas e videogramas e armazenamento dos suportes materiais, para controlar o número de exemplares produzidos (CDA art. 184.º, n.º 4) ([1]).

"É condição da protecção reconhecida aos produtores de fonogramas e videogramas que em todas as cópias autorizadas e no respectivo invólucro se contenha uma menção constituída pelo símbolo P (a letra P rodeada por um círculo), acompanhada da indicação do ano da primeira publicação". "Se a cópia ou o respectivo invólucro não permitirem a identificação do produtor ou do seu representante, a menção a que se refere o número anterior deve incluir igualmente essa identificação" (CDA art. 185.º) ([2]).

Quanto aos **requisitos da protecção**, o art. 190.º estabelece que "Os fonogramas e os videogramas são protegidos desde que se verifique uma das seguintes condições:

a) Que o produtor seja de nacionalidade portuguesa ou de um Estado membro das Comunidades Europeias ou que tenha a sua sede efectiva em território português ou em qualquer ponto do território comunitário;

b) Que a fixação dos sons e imagens, separada ou cumulativamente, tenha sido feita licitamente em Portugal;

c) Que o fonograma ou videograma tenha sido publicado pela primeira vez ou simultaneamente em Portugal, entendendo-se por simultânea a publicação definida no n.º 3 do artigo 65.º" ([3]).

5. Os fonogramas, produzidos em Portugal ou importados estão sujeitos a **autenticação** pela Direcção-Geral dos Espectáculos e dos

---

([1]) Para maiores desenvolvimentos, cf. J. O. Ascensão, *Direito de Autor cit.*, 1992, pág. 569 e segs. (muito crítico em relação ao regime vigente).

([2]) Cf. J. O. Ascensão, *Direito de Autor cit.*, 1992, pág. 573 e seg..

([3]) Segundo este n.º 3 do art. 65.º, "Considera-se publicada simultaneamente em vários países a obra publicada em dois ou mais países dentro de trinta dias a contar da primeira publicação, incluindo esta".

O direito de autor e os direitos conexos   139

Direitos de Autor (DGEDA), conferida por um *selo* ([1]) destinado a facilitar a fiscalização do cumprimento da lei ([2]).

6. A distribuição e a exibição pública de *videogramas* dependem de **classificação** pela Comissão de Classificação dos Espectáculos ([3]). Em cada videograma classificado deve ser fixada pela DGEDA uma *etiqueta* ([4]), destinada a facilitar a fiscalização do cumprimento da lei ([5]).

SECÇÃO IV
Direitos dos organismos de radiodifusão

1. Também quanto aos organismos de radiodifusão se reconheceu a conveniência de atribuição de direitos conexos, considerando a importância dos investimentos exigidos pela emissão e a facilidade e baixo custo de gravação e reprodução, bem como o fenómeno da "pirataria".

([1]) Segundo modelo oficial estabelecido pela Port. n.º 58/98, de 6.2. Com o requerimento da autenticação devem ser apresentados "documentos comprovativos dos direitos de exploração" (Dec.-Lei n.º 227/89, art. 3.º, n.º 1, al. a)), sendo, em regra, devida uma taxa (Dec.-Lei n.º 227/89, art. 5.º).

([2]) Dec.-Lei n.º 227/89, de 8.6, art. 2.º, 4.º, 7.º e 9.º. O armazenamento, comercialização ou simples exposição pública de fonograma não autenticado constitui contra-ordenação punível com coima de 40 000$ a 3 000 000$, podendo os fonogramas ilegalmente produzidos (incluindo os não autenticados) ser apreendidos e perdidos a favor do Estado (art. 8.º).

([3]) Dec.-Lei n.º 39/88, de 6.2, art. 3.º. Com o requerimento da classificação devem ser apresentados "documentos comprovativos dos direitos de exploração" (art. 3.º, n.º 3), sendo, em regra, devida uma taxa (art. 7.º). Em geral, a classificação dos espectáculos e divertimentos públicos é regulada pelo Dec.-Lei n.º 396/82, de 21.9, que visa sobretudo proteger os mais jovens de espectáculos nocivos para a sua formação (v.g., por serem pornográficos ou violentos). Os critérios de classificação estão definidos pela Port. n.º 245/83, de 3.3, art. 6.º e 7.º.

([4]) Segundo modelo oficial estabelecido pela Port. n.º 936/90, de 4.10.

([5]) Dec.-Lei n.º 39/88, de 6.2, art. 5.º e 12.º. A distribuição e exibição pública de videograma não classificado constitui contra-ordenação punível com coima de € 100 a € 30.000, podendo os videogramas ilegalmente produzidos (incluindo os não classificados) ser apreendidos e perdidos a favor do Estado (art. 14.º, na redacção do Dec.-Lei n.º 50/2004, de 21.5.).

140 *Direito da Comunicação Social*

2. Os organismos de radiodifusão são protegidos desde a *Convenção de Roma* de 26.10.1961, sobre direitos vizinhos (não ratificada por Portugal), já acima referida.

As disposições aplicáveis em Portugal são, fundamentalmente, as dos art. 176.º, n.ᵒˢ 9 e 10, 187.º e 190.º do CDA.

3. **Beneficiários** da protecção são os **organismos de radiodifusão**, ou seja, as entidades que efectuam emissões de radiodifusão sonora ou visual (CDA art. 176.º, n.º 9 ([1])).

"Ao distribuidor por cabo que se limita a efectuar a retransmissão de emissões de organismos de radiodifusão não se aplicam os direitos previstos neste artigo" (CDA art. 187.º, n.º 2).

4. **Objecto** de protecção é a **emissão de radiodifusão**, ou seja, "a difusão de sons ou de imagens, ou a representação destes separada ou cumulativamente, por fios ou sem fios, nomeadamente por ondas hertzianas, fibras ópticas, cabo ou satélite, destinada à recepção pelo público" (CDA art. 176.º, n.º 9 ([2])).

É importante que a difusão seja destinada a recepção pelo público, podendo implicar ou não a utilização de obras literárias ou artísticas, protegidas ou não pelo direito de autor, e fixadas ou não em suporte material.

Em rigor, sendo a emissão uma actividade, objecto da protecção é o conteúdo da emissão, ou seja, os sons e ou imagens emitidos: o **programa** emitido é que não pode ser utilizado por terceiros (retransmitido, fixado, reproduzido ou comunicado ao público) sem autorização ([3]).

"As emissões de radiodifusão são protegidas desde que se verifique uma das seguintes condições:

a) Que a sede efectiva do organismo esteja situada em Portugal ou em Estado membro das Comunidades Europeias;

b) Que a emissão de radiodifusão tenha sido transmitida a partir de estação situada em território português ou de Estado membro das Comunidades Europeias" (CDA art. 190.º).

([1]) Na redacção da Lei n.º 50/2004, de 24.8.
([2]) Na redacção da Lei n.º 50/2004, de 24.8.
([3]) Cf. J. O. Ascensão, *Direito de Autor cit.*, 1992, pág. 577 e seg.

5. Os organismos de radiodifusão têm o **direito exclusivo de autorizar ou proibir**:

a) A *retransmissão* das suas emissões por ondas radioeléctricas ([1]);

b) A *fixação* em suporte material das suas emissões, sejam elas efectuadas com ou sem fio;

c) A *reprodução* da fixação das suas emissões, quando estas não tiverem sido autorizadas ou quando se tratar de fixação efémera e a reprodução visar fins diversos daqueles com que foi feita;

d) A *colocação* das suas emissões *à disposição do público*, por fio ou sem fio, incluindo por cabo ou satélite, por forma que sejam acessíveis a qualquer pessoa a partir do local e no momento por ela escolhido;

e) A *comunicação ao público* das suas emissões, quando essa comunicação é feita em lugar público e com entradas pagas ([2]).

SECÇÃO V
Direito ao espectáculo

A organização de um espectáculo envolve, hoje, consideráveis investimentos, que justificam que o seu promotor beneficie do *exclusivo* da sua exploração económica, em moldes semelhantes ao do autor, no sentido de poder autorizar ou impedir a comunicação do espectáculo a ambiente diferente ([3]), bem como a sua radiodifusão sonora ou televisiva.

([1]) Recorde-se que "Retransmissão é a emissão simultânea por um organismo de radiodifusão de uma emissão de outro organismo de radiodifusão" (CDA art. 176.º, n.º 10).

([2]) CDA art. 187.º, na redacção do Dec.-Lei n.º 332/97, de 27.11, com as alterações da Lei n.º 50/2004, de 24.8. Para maiores desenvolvimentos, cf. J. O. ASCENSÃO, *Direito de Autor cit.*, 1992, pág. 579 e segs.

([3]) Inclusivamente a comunicação ao público reunido em determinado lugar de uma emissão de rádio ou de televisão, como, por exemplo, um desafio de futebol decisivo, uma tourada promissora, uma ópera célebre, um casamento principesco ou, mais frequentemente, uma telenovela ou um noticiário no café de uma aldeia onde pouca gente tem receptor de TV. O Dec.-Lei n.º 42.660, de 20.11.1959, dispunha que "A recepção pública de emissões de radiodifusão visual, em recinto especialmente destinado para esse efeito, fica em tudo sujeita ao regime estabelecido para os cinemas, excepto quando de outra forma se determinar expressamente". Este diploma foi, porém, revogado pelo art. 51.º do Dec.-Lei n.º 315/95, de 28.11, que não contém disposição correspondente.

142   *Direito da Comunicação Social*

Este direito não está consagrado, em termos gerais ([1]), na lei portuguesa, havendo, no entanto, duas aflorações dele: no art. 117.º do CDA e no art. 19.º da Lei n.º 1/90, de 13.1.

Na verdade, o art. 117.º do CDA, sob a epígrafe "Transmissão, reprodução e filmagem da representação", dispõe que "Para que a representação da obra, no todo ou em parte, possa ser transmitida pela radiodifusão sonora ou visual, reproduzida em fonograma ou videograma, filmada ou exibida, é necessário, para além das *autorizações do empresário do espectáculo* e dos artistas, o consentimento escrito do autor" (itálico nosso).

Por seu lado, o art. 19.º da Lei n.º 1/90, de 13.1, a propósito da livre entrada nos recintos desportivos, garante o direito de acesso dos profissionais da comunicação social no exercício da sua profissão, "sem prejuízo dos condicionamentos e limites a este direito, designadamente para protecção do direito ao espectáculo (...)".

A doutrina propende, todavia, a admitir mais amplamente tal direito, nomeadamente com base no costume ([2]).

([1]) Podem não estar em causa direitos de autor (nomeadamente, nos espectáculos desportivos, de circo ou de variedades não há direitos de autor) nem artistas (nomeadamente, nos espectáculos de som e luz ou só com animais). Nem é suficiente a tutela decorrente da concorrência desleal (porque pode não haver concorrência). Cf. J. O. ASCENSÃO, *Direito de Autor cit.*, 1992, pág. 591 e seg.

([2]) Cf. J. O. ASCENSÃO, *Direito de Autor cit.*, 1992, pág. 590 e segs.

CAPÍTULO IV

Tutela do direito de autor e dos direitos conexos

SECÇÃO I

Considerações gerais

É relativamente frequente a violação do direito de autor e dos direitos conexos. Para a combater, a lei prevê toda uma panóplia de instrumentos sancionatórios, que interessa conhecer.

Entre eles incluem-se: responsabilidade criminal, contra-ordenacional e civil e providências cautelares. Vejamos, sumariamente, o seu regime.

SECÇÃO II

Tutela penal

1. A utilização de uma obra sujeita a direito de autor, sem autorização do seu titular, é *ilícita*, podendo constituir ***crime*** de usurpação, contrafacção ou violação de direito moral ou aproveitamento de obra contrafeita ou usurpada (CDA art. 195.º a 199.º).

Usurpação é a utilização (v.g. a reprodução) não autorizada de uma obra ou prestação alheia ou a utilização que exceda os limites da autorização concedida ([1]).

([1]) Segundo o art. 195.º do CDA, "1 – Comete o crime de usurpação quem, sem autorização do autor ou do artista, do produtor de fonograma e videograma ou do organismo de radiodifusão, utilizar uma obra ou prestação por qualquer das formas previstas neste Código.

2 – Comete também o crime de usurpação:

a) Quem divulgar ou publicar abusivamente uma obra ainda não divulgada nem publicada pelo seu autor ou não destinada a divulgação ou publicação, mesmo que a

Contrafacção é a utilização como própria de uma criação ou prestação alheia. O plágio (reprodução total ou parcial de obra alheia, apresentada como própria) é um exemplo flagrante de contrafacção ([1]).

Estes crimes são punidos com pena de prisão até três anos e multa de 150 a 250 dias, de acordo com a gravidade da infracção, agravadas uma e outra para o dobro em caso de reincidência, se o facto constitutivo da infracção não tipificar crime punível com pena mais grave. A negligência é punível com multa de 50 a 150 dias.

---

apresente como sendo do respectivo autor, quer se proponha ou não obter qualquer vantagem económica;

b) Quem coligir ou compilar obras publicadas ou inéditas sem a autorização do autor;

c) Quem, estando autorizado a utilizar uma obra, prestação de artista, fonograma, videograma ou emissão radiodifundida, exceder os limites da autorização concedida, salvo nos casos expressamente previstos neste Código.

3 – Será punido com as penas previstas no artigo 197.° o autor que, tendo transmitido, total ou parcialmente, os respectivos direitos ou tendo autorizado a utilização da sua obra por qualquer dos modos previstos neste Código, a utilizar directa ou indirectamente com ofensa dos direitos atribuídos a outrem".

([1]) Segundo o art. 196.° do CDA, "1 – Comete o crime de contrafacção quem utilizar, como sendo criação ou prestação sua, obra, prestação de artista, fonograma, videograma ou emissão de radiodifusão que seja mera reprodução total ou parcial de obra ou prestação alheia, divulgada ou não divulgada, ou por tal modo semelhante que não tenha individualidade própria.

2 – Se a reprodução referida no número anterior representar apenas parte ou fracção da obra ou prestação, só essa parte ou fracção se considera como contrafacção.

3 – Para que haja contrafacção não é essencial que a reprodução seja feita pelo mesmo processo que o original, com as mesmas dimensões ou com o mesmo formato.

4 – Não importam contrafacção:

a) A semelhança entre traduções, devidamente autorizadas, da mesma obra ou entre fotografias, desenhos, gravuras ou outra forma de representação do mesmo objecto, se, apesar das semelhanças decorrentes da identidade do objecto, cada uma das obras tiver individualidade própria;

b) A reprodução pela fotografia ou pela gravura efectuada só para o efeito de documentação da crítica artística. Cf. L. F. REBELLO, *Código cit.*, 1998, pág. 249 e segs.; Regulamento (CE) n.° 3295/94, do Conselho, que estabelece as medidas destinadas a proibir a introdução em livre prática, a exportação, a reexportação e a sujeição a um regime suspensivo de mercadorias objecto de contrafacção e de mercadorias-pirata, in *JOCE* n.° L 341, de 30.12.1994; e o Regulamento (CE) n.° 1367/95 da Comissão, de 16.6.1995, que fixa as normas de execução do Regulamento (CE) n.° 3295/94, in *JOCE* n.° L 133, de 17.6.1995.

Por **violação do direito moral**, é punido com as mesmas penas:

a) Quem se arrogar a paternidade de uma obra de prestação que sabe não lhe pertencer;

b) Quem atentar contra a genuinidade ou integridade da obra ou prestação, praticando acto que a desvirtue e possa afectar a honra ou reputação do autor ou do artista (CDA art. 198.°).

Com as mesmas penas é também punido o **aproveitamento de obra contrafeita ou usurpada** ([1]) ([2]).

Mais recentemente, foram tipificados os crimes de **neutralização, não autorizada, de qualquer medida eficaz de carácter tecnológico** e de **violação dos dispositivos de informação para a gestão electrónica de direitos**, ambos puníveis com pena de prisão até 1 ano ou multa até 100 dias ([3]).

([1]) Segundo o art. 199.° do CDA, "1 – Quem vender, puser à venda, importar, exportar ou por qualquer modo distribuir ao público obra usurpada ou contrafeita ou cópia não autorizada de fonograma ou videograma, quer os respectivos exemplares tenham sido produzidos no País quer no estrangeiro, será punido com as penas previstas no artigo 197.°.

2 – A negligência é punível com multa até cinquenta dias".

([2]) Para maiores desenvolvimentos, cf. José de Oliveira Ascensão, *Direito Penal de Autor*, Lisboa, Lex, 1993; L. F. Rebello, *Código cit.*, 1998, pág. 248 e segs.

([3]) Estes crimes estão regulados nos art. 217.° a 225.° do CDA, aditados pela Lei n.° 50/2004, de 24.8. São de destacar os art. 217.°, 218.°, 223.° e 224.°, que, pela sua importância, se transcrevem a seguir.

"Artigo 217.° – Protecção das medidas tecnológicas

1 – É assegurada protecção jurídica, nos termos previstos neste Código, aos titulares de direitos de autor e conexos, bem como ao titular do direito sui generis previsto no Decreto-Lei n.° 122/2000, de 4 de Julho, com a excepção dos programas de computador, contra a neutralização de qualquer medida eficaz de carácter tecnológico.

2 – Para os efeitos do disposto no número anterior, entende-se por «medidas de carácter tecnológico» toda a técnica, dispositivo ou componente que, no decurso do seu funcionamento normal, se destinem a impedir ou restringir actos relativos a obras, prestações e produções protegidas, que não sejam autorizados pelo titular dos direitos de propriedade intelectual, não devendo considerar-se como tais:

a) Um protocolo;

b) Um formato;

c) Um algoritmo;

d) Um método de criptografia, de codificação ou de transformação.

3 – As medidas de carácter tecnológico são consideradas 'eficazes' quando a utilização da obra, prestação ou produção protegidas seja controlada pelos titulares de direitos mediante a aplicação de um controlo de acesso ou de um processo de protecção

146   *Direito da Comunicação Social*

A protecção prevista no CDA não prejudica a **tutela por outras disposições legais** ([1]).

---

como, entre outros, a codificação, cifragem ou outra transformação da obra, prestação ou produção protegidas, ou um mecanismo de controlo da cópia, que garanta a realização do objectivo de protecção.

4 – A aplicação de medidas tecnológicas de controlo de acesso é definida de forma voluntária e opcional pelo detentor dos direitos de reprodução da obra, enquanto tal for expressamente autorizado pelo seu criador intelectual.

Artigo 218.º – Tutela penal

1 – Quem, não estando autorizado, neutralizar qualquer medida eficaz de carácter tecnológico, sabendo isso ou tendo motivos razoáveis para o saber, é punido com pena de prisão até 1 ano ou com pena de multa até 100 dias.

2 – A tentativa é punível com multa até 25 dias.

Artigo 223.º – Informação para a gestão electrónica de direitos

1 – É assegurada protecção jurídica, nos termos previstos neste Código, aos titulares de direitos de autor e conexos, bem como ao titular do direito sui generis previsto no Decreto-Lei n.º 122/2000, de 4 de Julho, com a excepção dos programas de computador, contra a violação dos dispositivos de informação para a gestão electrónica dos direitos.

2 – Para efeitos do disposto no número anterior, por 'informação para a gestão electrónica dos direitos' entende-se toda a informação prestada pelos titulares dos direitos que identifique a obra, a prestação e a produção protegidas, a informação sobre as condições de utilização destes, bem como quaisquer números ou códigos que representem essa informação.

3 – A protecção jurídica incide sobre toda a informação para a gestão electrónica dos direitos presente no original ou nas cópias das obras, prestações e produções protegidas ou ainda no contexto de qualquer comunicação ao público.

Artigo 224.º – Tutela penal

1 – Quem, não estando autorizado, intencionalmente, sabendo ou tendo motivos razoáveis para o saber, pratique um dos seguintes actos:

a) Suprima ou altere qualquer informação para a gestão electrónica de direitos;

b) Distribua, importe para distribuição, emita por radiodifusão, comunique ou ponha à disposição do público obras, prestações ou produções protegidas, das quais tenha sido suprimida ou alterada, sem autorização, a informação para a gestão electrónica dos direitos, sabendo que em qualquer das situações indicadas está a provocar, permitir, facilitar ou dissimular a violação de direitos de propriedade intelectual;

é punido com pena de prisão até 1 ano ou com pena de multa até 100 dias.

2 – A tentativa é punível com multa até 25 dias".

([1]) Nos termos do art. 228.º do CDA, aditado pela Lei n.º 50/2004, de 24.8, "A tutela instituída neste Código não prejudica a conferida por regras de diversa natureza relativas, nomeadamente, às patentes, marcas registadas, modelos de utilidade, topografias de produtos semicondutores, caracteres tipográficos, acesso condicionado, acesso ao cabo de serviços de radiodifusão, protecção dos bens pertencentes ao património nacional, depósito legal, à legislação sobre acordos, decisões ou práticas concertadas entre

2. O **procedimento criminal** relativo aos crimes previstos neste Código não depende de queixa do ofendido, excepto quando a infracção disser exclusivamente respeito à violação de direitos morais. Tratando-se de obras caídas no domínio público, a queixa deverá ser apresentada pelo Ministério da Cultura (CDA art. 200.º).

O CDA impõe, em regra, a **apreensão e perda de coisas relacionadas com a prática do crime** ([1]).

---

empresas e à concorrência desleal, ao segredo comercial, segurança, confidencialidade, à protecção dos dados pessoais e da vida privada, ao acesso aos documentos públicos e ao direito dos contratos.".

([1]) Segundo o art. 201.º do CDA, "1 – Serão sempre apreendidos os exemplares ou cópias das obras usurpadas ou contrafeitas, quaisquer que sejam a natureza da obra e a forma de violação, bem como os respectivos invólucros materiais, máquinas ou demais instrumentos ou documentos de que haja suspeita de terem sido utilizados ou destinarem--se à prática da infracção.

2 – O destino de todos os objectos apreendidos será fixado na sentença final, independentemente de requerimento, e, quando se provar que se destinavam ou foram utilizados na infracção, consideram-se perdidos a favor do Estado, sendo as cópias ou exemplares obrigatoriamente destruídos, sem direito a qualquer indemnização.

3 – Nos casos de flagrante delito, têm competência para proceder à apreensão as autoridades policiais e administrativas, designadamente a Polícia Judiciária, a Polícia de Segurança Pública, a Guarda Nacional Republicana, a Guarda Fiscal e a Direcção-Geral de Inspecção Económica".

Em todo o caso, o art. 202.º estabelece um **regime especial em caso de violação de direito moral**: "1 – Se apenas for reivindicada a paternidade da obra, pode o tribunal, a requerimento do autor, em vez de ordenar a destruição, mandar entregar àquele os exemplares apreendidos, desde que se mostre possível, mediante adição ou substituição das indicações referentes à sua autoria, assegurar ou garantir aquela paternidade.

2 – Se o autor defender a integridade da obra, pode o tribunal, em vez de ordenar a destruição dos exemplares deformados, mutilados ou modificados por qualquer outro modo, mandar entregá-los ao autor, a requerimento deste, se for possível restituir esses exemplares à forma original".

SECÇÃO III
Contra-ordenações

Certos actos ilícitos são puníveis como **contra-ordenações** (CDA art. 205.º ([1])), a que é aplicável subsidiariamente o regime geral constante do Dec.-Lei n.º 433/82, de 27.10 (CDA art. 204.º).

A **competência** para o processamento das contra-ordenações e para aplicação das coimas pertence, em regra, à Divisão de Inspecção dos Espectáculos e Direito de Autor da Inspecção-Geral das Actividades Culturais ([2]).

O montante das coimas aplicada pelas contra-ordenações reverte para o Fundo de Fomento Cultural (CDA art. 208.º).

SECÇÃO IV
Responsabilidade civil

A utilização ilícita de obra protegida pelo direito de autor ou direito conexo pode dar também origem a *responsabilidade civil* (v.g., no caso do art. 210.º do CDA), que é independente do procedimento criminal a

---

([1]) Segundo o art. 205.º do CDA, "1 – Constitui contra-ordenação punível com coima de 50.000$ a 500.000$:

a) A falta de comunicação pelos importadores, fabricantes e vendedores de suportes materiais para obras fonográficas e videográficas das quantidades importadas, fabricadas e vendidas, de harmonia com o estatuído no n.º 2 do artigo 143.º;

b) A falta de comunicação pelos fabricantes e duplicadores de fonogramas e videogramas das quantidades que prensarem ou duplicarem, conforme o estipulado no n.º 3 do artigo 143.º.

2 – Constitui contra-ordenação punível com coima de 20.000$ a 200.000$ a inobservância do disposto nos artigos 97.º, 115.º, n.º 4, 126.º, n.º 2, 134.º, 142.º, 154.º, 160.º, n.º 3, 171.º e 185.º e, não se dispensando indicação do nome ou pseudónimo do artista, também no artigo 180.º, n.º 1.

3 – A negligência é punível".

([2]) A Direcção-Geral dos Espectáculos e das Artes, a que se refere o art. 206.º do CDA, passou a designar-se Direcção-Geral dos Espectáculos, por força do Dec.-Lei n.º 6/94, de 12.1, tendo sido extinta pelo art. 4.º do Dec.-Lei n.º 42/96, de 7.5, que criou a Inspecção-Geral das Actividades Culturais, na dependência do Ministério da Cultura.

O direito de autor e os direitos conexos 149

que esta dê origem, podendo, contudo, ser exercida em conjunto com a acção criminal (CDA art. 203.º e 226.º, aditado pela Lei n.º 50/2004, de 24.8).

"Para o cálculo da indemnização devida ao autor lesado, atender--se-á sempre à importância da receita resultante do espectáculo ou espectáculos ilicitamente realizados" (CDA art. 211.º) ([1]).

SECÇÃO V
Providências cautelares e outros meios de defesa

1. "Sem prejuízo das providências cautelares previstas na lei de processo, pode o autor requerer das autoridades policiais e administrativas do lugar onde se verifique a violação do seu direito a imediata suspensão de representação, recitação, execução ou qualquer outra forma de exibição de obra protegida que se estejam realizando sem a devida autorização e, cumulativamente, requerer a apreensão da totalidade das receitas" (CDA art. 209.º) ([2]).

2. "O uso ilegítimo do nome literário ou artístico ou de qualquer outra forma de identificação do autor confere ao interessado o direito de pedir (...) a cessação de tal uso (...)" (CDA art. 210.º) ([3]).

3. No Título VI, sob a epígrafe "Protecção das medidas de carácter tecnológico e das informações para a gestão electrónica dos direitos", o art. 227.º do CDA (aditado pela Lei n.º 50/2004, de 24.8) acrescenta o seguinte: "1 – Os titulares de direitos podem, em caso de violação dos mesmos ou quando existam fundadas razões de que esta se vai produzir de modo iminente, requerer ao tribunal o decretamento das medidas cautelares previstas na lei geral, que, segundo as circunstâncias, se mostrem necessárias para garantir a protecção urgente do direito.

([1]) Para maiores desenvolvimentos, cf. J. O. ASCENSÃO, *Direito de Autor cit.*, 1992, pág. 609 e segs. e 623 e segs.; L. F. REBELLO, *Código cit.*, 1998, pág. 259 e 266.

([2]) Para maiores desenvolvimentos, cf. J. O. ASCENSÃO, *Direito de Autor cit.*, 1992, pág. 619 e seg. e 632 e seg.; L. F. REBELLO, *Código cit.*, 1998, pág. 262 e segs..

([3]) Cf. L. F. REBELLO, *Código cit.*, 1998, pág. 265.

2 – O disposto no número anterior aplica-se no caso em que os intermediários, a que recorra um terceiro para infringir um direito de autor ou direitos conexos, possam ser destinatários das medidas cautelares previstas na lei geral, sem prejuízo da faculdade de os titulares de direitos notificarem, prévia e directamente, os intermediários dos factos ilícitos, em ordem à sua não produção ou cessação de efeitos".

PARTE IV

A PUBLICIDADE

CAPÍTULO I
Considerações gerais

SECÇÃO I
Noção e importância do direito da publicidade

1. Um dos domínios importantes do direito actual é o que respeita à *publicidade*.

Este termo é utilizado com vários significados.

Num *sentido muito amplo*, corresponde à *qualidade* do que é público, do que é do conhecimento da generalidade das pessoas ou ao *acto* ou *efeito* de publicar, de divulgar um facto ou uma ideia.

Como fenómeno social, a publicidade está sujeita ao direito positivo – a normas que visam a justiça nas relações entre pessoas e são susceptíveis de aplicação pela força.

Em *sentido jurídico*, o termo publicidade é utilizado, também, com vários significados. Fala-se da *publicidade das leis* para referir a necessária publicação dos diplomas legislativos, v.g., no *Diário da República*; da *publicidade registral* quanto à divulgação de diversos factos e situações jurídicas através dos serviços de registo civil, comercial, da propriedade automóvel, da imprensa, etc.; da *publicidade de actos* notariais, judiciais, administrativos, contratuais, etc.. Estas várias modalidades de publicidade têm em comum o objectivo de informar de modo objectivo, imparcial e completo.

Agora, interessa-nos apenas a *publicidade comercial*.

Numa primeira aproximação, pode dizer-se que a *publicidade* (comercial) consiste na *divulgação de uma mensagem tendente a persuadir pessoas a adquirir produtos ou utilizar serviços*. Tem um objectivo lucrativo para o anunciante e um conteúdo normalmente subjectivo, parcial e incompleto.

2. A publicidade tem grande **importância** para o *anunciante*, na medida em que lhe permite criar uma imagem de prestígio e aumentar significativamente o volume de vendas e o lucro, embora envolva também custos relevantes. Para a generalidade das empresas, a publicidade é um dos elementos da função de comercialização ("marketing"), ao lado de outros meios de promoção de vendas e da imagem da empresa ([1]).

Para os *publicitários*, a publicidade é uma actividade profissional com grande projecção. Em 1995, o investimento em publicidade atingiu cerca de 144.000 milhões de contos (cerca de 718.270 milhões de euros), ou seja, cerca de 0,5% do PIB português ([2]).

Representa uma parte significativa da actividade dos órgãos de *comunicação social*, tanto mais quanto constitui uma das suas principais fontes de receita.

Para o *consumidor* (num sentido muito amplo desta expressão) ou *destinatário*, a publicidade é, por um lado, um meio de informação sobre a existência e qualidades de produtos ou serviços que podem interessar-lhe, uma condicionante, consciente ou inconsciente, das suas escolhas, uma ocupação, voluntária ou forçada, de tempos livres, e um elemento ambiental frequentemente erótico e lúdico.

Para a *generalidade das pessoas*, a publicidade é um importante incentivo do consumo e, consequentemente, das actividades produtivas e um meio de fomento da concorrência entre as empresas. Na medida em que utiliza obras de arte (pintura, desenho, música, cinema, televisão, etc.), a publicidade é, também, uma manifestação de cultura e um grande estímulo da criatividade.

Quando utilizada de modo enganador ou desleal, pode causar prejuízos graves, por induzir despesas com objectos inúteis ("gadgets") ou perigosos, criar necessidades artificiais ou distorcer a concorrência entre as empresas e afectar o interesse público.

3. Segundo a lei vigente, a *publicidade* (comercial) é uma forma de *comunicação* feita no âmbito de uma actividade comercial, industrial, artesanal ou liberal com o objectivo de *promover* a comercialização de

---

([1]) Cf. PHILIP KOTLER, *Marketing Management – Analysis, Planning and Control*, Englewood Cliffs (N. J.), Prentice Hall, 8.ª ed., 1994; FRANCISCO COSTA PEREIRA – JORGE VERÍSSIMO, *Publicidade – O Estado da Arte em Portugal*, Lisboa, Ed. Sílabo, 2004.

([2]) Cf. PEDRO QUARTIN GRAÇA SIMÃO JOSÉ, *O Novo Direito da Publicidade*, Lisboa, Vislis, 1999, pág. 35.

A *publicidade* 155

bens ou serviços, ou promover ideias, princípios, iniciativas ou institui-ções ([1]).

Assim, a publicidade é, por natureza, um *acto de comunicação*. Pode ser praticado por uma *pessoa* de qualquer natureza: singular ou colectiva, privada ou pública, profissional ou não. Característica especí-fica é que tenha por *objectivo* promover a alienação de bens, a prestação de serviços ou a adesão do consumidor a ideias, princípios, iniciativas ou instituições no âmbito de uma actividade comercial, industrial, artesanal ou liberal. Tem, normalmente, um fim *lucrativo*. Traduz-se na divulga-ção de textos, imagens ou e sons tendentes a *influenciar* a inteligência e as emoções das pessoas para as levar a *querer* adquirir bens ou serviços, embora respeitando (ao menos aparentemente) a liberdade de decisão ([2]).

O CPubl contém um conceito distinto de **actividade publicitária**, no art. 4.º ([3]): "1 – Considera-se actividade publicitária o conjunto de operações relacionadas com a difusão de uma mensagem publicitária junto dos seus destinatários, bem como as relações jurídicas e técnicas daí emergentes entre anunciantes, profissionais, agências de publicidade e entidades que explorem os suportes publicitários ou que efectuem as referidas operações.

2 – Incluem-se entre as operações referidas no número anterior, designadamente, as de concepção, criação, produção, planificação e dis-tribuição publicitárias".

A actividade publicitária abrange, assim, não apenas o acto de comunicação em si, mas também uma série de *actos preparatórios* e *complementares*.

Constitui uma espécie de publicidade, em sentido amplo, o **patro-cínio**, que consiste no financiamento divulgado de certo programa com vista à promoção do nome, marca, imagem, actividades, bens ou servi-ços de uma pessoa (que não seja operadora de televisão nem produtora audiovisual), sem apelar directamente à aquisição de bens ou serviços ([4]).

([1]) Art. 3.º do Código da Publicidade (CPubl), aprovado pelo Dec.-Lei n.º 330/90, de 23.10.

([2]) Digo ao menos aparentemente, porque, normalmente, a publicidade visa persu-adir sem coagir, mas há certas formas de publicidade que, de modo oculto, dissimulado ou subliminar, procuram forçar a decisão das pessoas. Essas são contrárias à natureza da publicidade e, por isso mesmo, proibidas e punidas.

([3]) Na redacção do Dec.-Lei n.º 275/98, de 9.9.

([4]) CPubl art. 24.º (na redacção do Dec.-Lei n.º 275/98, de 9.9). A Directiva do Conselho, de 10.9.1984 relativa à publicidade enganosa (847450/CEE), define a publi-

156   *Direito da Comunicação Social*

4. A publicidade é um dos instrumentos utilizados pelos comerciantes para a **comercialização** dos seus produtos e serviços (*"marketing- -mix"*), ao lado, nomeadamente, das relações públicas e da promoção de vendas

A publicidade não se confunde, todavia, com as **relações públicas**, conjunto de meios de obter e desenvolver para uma empresa ou entidade um ambiente de simpatia, compreensão e confiança perante o seu público em geral, uma boa imagem ([1]).

Nem se confunde com a **promoção de vendas**, que abrange uma gama variada de actividades, que incluem, por exemplo, a formação de vendedores, a concessão de descontos, a decoração de montras e lojas, a escolha de embalagens, etc..

5. Exclui-se da noção de publicidade a **propaganda política**, tendente a obter apoio para certa ideia, programa, pessoa ou partido político, embora utilize frequentemente as mesmas técnicas e os mesmos suportes.

O regime jurídico da propaganda política encontra-se em diversos diplomas, sendo de destacar a legislação eleitoral (quanto à propaganda durante os períodos de campanha eleitoral ou para referendos) ([2]) e a legislação sobre comunicação social (v.g., quanto a direito de espaço na imprensa, direito de antena na rádio e na televisão, direito de resposta e de réplica política) ([3]).

É mesmo proibida a publicidade comercial que tenha por objecto ideias de conteúdo sindical, político ou religioso ([4]).

---

cidade como "qualquer forma de comunicação feita no âmbito de uma actividade comercial, industrial, artesanal ou liberal tendo por fim promover o fornecimento de bens ou de serviços, incluindo os bens imóveis, os direitos e as obrigações" (art. 2.º, n.º 1). Para maiores desenvolvimentos, cf. CARLOS FERREIRA DE ALMEIDA, "Conceito de Publicidade", in *BMJ*, n.º 349 (1985), pág. 115 e segs.

([1]) Cf. J. R. WHITAKER PENTEADO, *Relações Públicas nas Empresas Modernas*, Lisboa, Centro do Livro Brasileiro, 1969.

([2]) Cf. JORGE BACELAR GOUVEIA, *Legislação Eleitoral*, Lisboa, Arco-Íris/Ed. Cosmos, 1995.

([3]) CRP art. 37.º, n.º 4, e 40.º; Lei n.º 2/99, de 13.1 (LImp), art. 24.º a 27.º; Lei n.º 4/2001, de 23.3 (LRádio de 2001), art. 48.º, al. b), e 52.º a 62.º; Lei n.º 31-A/98, de 14.7 (LTV), art. 23.º, 25.º, 32.º a 34.º, 40.º e 49.º a 58.º.

([4]) CPubl art. 7.º, n.º 2, al. h).

É também proibida expressamente a propaganda política feita através dos meios de publicidade comercial, durante os períodos de campanha eleitoral ([1]).

6. Por outro lado, a publicidade distingue-se dos actos destinados apenas a *identificar* ou *apresentar* entidades (firmas, nomes e insígnias de estabelecimentos, logótipos, etc.) ou produtos (marcas, rótulos, embalagens, etc.), sujeitos a disciplina específica.

7. Tendo a publicidade um intuito de persuasão, tem de transmitir **informação** sobre os bens ou serviços a promover. É, todavia, muito importante para o público que busca informação verdadeira e *imparcial* a possibilidade de a *distinguir* da informação publicitária, naturalmente *parcial* (a favor do anunciante).

Para ser eficaz, a publicidade tem de ser *atractiva*, em si mesma, o que pode ser conseguido por vários meios, nomeadamente, pela utilização da **arte** (pintura, escultura, desenho, música, cinema, etc.), do **humor**, da **surpresa** e da criação de **expectativas**. Daí resulta a frequente realização de actos publicitários durante programas *populares* (espectáculos, desportos, concursos, etc.) e com algum conteúdo *cultural* – além de serem, em si mesmos, manifestações de **cultura** (e de bom ou mau gosto...).

Não é admissível, porém, que o interesse dos anunciantes se sobreponha, sem limites, ao interesse e à vontade dos destinatários (normalmente potenciais consumidores). Estes têm o **direito de não receber publicidade**, embora este direito só recentemente tenha começado a ser reconhecido e praticado, nomeadamente, quanto às caixas de correio e à Internet.

Procurando um certo equilíbrio entre estes vários interesses, o legislador estabelece limites vários ao exercício da actividade publicitária.

8. Interessa-nos, a seguir, completar as noções introdutórias, com a delimitação e enquadramento sistemático, a história e as fontes do direito da publicidade.

([1]) LEPR art. 63.º, LEAR art. 72.º, LEALRM art. 66.º, LEALRA art. 72.º, LEOAL art. 60.º, LEPE art. 10.º.

158   *Direito da Comunicação Social*

Depois estudaremos o regime dos sujeitos da publicidade (capítulo II), a actividade e os contratos publicitários (capítulo III), as restrições ao conteúdo e ao objecto da publicidade (capítulos IV e V), as restrições à publicidade em função do local (capítulo VI), as regras específicas da publicidade nos meios de comunicação social (capítulos VII), a responsabilidade civil por publicidade ilícita (capítulo VIII) e as contra-ordenações publicitárias (capítulo IX).

SECÇÃO II
Delimitação e enquadramento sistemático do direito da publicidade

1. O direito da publicidade inclui normas disciplinadoras da actividade e dos contratos publicitários que têm o seu núcleo fundamental no âmbito do **direito privado** e, sobretudo, no **direito comercial**, embora mantenha ligações com vários outros ramos do direito.

2. Na verdade, há alguns preceitos da Constituição a estabelecer grandes princípios relativos à publicidade: são lhe aplicáveis a liberdade de expressão e de comunicação social (CRP art. 37.º a 40.º), a liberdade de iniciativa económica privada (CRP art. 61.º), a sujeição à disciplina da lei e a proibição da publicidade oculta, indirecta ou dolosa (CRP art. 60.º, n.º 2). A publicidade tem, assim, relações com o **direito constitucional**.

3. Há diversos diplomas de origem internacional sobre a publicidade, como, por exemplo, a Carta de Protecção do Consumidor, aprovada no âmbito do Conselho da Europa, em 27.5.1973 (art. A-b)), a Convenção Europeia sobre a Televisão sem Fronteiras, aprovada também no âmbito do Conselho da Europa, em 5.5.1989 (art. 11.º a 18.º), e numerosas directivas da União Europeia. O direito da publicidade relaciona-se, assim, com o **direito internacional público** ([1]).

4. Há, também diversos regulamentos **administrativos** sobre matéria publicitária. Nomeadamente, a actividade profissional dos

---

([1]) Cf. P. SIMÃO JOSÉ, *O Novo Direito da Publicidade*, 1999, pág. 248 e segs.

A publicidade 159

publicitários está sujeita a normas que podem enquadrar-se no **direito administrativo da economia** ou **direito económico**. É o caso, por exemplo, da incompatibilidade entre a profissão de jornalista e de publicitário ([1]).

5. Vários actos publicitários estão sujeitos a impostos, existindo, assim, uma ligação ao **direito fiscal**.

6. O **direito penal** tipifica e pune vários tipos de contra-ordenações publicitárias ([2]).

7. Em todo o caso, o objectivo fundamental da actividade publicitária é a promoção do comércio e as relações jurídicas da publicidade são, principalmente, entre particulares. Daí que o direito da publicidade deva incluir-se, predominantemente, no âmbito do **direito comercial**.

8. É como parte do direito comercial que o direito da publicidade se relaciona com o **direito civil**, uma vez que este é subsidiariamente aplicável às questões que aquele não resolva (CCom art. 3.º).

SECÇÃO III
História do direito da publicidade

1. A *origem* da actividade publicitária perde-se na noite da história, podendo dizer-se que começou com os pregões dos vendedores ambulantes e dos feirantes. Inventada a escrita, cedo terá sido utilizada para anunciar a actividade dos comerciantes e os seus produtos. Por exemplo, encontraram-se em Pompeia (Itália) tabuletas a anunciar jogos de gladiadores.

Ganhou relevo após a invenção da *imprensa*, em meados do séc. XV (entre 1430 e 1450) ([3]) e, sobretudo, após a utilização da *rádio* (em Portugal, desde 1931) e da *televisão* (desde 1957).

([1]) Lei n.º 1/99, de 13.1 (Estatuto do Jornalista), art. 3.º, n.º 1, alínea a).

([2]) CPubl art. 34.º e 35.º.

([3]) O primeiro cartaz publicitário conhecido surgiu em Reims, em 1482, a anunciar uma manifestação religiosa.

160 *Direito da Comunicação Social*

A primeira *agência publicitária* portuguesa parece ser a Agência Primitiva de Anúncios, criada, em 1868, por Luiz Maria Pereira Braun Peixoto, em Lisboa ([1]).

2. São antigas as proibições legais de algumas práticas publicitárias. Por exemplo, os tipos legais dos crimes de *burla* e de *fraude na venda* abrangiam, em certa medida, práticas de publicidade enganosa ([2]). Desde o antigo direito romano, o *dolo* é fundamento de anulação dos contratos ([3]).

A partir do séc. XIX, certas práticas publicitárias passaram a ser reprimidas enquanto manifestações de *concorrência desleal*, cuja disciplina estava predominantemente orientada para a defesa dos interesses dos comerciantes, uns em relação aos outros ([4]).

As primeiras leis a tipificar autonomamente o crime de *publicidade enganosa* são já do séc. XX ([5]).

Durante muitos anos, a actividade publicitária, no seu conjunto, não foi, todavia, regulada por lei, tendo as associações de agências de publicidade procurado colmatar esta lacuna mediante a adopção de normas de **autodisciplina**, que ainda hoje são importantes ([6]). É de salientar, a este respeito, o Código Internacional de Práticas Leais em Matéria de Publicidade, aprovado pela Câmara de Comércio Internacional, em 1937, revisto em 1949, 1955, 1966, 1973 e 1986.

3. Em **Portugal**, é possível encontrar fundamento para a proibição da *publicidade enganosa*, quer em disposições do Código Civil de 1867 sobre o dolo ([7]), quer em preceitos do Código Penal de 1886 sobre a

---

([1]) Cf. P. Simão José, *O Novo Direito da Publicidade*, 1999, pág. 32.

([2]) Cf. J.C. Moitinho de Almeida, *Publicidade Enganosa*, Lisboa, Arcádia, 1974, pág. 13 e segs.

([3]) Cf. J.C. Moitinho de Almeida, *Publicidade Enganosa*, pág. 19 e segs.

([4]) Cf. Jorge Patrício Paúl, *Concorrência Desleal*, Coimbra, Coimbra Editora, 1965, pág. 13 e segs.; Lobo D'ávila Lima, *Concorrência Desleal*, Coimbra, Imprensa da Universidade, 1910, pág. 83 e segs.

([5]) É o caso da Lei francesa de 2.6.1963. Cf. J.C. Moitinho de Almeida, *Publicidade Enganosa*, pág. 103 e segs.

([6]) Cf. Vincenzo Buonocore, *Manuale di diritto commerciale*, Torino, Giappicchelli, 2.ª ed., 1999, pág. 605 e segs.

([7]) CCiv de 1867, art. 663.º e 667.º; CCiv de 1966, art. 253.º.

A publicidade 161

burla e outras fraudes ([1]), quer em disposições sobre a concorrência desleal constantes tanto da Convenção da União de Paris, na versão de 1925 (art. 10.º), como do Código da Propriedade Industrial de 1940 (art. 212.º e 213.º) ([2]) e do CPI de 1990 (art. 260.º).

Entretanto, em 1929, os *contratos publicitários* foram objecto de um dos primeiros estudos doutrinários deste ramo de direito em Portugal ([3]).

O primeiro diploma legal português a disciplinar o conjunto da actividade publicitária foi, todavia, o **Código da Publicidade de 1980**, aprovado pelo Dec.-Lei n.º 421/80, de 30.9. Este Código surge no contexto do movimento de *defesa do consumidor* iniciado nos anos 60, pelo Presidente John F. Kennedy, e que veio a desenvolver-se em Portugal depois da Constituição de 1976 ([4]) e da Lei n.º 29/81, de 22.8, sobre Defesa do Consumidor.

O inovador CPubl de 1980 durou pouco, todavia, pois foi revogado e substituído, três anos depois, pelo **Código da Publicidade de 1983**, aprovado pelo Dec.-Lei n.º 303/83, de 28.6, para acolher os novos princípios relativos ao ilícito de mera ordenação social ([5]).

Este Código pouco mais durou que o anterior, tendo sido substituído pelo **Código da Publicidade de 1990,** aprovado pelo Decreto-Lei n.º 330/90, de 23.10, que está actualmente em vigor, embora tenha sido já objecto de diversas alterações e complementos ([6]).

([1]) O art. 451.º punia por burla "aquele que defraudar a outrem (...) 3.º Empregando artifício fraudulento para persuadir a existência de alguma falsa empresa, ou de bens ou de crédito, ou de poder supostos, ou para produzir a esperança de qualquer acidente"; e o n.º 1.º do art. 456.º punia por fraude "o que enganar o comprador sobre a natureza da cousa vendida".

([2]) Cf. J. C. Moitinho de Almeida, *Publicidade Enganosa – Defesa do Consumidor nos Códigos Penal, Civil e de Propriedade Industrial*, Lisboa, Arcádia, 1974, pág. 13 e segs.

([3]) Cf. Palma Carlos, "Contrato de publicidade comercial – Sua natureza jurídica", in *Gazeta da Relação de Lisboa*, 1929-1930, pág. 321 e segs.

([4]) Art. 81.º, al. m), correspondente à actual al. h).

([5]) Introduzidos pelo Dec.-Lei n.º 433/82, de 27.10, que revogou o Dec.-Lei n.º 232/79, de 24.7.

([6]) O CPubl foi alterado pelos Dec.-Lei n.º 74/93, de 10.3 (que regula a publicidade a veículos automóveis), Dec.-Lei n.º 6/95, de 17.1, Dec.-Lei n.º 61/97, de 25.3, Lei n.º 31-A/98, de 14.7, e Dec.-Lei n.º 275/98, de 9 de Setembro. A Lei n.º 97/88, de 17.8, regula o licenciamento da publicidade exterior. O Dec.-Lei n.º 100/94, de 19.4, regula a

162   *Direito da Comunicação Social*

Com ele, foi dado cumprimento à Directiva do Conselho de 10.9.1984, n.º 84/450/CEE, relativa à publicidade enganosa ([1]), e à Directiva do Conselho de 3.10.1989, n.º 89/552/CEE, relativa ao exercício de actividades de radiodifusão televisiva, cujos art. 10.º a 21.º se referem à publicidade televisiva e patrocínio. Pretendeu-se, também, harmonizar o direito português com as disposições da Convenção Europeia sobre a Televisão sem Fronteiras, de 5.5.1989.

Além disso, as várias leis da imprensa, da rádio e da televisão ([2]) e diversos outros diplomas ([3]) incluem disposições sobre a publicidade.

SECÇÃO IV

Fontes de direito; bibliografia

1. O direito da publicidade tem, fundamentalmente, as mesmas espécies de fontes de direito que os demais ramos da enciclopédia jurídica.

2. Entre as fontes de direito mais importantes neste domínio são de destacar os já citados preceitos da *Constituição* (art. 37.º a 40, 60.º, n.º 2,

---

publicidade a medicamentos para uso humano (tendo sido alterado pelo Dec.-Lei n.º 170/98, de 25.6). O Dec.-Lei n.º 101/94, de 19.4, regula a rotulagem e folheto informativo de medicamentos para uso humano. O Dec.-Lei n.º 105/98, de 24.4, regula a publicidade na proximidade das estradas nacionais fora dos aglomerados urbanos. O Dec.-Lei n.º 175/99, de 21.5, regula a publicidade a serviços de audiotexto; foi alterado pelo Dec.--Lei n.º 148/2001, de 7.5. O Dec.-Lei n.º 560/99, de 18.12, regula a rotulagem dos géneros alimentícios. A Lei n.º 32/2003, de 22.8 (Lei da Televisão) contém a 9.ª alteração ao Código da Publicidade. O Dec.-Lei n.º 224/2004, de 4.12, modificou os importantes art. 5.º e 27.º, sobre a publicidade do Estado, vindo a ser completada pelo Dec.-Lei n.º 223/ /2004, de 13.12.

([1]) Esta Directiva foi alterada pela Directiva 97/55/CE do Parlamento Europeu e do Conselho, de 6.10.1997, para incluir a publicidade comparativa.

([2]) LImp de 1999, art. 2.º, n.º 2, al. d), 28.º; LRádio de 2001 art. 44.º; LTV art. 7.º, n.º 6, 21.º, n.º 5, 31.º, n.º 2, 32.º e 33.º, 36.º, n.º 2, 37.º, n.º 1, 38.º, 43.º, n.º 4, 65.º, n.º 2

([3]) Por exemplo, o Dec.-Lei n.º 560/99, de 18.12, sobre rotulagem, apresentação e publicidade dos géneros alimentícios destinados ao consumidor final. Este diploma deu execução à Directiva 79/112/CEE do Conselho, de 18.12.1978, relativa à rotulagem, apresentação e publicidade dos géneros alimentícios, alterada pela Directiva 86/197/CEE do Conselho, de 28.5.1986, pela Directiva 89/395/CEE do Conselho, de 14.7.1989.

A publicidade 163

e 61.º), diversos *diplomas de origem internacional* acima mencionados e, sobretudo, o **Código da Publicidade**, aprovado pelo Dec.-Lei n.º 330/ /90, de 23.10, alterado e completado por diversos diplomas *legais* e *regulamentares* de direito interno.

Este CPubl aplica-se a todas as formas de publicidade, independentemente do suporte utilizado para a sua difusão (art. 1.º).

A publicidade através da imprensa, da rádio e da televisão está, pois, abrangida pelo CPubl, também por remissão expressa das leis da imprensa e da rádio ([1]). A LTV não tem disposição remissiva expressa, mas contém diversas disposições específicas, fazendo o CPubl menção explícita à publicidade televisiva em diversas disposições.

As lacunas do Código da Publicidade, relativas as matérias de direito privado, são integradas pelo direito civil ou comercial (CPubl art. 2.º).

A colectânea de legislação portuguesa mais completa e actualizada, é a de PEDRO QUARTIN GRAÇA SIMÃO JOSÉ, *O Novo Direito da Publicidade*, Lisboa, Vislis, 1999.

3. Particularmente importantes neste domínio são os **códigos deontológicos** ou códigos de conduta, elaborados por associações nacionais e internacionais de agências de publicidade, no exercício da sua liberdade contratual.

Exemplos mais relevantes são o Código Internacional de Práticas Leais em Matéria de Publicidade, de 1937 (com uma versão de 1997) e o Código CCI sobre Publicidade Ambiental, de 3.12.1991, aprovados pela Câmara de Comércio Internacional, bem como o Código de Conduta do ICAP – Instituto Civil de Autodisciplina da Publicidade, de 18.4.1991 (revisto em 11.1.1993 e 9.12.1993).

Embora de origem privada, têm considerável influência na prática dos profissionais da publicidade, constituindo uma modalidade de autodisciplina ([2]).

2. A *jurisprudência* e a *doutrina* têm, no âmbito do direito da publicidade, a mesma importância que na generalidade dos outros ramos de direito.

([1]) LImp de 1999, art. 28.º, n.º 1, da LRádio de 2001 art. 44.º.

([2]) Sobre o assunto, cf. P. Q. G. SIMÃO JOSÉ, *O Novo Direito da Publicidade*, 1999, pág. 64 e segs. e 651 e segs.

164 *Direito da Comunicação Social*

Considerável influência têm, neste domínio, as recomendações do Conselho da Publicidade ([1]).

BIBLIOGRAFIA

ALMEIDA, J. C. MOITINHO, *Publicidade Enganosa – Defesa do Consumidor nos Códigos Penal, Civil e de Propriedade Industrial*, Lisboa, Arcádia, 1974;

ALMEIDA, J. C. MOITINHO, "Publicidade e os direitos do consumidor", in *Progresso do Direito*, ano II, 1984., n.º 2, pág. 29-34;

AUBY, J. M. – R. DUCOS-ADER, *Droit de l'information*, 2ª ed., pág. 613 e segs.;

BIOLAY, JEAN-JACQUES, *Promotion de ventes et droit de la publicité*, Paris, Delmas, 1991;

CABANILLAS, PIO, *Principios juridicos de la publicidad española*, Madrid, 1965;

CARLOS, PALMA, "Contrato de publicidade comercial – Sua natureza jurídica", in *Gazeta da Relação de Lisboa*, 1929-1930, pág. 321 e segs.;

CAYROL, R., *Les Médias – Presse écrite, radio, télévision*, Paris, PUF, 1991, pág. 84 e segs. e 131 e segs.;

CHAVES, RUI MOREIRA, *Código da Publicidade Anotado*, Coimbra, Almedina, 1996;

COELHO, JOÃO M. S. M. GALHARDO, *Publicidade Domiciliária – O Marketing Directo – Regime Legal Anotado*, Coimbra, Almedina, 1999;

CORASANTINI, GIUSEPPE – LAURA VASSELLI, *Diritto della Comunicazione publicitaria*, Torino, G. Giapicchelli Ed., 1999;

COSTA, ADALBERTO – MARIA PAULA BRAMÃO, *Código da Publicidade – Notas e Comentários*, Porto, ELCLA, 1997;

DERIEUX, EMMANUEL, *Droit de la Communication*, Paris, LGDJ, 1991, pág. 479 e segs.;

FABRE, RÉGIS, *Droit de la publicité et de la promotion des ventes*, Paris, Dalloz, 1996;

FOURÈS, ROGER, *Le Droit et la Publicité*, Paris, Delmas, 1968;

FOURGOUX, JEAN-CLAUDE, *Droit du Marketing*, Paris, Dalloz, 1974;

FUSI, MAURIZIO, *La Comunicazione pubblicitaria nei suoi aspetti giuridici*, Milão, 1970;

GERALDES, ANA LUÍSA, *O Direito da Publicidade – Estudos e Práticas Sancionatórias – Decisões da Comissão de Aplicação de Coimas em Matéria de Publicidade*, Lisboa, Instituto do Consumidor, 1999;

GERALDES, ANA LUÍSA, "Ilícitos em matéria de publicidade", in *BMJ*, 448 (1995), pág. 53 e segs..

GREFFE, P. e F., *La publicité et la loi en droit français, Union européenne et Suisse*, Paris, Litec, 8.ª ed., 1995;

GUINCHARD, SERGE, *La publicité mensongère en droit français et en droit fédéral suisse*, Paris, 1971;

IPPOLITO, GIUSEPPE D', *Diritto della pubblicità*, Milão, Ceratti, 1992;

JHALLY, SUT, *Os Códigos da Publicidade*, Lisboa, Edições ASA,

JOSÉ, PEDRO QUARTIN GRAÇA SIMÃO, *A Publicidade e a Lei*, Lisboa, Veja, 1995;

([1]) Cf. P. Q. G. SIMÃO JOSÉ, *O Novo Direito da Publicidade*, 1999, pág. 692 e segs..

A publicidade

José, Pedro Quartin Graça Simão, *O Novo Direito da Publicidade*, Lisboa, Vislis, 1999;

Lopes, Luísa, *Do Contrato de Publicidade*, Lisboa, Ed. Rei dos Livros, 2000;

Loureiro, João M., *Direito da Publicidade*, Lisboa, Casa Viva, 1981;

Loureiro, João M., *Direito do Marketing e da Publicidade*, Lisboa, Semanário, 1985;

Martins, António Payan, "O contrato de patrocínio – Subsídios para o estudo de um novo tipo contratual", in *Direito e Justiça*, Vol. XII, 1998, T. 2, pág. 187 e segs.;

Moore, Roy – Ronald Farrar – Erik Collins, *Advertising and Public Relations Law*, London, Lawrence Earlbaum Associates, 1998;

Raymond, Guy, *Droit du Marketing – Les Lois de la Mercatique*, Paris, Litec, 1992;

Ruelle, François, "La Publicité et les droits des consommateurs", in *Progresso do Direito*, ano II, 1984, n.º 2, pág. 69-74;

Rute, J. M. de la Cuesta, *Curso de Derecho de la Publicidad*, Pamplona, EUNSA, 2002;

Serens, M. Nogueira, *A Proibição da Publicidade Enganosa: Defesa dos Consumidores ou Protecção (de alguns) dos Concorrentes?* (Separata do *Boletim de Ciências Económicas*, vol. XXXVII), Coimbra, 1994;

Spilsbury, Sallie, *Guide to Advertising and Sales Law*, London, Cavendish Publ., 1998;

Vilar, Silvia Barona, *Tutela civil y penal de la publicidad*, Valencia, Tirant lo Blanch, 1999.

CAPÍTULO II
Sujeitos da publicidade

1. A actividade publicitária pode ser desenvolvida pelos próprios industriais ou artesãos, fabricantes e ou vendedores dos produtos, ou pelos prestadores de serviços (inclusivamente profissionais liberais), elaborando textos, reproduzindo-os e distribuindo-os directamente a potenciais clientes ("destinatários").

2. Uma mensagem bem elaborada e distribuída tem, contudo, um impacte de tal modo eficaz que se justifica que as empresas médias e grandes (ou que desejem sê-lo) encarreguem dessa tarefa empresas especializadas. Essa a função de um **profissional** ou uma **agência de publicidade**, que são definidos como "pessoa singular que exerce a actividade publicitária ou pessoa colectiva que tenha por objecto exclusivo o exercício da actividade publicitária" ([1]).

O profissional de publicidade e a agência de publicidade são, assim, intermediários entre o anunciante e o destinatário ([2]), que prestam um conjunto de serviços, desde a concepção, criação, produção e planificação até à distribuição de mensagens publicitárias, em diversos tipos de "*suportes*" ("veículo utilizado para a transmissão da mensagem publicitária").

Para salvaguardar os interesses dos consumidores e dignificar as empresas publicitárias, a lei regula a utilização da designação "**agência de publicidade certificada**", que é reservada para as agências que, satisfazendo certos requisitos mínimos, estejam como tais registadas no Instituto Português da Qualidade ([3]). Este registo e certificação é importante,

---

([1]) CPubl art. 5.º, al. b), na redacção do Dec.-Lei n.º 275/98, de 9.9.

([2]) Definido pelo CPubl art. 5.º, al. d).

([3]) Dec.-Lei n.º 234/93, de 2.7 (Sistema Português de Qualidade – SPQ), Dec.-Lei n.º 34/94, de 8.2 (Regime da "agência de publicidade certificada").

porque, em regra, a *publicidade do Estado* deve ser feita por profissionais ou agências de publicidade certificados; quando isso não seja possível, a adjudicação da campanha publicitária deve ser precedida de despacho do membro do Governo competente ([1]).

3. Perante a agência de publicidade, o **anunciante** pode ser qualquer "pessoa singular ou colectiva no interesse de quem se realiza a publicidade" (CPubl art. 5.º, al. a)) – seja um comerciante, um industrial, um artesão, um profissional liberal ou uma pessoa colectiva pública (CPubl art. 3.º).

4. **Destinatário** da publicidade pode, também, ser qualquer "pessoa singular ou colectiva a quem a mensagem publicitária se dirige ou que por ela, de qualquer forma, seja atingida" (CPubl art. 5.º, al. d)).

5. Frequentemente, a agência de publicidade concebe as mensagens e entrega-as, nos respectivos suportes, a **empresas de comunicação social**, que as divulgam em publicações, nos cinemas, em emissões de rádio ou de televisão, pela Internet, etc..

Deste modo, as empresas de comunicação social têm um papel fundamental na *difusão* das mensagens publicitárias e vivem, em grande parte, das receitas da publicidade. Não são, todavia, consideradas como empresas de publicidade, estando sujeitas a um regime jurídico específico, constante, fundamentalmente, da Lei de Imprensa ([2]), da Lei da Rádio ([3]) e da Lei da Televisão ([4]).

A própria Constituição acentua o princípio da independência dos meios de comunicação social perante o poder económico (art. 38.º, n.º 4, e 39.º, n.º 1), que as agências de publicidade de algum modo representam.

Por outro lado, o Estatuto dos Jornalistas impõe a regra da incompatibilidade entre a profissão de jornalista e a de publicitário ([5]), para assegurar a independência daqueles, visando, em última análise, a verdade, o rigor e a imparcialidade da informação, que se contrapõe à parcialidade da actividade dos publicitários de promoção dos interesses dos seus anunciantes.

([1]) CPubl art. 27.º, n.º 1 e 2, na redacção do Dec.-Lei n.º 275/98, de 9.9.

([2]) Lei n.º 2/99, de 13.1.

([3]) Lei n.º 87/88, de 30.7, alterada pela Lei n.º 2/97, de 18.1.

([4]) Lei n.º 31-A/98, de 14.7.

([5]) Lei n.º 1/99, de 13.1, art. 3.º, n.º 1, al. a).

A publicidade 169

6. Papel importante na vida publicitária é o desempenhado pelas **associações** de **agências de publicidade** e de **anunciantes**.

Cabe-lhes a defesa dos interesses das agências e anunciantes perante o Estado e outros parceiros sociais, mas também relevante intervenção na autodisciplina da actividade publicitária ([1]).

É o caso, da Associação Portuguesa das Agências de Publicidade (APAP), criada em 1976, que mudou a sua denominação para **Associação das Agências de Comunicação e de Publicidade**. Esta Associação agrupa cerca de 60 agências de publicidade, 4 centrais de vendas e uma empresa de comunicação.

Há uma **Associação Portuguesa dos Anunciantes** (APAN), criada em 1987.

Em Junho de 1991, a APAP, a APAN e empresas de comunicação social criaram o **Instituto Civil da Autodisciplina da Publicidade** (ICAP) para elaborar e divulgar códigos deontológicos, contribuir para o aperfeiçoamento da legislação publicitária, promover arbitragens e dar pareceres.

Existe também uma **Associação Europeia das Agências de Publicidade** (EAAA) ([2]).

([1]) Cf. P. Simão José, *O Novo Direito da Publicidade*, 1999, pág. 64 e segs.. O Conselho Consultivo da Publicidade, previsto nos art. 31.º a 33.º do CPubl, nunca chegou a funcionar e estes preceitos foram revogados pelo Dec.-Lei n.º 6/95, de 17.1.

([2]) Pierre Greffe – François Greffe, *La Publicité et la Loi*, Paris, Litec, 1995, pág. 795 e segs..

CAPÍTULO III
Actividade e contratos publicitários

SECÇÃO I
Contratos publicitários

1. A actividade publicitária pode ser exercida, como vimos, directamente pelos anunciantes junto dos seus destinatários. Mais frequentemente, é exercida, todavia, por intermédio de agências de publicidade e de empresas de comunicação social. Assumem, então, importância os chamados **contratos publicitários**, que são os contratos que têm por objecto a realização de actos de publicidade. Nestes casos, a actividade publicitária constitui a prestação objecto dos contratos.

2. Tem sido discutida na doutrina a **natureza** dos contratos publicitários.

a) Alguns autores (Demortain, etc.) consideram necessário *distinguir* consoante o objecto do contrato: por exemplo, um contrato que vise a distribuição de prospectos seria um contrato de *prestação de serviço*, enquanto um contrato pelo qual o proprietário de um muro concede a outro o direito exclusivo de nele afixar cartazes seria um contrato de *locação*.

b) Outros autores (Hémet, Chambonnaud, etc.) entendem que se trata sempre de um contrato de *compra e venda* de um direito incorpóreo ao uso de determinado meio de publicidade, sendo a publicidade uma espécie de mercadoria.

c) Outros ainda (Feltaine, Duplat, Vathelet, Albucher, etc.) defendem que tem a natureza de contrato de *empreitada*, que consiste, nomeadamente, em ceder o uso de certo espaço num jornal, empregar o seu tempo e dos seus colaboradores para o compor, usar equipamento e material para o produzir, etc..

172   *Direito da Comunicação Social*

d) Há quem sustente (Delest, etc.) que o contrato de publicidade é um pacto relativo ao *tráfico da clientela publicitária*, um bem incorpóreo correspondente ao público da agência publicitária.

e) A. Palma Carlos defende que se trata de um contrato *sui generis*, caracterizado pelo seu objecto – o acto de publicidade (a afixação de um cartaz, a publicação de um reclamo, a distribuição de prospectos, etc.), sendo sinalagmático, comutativo e subjectivamente comercial ([1]).

f) Perante o quadro de tipos contratuais do CCiv de 1966, parece-me que os contratos publicitários podem ser de várias espécies, que têm em comum o seu fim de promoção comercial.

Como contratos publicitários consideram-se tanto os contratos entre os anunciantes e as agências de publicidade, como os contratos entre estas e as empresas de comunicação social.

Mais frequentemente, têm por *objecto* imediato uma **prestação de serviço**, embora esta prestação possa implicar uma gama de actos de diversa natureza: nomeadamente, concepção, criação, produção, planificação e distribuição publicitárias.

O regime aplicável a tais contratos, na falta de disposições específicas, deverá, pois, ser o constante dos art. 1154.º a 1156.º do CCiv, que, por sua vez, remetem para a disciplina do mandato.

Uma vez que as partes nos contratos publicitários são, caracteristicamente, comerciantes (no sentido do art. 13.º do CCom), são aplicáveis àqueles contratos as disposições sobre o mandato comercial, constantes do art. 231.º e segs. do CCom, sendo as lacunas deste regime integradas, por força do art. 3.º do CCom, por recurso à analogia ou aos art. 1157.º a 1184.º do CCiv.

Pode haver contratos publicitários que tenham por objecto apenas a **autorização de utilização da obra publicitária** (enquanto criação intelectual, literária ou artística) por terceiro ou a **transmissão do conteúdo patrimonial do direito de autor** sobre ela. Estas figuras contratuais estão, hoje, tipificadas pelo CDA, no art. 40.º e segs..

Pode tratar-se, também, de contratos de **transmissão** ou de **licença de exploração de marcas** ou **de logótipos** registados, como direito da propriedade industrial, nos termos do CPI, art. 29.º a 31.º, 211.º a 213.º e 248.º.

([1]) Cf. PALMA CARLOS, "Contrato de publicidade comercial – Sua natureza jurídica", in *Gazeta da Relação de Lisboa*, 1929-1930, pág. 321 e segs..

A *publicidade* 173

Além destas espécies de contratos publicitários, estão expressamente tipificados na lei contratos de *arrendamento* de espaços não habitáveis, para afixação de publicidade, aos quais não é aplicável o Regime do Arrendamento Urbano, salvo quando realizados em conjunto com o arrendamento de locais aptos para habitação ou para o exercício do comércio ([1]). Àqueles contratos são aplicáveis as disposições gerais sobre a locação, constantes dos art. 1022.º a 1063.º do CCiv.

3. Os **direitos e obrigações das partes** no contrato de prestação de serviço de publicidade (o mais frequente) são, pois, fundamentalmente, os mesmos das partes nos contratos de prestação de serviço ([2]), podendo o seu conteúdo variar, em função das estipulações das partes.

Nomeadamente, o *prestador de serviço* (agência de publicidade) obriga-se a praticar os actos publicitários estipulados, segundo as instruções do anunciante.

Deve prestar as informações que este lhe peça, relativas ao estado da execução do contrato.

Deve comunicar ao anunciante a execução do estipulado ou, se não o tiver executado, a razão por que assim procedeu.

Deve prestar contas, findo o contrato ou quando o anunciante as exigir ([3]).

O *dador de serviço* (anunciante) deve, designadamente, facultar os meios necessários à execução do serviço, pagar a remuneração estipulada, reembolsar as despesas indispensáveis e indemnizar dos prejuízos sofridos pela agência em consequência do serviço prestado ([4]).

Há, todavia, alguns aspectos específicos das relações entre as partes dos contratos publicitários que importa registar.

Primeiro, deve ter-se em conta que o contrato envolve a comunicação recíproca de informações e materiais com valor considerável, não devendo a outra parte utilizá-los para fins diversos dos estipulados. Por isso, dispõe o art. 28.º do CPubl que "É proibida a utilização para fins diferentes dos acordados de qualquer ideia, informação ou material publicitário fornecido para fins contratuais relacionados com alguma ou

---

([1]) R.A.U. (aprovado pelo Dec.-Lei n.º 321-B/90, de 15.10), art. 5.º, n.º 2, al. e).

([2]) Art. 1156.º, que remete para as disposições do mandato (art. 1157.º a 1184.º)

([3]) CCiv art. 1161.º; CCom art. 238.º, 239.º, 240.º.

([4]) CCiv art. 1167.º, CCom art. 232.º, 243.º.

174   *Direito da Comunicação Social*

algumas das operações referidas no n.º 2 do artigo 4.º'" (concepção, criação, produção, planificação e distribuição publicitárias).

Depois, sendo o núcleo da actividade publicitária de natureza criativa (a concepção de uma mensagem atraente e convincente), compreende-se que o legislador se preocupe com a protecção dos direitos de autor do criador publicitário.

Por isso, segundo o art. 29.º do CPubl, "1 – As disposições legais sobre direitos de autor aplicam-se à criação publicitária, sem prejuízo do disposto nos números seguintes.

2 – Os direitos de carácter patrimonial sobre a criação publicitária presumem-se, salvo convenção em contrário, cedidos em exclusivo ao seu criador intelectual.

3 – É ilícita a utilização de criações publicitárias sem a autorização dos titulares dos respectivos direitos" ([1]).

4. O regime de **cessação dos contratos publicitários** não tem, em princípio, especialidades notáveis a registar que o diferenciem do regime do contrato de prestação de serviço, que é idêntico ao do mandato ([2]).

SECÇÃO II
Princípios gerais da actividade publicitária

1. O que interessa, acima de tudo, salientar é a importância dos **princípios** que regem a actividade publicitária, em si mesma, seja exercida pelos anunciantes, pelas agências de publicidade, ou pelas empresas de comunicação social e seus colaboradores.

A este respeito, há alguns **princípios gerais** consagrados na Constituição e no Código da Publicidade, que importa conhecer.

A actividade publicitária faz parte da actividade comercial, estando, consequentemente, abrangida pelo princípio da **liberdade de exercício da iniciativa económica privada**, consignado no art. 61.º da CRP (integrado no capítulo dos "direitos e deveres económicos").

A actividade publicitária é, também, um modo de expressão do pensamento, abrangido, por isso, pelo princípio da **liberdade de expres-**

([1]) Sobre o n.º 2 deste art. 29.º, cf. a crítica feita acima na nota ([3]) da pág. 97.
([2]) CCiv art. 1156.º, 1170 a 1177.º; CCom art. 245.º e 246.º.

são e informação, consagrado no art. 37.º, n.º 1, da CRP (integrado no capítulo dos "direitos, liberdades e garantias pessoais") ([1]).

Mais explicitamente, a CRP, sob a epígrafe "**Direitos dos consumidores**", dispõe, no art. 60.º, n.º 2, que "A publicidade é disciplinada por lei, sendo proibidas todas as formas de publicidade oculta, indirecta ou dolosa".

A estes princípios *constitucionais* acrescem quatro **princípios gerais da publicidade**, consagrados no *CPubl*: os princípios da *licitude*, *identificabilidade*, *veracidade* e respeito pelos *direitos do consumidor* (CPubl art. 6.º a 13.º).

2. O **princípio da licitude** é explicitado no art. 7.º ([2]), nos seguintes termos:

"1 – É proibida a publicidade que, pela sua forma, objecto ou fim, ofenda os valores, princípios e instituições fundamentais constitucionalmente consagrados.

2 – É proibida, designadamente, a publicidade que:

a) Se socorra, depreciativamente, de instituições, símbolos nacionais ou religiosos ou personagens históricas;

b) Estimule ou faça apelo à violência, bem como a qualquer actividade ilegal ou criminosa;

c) Atente contra a dignidade da pessoa humana;

d) Contenha qualquer discriminação em relação à raça, língua, território de origem, religião ou sexo;

e) Utilize, sem autorização da própria, a imagem ou as palavras de alguma pessoa;

f) Utilize linguagem obscena;

g) Encoraje comportamentos prejudiciais à protecção do ambiente;

h) Tenha como objecto ideias de conteúdo sindical, político ou religioso.

3 – Só é permitida a utilização de línguas de outros países na mensagem publicitária, mesmo que em conjunto com a língua portuguesa, quando aquela tenha os estrangeiros por destinatários exclusivos ou principais, sem prejuízo do disposto no número seguinte.

([1]) Sobre o assunto, cf. ROGER A. SHINER, *Freedom of commercial expression*, Oxford, Oxford Univ. Press, 2003.

([2]) Na redacção do Dec.-Lei n.º 275/98, de 9.9.

4 – É admitida a utilização excepcional de palavras ou de expressões em línguas de outros países quando necessárias à obtenção do efeito visado na concepção da mensagem".

O n.º 1 deste artigo contém uma disposição *remissiva* para as diversas disposições da CRP que protegem direitos fundamentais, como, por exemplo, o direito ao bom nome e reputação, à imagem e à reserva da intimidade privada (art. 26.º).

No n.º 2, temos uma **enumeração exemplificativa** de actos publicitários ilícitos. Não exclui que outros diplomas considerem ilícitos outros actos publicitários ([1]).

Os n.ºs 3 e 4 visam a **defesa da língua portuguesa** ([2]).

A violação do disposto no art. 7.º do CPubl constitui contra-ordenação punível com coima de 350 a 750 contos ou de 700 a 9.000 contos, consoante o infractor seja uma pessoa singular ou colectiva ([3]).

3. O princípio da identificabilidade é fundamental para defesa dos destinatários, enquanto potenciais consumidores.

É afirmado, em geral, no art. 8.º, n.º 1, do CPubl, nos seguintes termos: "A publicidade tem de ser inequivocamente identificada como tal, qualquer que seja o meio de difusão utilizado".

Quanto à publicidade na *imprensa*, a LImp de 1999 dispõe, no art. 28.º, que "2 – Toda a publicidade redigida ou a publicidade gráfica, que como tal não seja imediatamente identificável, deve ser identificada através da palavra «Publicidade» ou das letras «PUB», em caixa alta, no início do anúncio, contendo ainda, quando tal não for evidente, o nome do anunciante.

3 – Considera-se publicidade redigida e publicidade gráfica todo o texto ou imagem cuja inserção tenha sido paga, ainda que sem cumprimento da tabela de publicidade do respectivo periódico".

([1]) Por exemplo, o Dec.-Lei n.º 32.204, de 19.8.1942, proíbe o emprego na publicidade de designações profissionais, cujo uso individual seja legalmente condicionado e protegido. É o caso das designações de médico, advogado, etc..

([2]) Sobre o assunto, cf. também CRP art. 9.º, al. e) e f), e 78.º; LRádio de 2001, art. 9.º, al. b), c) e d), LTV art. 36.º e 37.º; Recomendações do Conselho da Publicidade de 31.1.1984 e de 8.11.1988.

([3]) CPubl art. 34.º, n.º 1, al. a), na redacção do Dec.-Lei n.º 275/98, de 9.9.

O mesmo princípio aplica-se à **rádio** e à **televisão** por força dos n.ᵒˢ 2 e 3 do art. 8.º do CPubl, que dispõem o seguinte:

"2 – A publicidade efectuada na rádio e na televisão deve ser claramente separada da restante programação, através da introdução de um separador no início e no fim do espaço publicitário.

3 – O separador a que se refere o número anterior é constituído, na rádio, por sinais acústicos, e, na televisão, por sinais ópticos ou acústicos, devendo, no caso da televisão, conter, de forma perceptível para os destinatários, a palavra «Publicidade» no separador que precede o espaço publicitário" ([1]) ([2]).

O princípio da identificabilidade é reforçado pela **proibição da publicidade oculta ou dissimulada**, constante do art. 60.º, n.º 2 da CRP e do art. 9.º do CPubl, dispondo este o seguinte:

"1 – É vedado o uso de imagens subliminares ou outros meios dissimuladores que explorem a possibilidade de transmitir publicidade sem que os destinatários se apercebam da natureza publicitária da mensagem.

2 – Na transmissão televisiva ou fotográfica de quaisquer acontecimentos ou situações, reais ou simulados, é proibida a focagem directa e exclusiva da publicidade aí existente.

3 – Considera-se publicidade subliminar, para os efeitos do presente diploma, a publicidade que, mediante o recurso a qualquer técnica, possa provocar no destinatário percepções sensoriais de que ele não chegue a tomar consciência".

A delimitação do que seja publicidade oculta ou dissimulada suscita, por vezes, dificuldades.

Por exemplo, quando se utilizem bonecos ou desenhos para campanhas publicitárias de certos produtos, a sua utilização sem referência a tais produtos poderá ser considerada como publicidade oculta?

A questão já foi discutida no caso do boneco "Vitinho", criado pela Milupa para publicitar os seus produtos (Miluvit), tendo registado o seu direito. A Milupa cedeu, por contrato, a exploração deste boneco à

([1]) No mesmo sentido, a LRádio de 2001 dispõe, no art. 44.º, n.º 2, que "Os espaços de programação patrocinados devem incluir, no seu início e termo, a menção expressa desse facto".

([2]) Sobre os problemas que a aplicação deste princípio suscita na televisão, cf. Pedro Q. G. Simão José, *O Novo Direito da Publicidade*, Lisboa, Vislis, 1999, pág. 211 e seg.

178 *Direito da Comunicação Social*

RTC/RTP, que o utilizou em programas não publicitários ("Histórias infantis", "Vamos dormir", etc.), sem referência à empresa que o criou nem aos seus produtos. O Tribunal da Relação de Lisboa decidiu que, neste caso, não houve publicidade oculta ([1]).

Um caso de publicidade subliminar, muito falado por ocasião da recente campanha eleitoral americana, aconteceu com um anúncio da candidatura de George W. Bush. Os republicanos diziam que na proposta de Al Gore para a saúde "burocrats decide" em vez dos médicos e, quando a palavra "burocrats" é ampliada para passar ao plano seguinte, a totalidade do écran é ocupada com a palavra "rats" (ratos), em branco sobre fundo negro, durante um trigésimo de segundo. Isto suscitou grandes protestos dos democratas e posteriores desculpas de George W. Bush ([2]).

A violação do disposto nos art. 8.º e 9.º do CPubl constitui contra-ordenação punível com coima de 350 a 750 contos ou de 700 a 9.000 contos, consoante o infractor seja uma pessoa singular ou colectiva ([3]).

4. Fundamental para a defesa dos consumidores é o **princípio da veracidade**, imposto pelo art. 10.º do CPubl: "1 – A publicidade deve respeitar a verdade, não deformando os factos.

2 – As afirmações relativas à origem, natureza, composição, propriedades e condições de aquisição dos bens ou serviços publicitados devem ser exactas e passíveis de prova, a todo o momento, perante as instâncias competentes".

Este princípio é a afirmação positiva de um dever que se reflecte em várias normas juridico-publicitárias e corresponde a um dos temas mais antigos e mais elaborados do direito da publicidade, que é, na sua formulação negativa, a proibição da **publicidade enganosa**. A Constituição proíbe-a, no art. 60.º, n.º 2, sob a designação de *"publicidade dolosa"*.

O CPubl expressa esta proibição no art. 11.º, nos termos seguintes:

"1 – É proibida toda a publicidade que, por qualquer forma, incluindo a sua apresentação, e devido ao seu carácter enganador, induza ou seja susceptível de induzir em erro os seus destinatários, independentemente de lhes causar qualquer prejuízo económico, ou que possa prejudicar um concorrente.

([1]) Ac. RL de 27.3.1990, in *CJ*, XV, T. 2, pág. 176.
([2]) Cf. *Diário de Notícias*, de 13.9.2000.
([3]) CPubl art. 34.º, n.º 1, al. a), na redacção do Dec.-Lei n.º 275/98, de 9.9.

A publicidade 179

2 – Para se determinar se uma mensagem é enganosa devem ter-se em conta todos os seus elementos e, nomeadamente, todas as indicações que digam respeito:

a) Às características dos bens ou serviços, tais como a sua disponibilidade, natureza, execução, composição, modo e data de fabrico ou de prestação, sua adequação, utilizações, quantidade, especificações, origem geográfica ou comercial, resultados que podem ser esperados da utilização ou ainda resultados e características essenciais dos testes ou controlos efectuados sobre os bens ou serviços;

b) Ao preço e ao seu modo de fixação ou pagamento, bem como às condições de fornecimento dos bens ou da prestação dos serviços;

c) À natureza, às características e aos direitos do anunciante, tais como a sua identidade, as suas qualificações e os seus direitos de propriedade industrial, comercial ou intelectual, ou os prémios ou distinções que recebeu;

d) Aos direitos e deveres do destinatário, bem como aos termos de prestação de garantias.

3 – Considera-se, igualmente, publicidade enganosa, para efeitos do disposto no n.º 1, a mensagem que por qualquer forma, incluindo a sua apresentação, induza ou seja susceptível de induzir em erro o seu destinatário ao favorecer a ideia de que determinado prémio, oferta ou promoção lhe será concedido, independentemente de qualquer contrapartida económica, sorteio ou necessidade de efectuar qualquer encomenda.

4 – Nos casos previstos nos números anteriores, pode a entidade competente para a instrução dos respectivos processos de contra-ordenação exigir que o anunciante apresente provas de exactidão material dos dados de facto contidos na publicidade.

5 – Os dados referidos nos números anteriores presumem-se inexactos se as provas exigidas não forem apresentadas ou forem insuficientes" [1].

A violação do disposto nos art. 10.º e 11.º do CPubl constitui contra-ordenação punível com coima de 350 a 750 contos ou de 700 a 9.000 contos, consoante o infractor seja uma pessoa singular ou colectiva [2].

---

[1] Quanto a produtos expostos em feiras, cf. Dec.-Lei n.º 252/86, de 25.8. Para maiores desenvolvimentos, cf. José Oliveira Ascensão, "Publicidade enganosa e comparativa e produtos financeiros", in *Revista da Banca*, n.º 45, Jan.-Jun. 1998, pág. 23 e segs.

[2] CPubl art. 34.º, n.º 1, al. a), na redacção do Dec.-Lei n.º 275/98, de 9.9. Sobre o assunto, cf. Mário Tenreiro, "O regime comunitário da publicidade enganosa", in

180 *Direito da Comunicação Social*

Por outro lado, a mensagem publicitária enganosa pode envolver um vício na formação da vontade do negócio jurídico (dolo), susceptível de afectar a sua validade e de influir na sua interpretação ([1]).

5. O quarto princípio geral da publicidade é o **princípio do respeito pelos direitos do consumidor**, afirmado no art. 12.º do CPubl ([2]): "É proibida a publicidade que atente contra os direitos do consumidor".

Este princípio remete para uma multiplicidade de normas legais que protegem actualmente os direitos do consumidor.

A necessidade de protecção específica do consumidor, como categoria sócio-jurídica, é relativamente recente, sendo sentida sobretudo desde os anos 1960 ([3]).

Em **Portugal**, a Constituição de 1976, numa iniciativa pioneira, conferiu ao Estado a incumbência de proteger o consumidor, designadamente através do apoio à criação de cooperativas e de associações de consumidores (art. 81.º, al. m), correspondente à actual al. h)) ([4]).

Comunicação e Defesa do Consumidor – Actas do Congresso Internacional organizado pelo Instituto Jurídico da Comunicação da Faculdade de direito da Universidade de Coimbra, de 25 a 27 de Novembro de 1993, Coimbra, 1993, pág. 199 e segs.; MANUEL NOGUEIRA SERENS, "A Proibição da Publicidade Enganosa: Defesa dos Consumidores ou Protecção (de alguns) dos Concorrentes?", in *Comunicação e Defesa do Consumidor – Actas do Congresso...*, pág. 229 e segs.

([1]) Sobre o assunto, cf. MICHAEL R. WILL, "A Mensagem Publicitária na Formação do Contrato", in *Comunicação e Defesa do Consumidor – Actas do Congresso...*, pág. 259 e segs.

([2]) Na redacção do Dec.-Lei n.º 275/98, de 9.9.

([3]) Os perigos da chamada sociedade de consumo foram primeiro denunciados nos Estados Unidos da América, por filósofos, como HERBERT MARCUSE (*O Homem Unidimensional*), e economistas, como KENNETH GALBRAITH (*A Era da Opulência*) e VANCE PACKARD (*A Persuasão Clandestina*). Foi particularmente importante uma mensagem sobre o estado da União proferida pelo Presidente John F. Kennedy.

([4]) Podem considerar-se como antecedentes remotos do direito de defesa do consumidor normas dos Códigos Penais de 1852 e de 1886, incriminando a venda de substâncias venenosas e abortivas (art. 248.º), o fabrico e venda de géneros alimentícios nocivos para a saúde pública (art. 251.º), a recusa de venda de géneros para uso público (art. 275.º), a alteração dos preços que "resultariam da natural e livre concorrência" (art. 276.º) e certas fraudes nas vendas (art. 456.º). Importante foi, também, a legislação sobre crimes contra a saúde pública e infracções antieconómicas, em especial o açambarcamento e a especulação, constante de vários diplomas dispersos, que vieram a ser consolidados no Dec.-Lei n.º 41.204, de 27.7.1954, posteriormente alterado por numerosos diplomas avulsos.

A *publicidade* 181

Na sequência desta disposição constitucional foram publicados, primeiro, alguns diplomas parcelares ([1]).

Sobre o conjunto dos direitos do consumidor, a primeira lei a ser publicada em Portugal e também na Europa, foi a Lei n.º 29/81, de 22.8, sobre Defesa do Consumidor. Não sendo muito extensa (com 19 artigos), consagrou os principais direitos dos consumidores e alguns princípios fundamentais sobre as associações de defesa dos consumidores.

Veio a ser regulamentada em diversos diplomas avulsos, tendo sido revogada e substituída pela **Lei n.º 24/96, de 31.7**, que é o diploma mais importante actualmente em vigor ([2]) ([3]).

Segundo o art. 3.º da Lei n.º 24/96, que tem por epígrafe "Direitos do consumidor", este "tem direito:

a) À qualidade dos bens e serviços;

b) À protecção da saúde e da segurança física;

c) À formação e à educação para o consumo;

([1]) Sobre vendas pelo correio (Dec.-Lei n.º 161/77, de 27.4), vendas a prestações (Dec.-Lei n.º 457/79, de 21.11), contratos-promessa de compra e venda de prédios urbanos ou destinados a habitação (Dec.-Lei n.º 236/80, de 18.7) e o Código da Publicidade (Dec.-Lei n.º 421/80, de 30.9).

([2]) As colectâneas mais recentes de legislação portuguesa de defesa do consumidor são de JOSÉ JÚLIO REIS SILVA – PEDRO QUARTIM GRAÇA, *Colectânea de Legislação de Consumo*, Lisboa, Instituto do Consumidor, 2001; ATAÍDE FERREIRA – PEGADO LIZ, *Direitos do Consumidor – Colectânea de Legislação*, Lisboa, Deco, 1995, 2 vols.; e ANTÓNIO MARIA PINHEIRO DOS SANTOS, *Direitos dos Consumidores*, Lisboa, Rei dos Livros, 1995.

([3]) Sobre o assunto, cf. *A Arbitragem de Conflitos de Consumo, que Futuro?*, Lisboa, DECO, 1992; CARLOS FERREIRA DE ALMEIDA, *Os Direitos dos Consumidores*, Coimbra, Almedina, 1982; CARLOS FERREIRA DE ALMEIDA, "Negócio Jurídico de Consumo", in *Bol. Min. Justiça*, n.º 347, pág.. e segs.; J. MARQUES BORGES, *Direito penal Económico e Defesa do Consumidor – Crimes de Especulação, Açambarcamento, Infracções contra a Genuinidade dos Produtos e Publicidade Enganosa*, Lisboa, Rei dos Livros, 1982; JEAN CALAIS-AULOY – FRANCK STEINMETZ, *Droit de la consommation*, Paris, Dalloz, 4.ª ed., 1996; DUARTE IVO CRUZ – NUNO SE SIQUEIRA, *Notas sobre a Defesa do Consumidor* (Cad. Ciência e Técnica Fiscal, n.º 104), Lisboa, Centro de Estudos Fiscais, 1972; CUNHA RODRIGUES, "As novas fronteiras dos problemas do consumo", in *Lugares do Direito*, Coimbra, Coimbra Editora, 1999, pág. 79 e segs. DÉLIA FALCÃO, *O Direito e o Marketing*, Lisboa, Rei dos Livros, 1996; JORGE PEGADO LIZ, *Introdução ao Direito e à Política do Consumo*, Lisboa, Ed. Notícias, 1999; ROBERT LOWE – GEOFFREY WOODROFH, *Consumer law & Practice*, London, Sweet & Maxwell, 1995; C.J. MILLER – BRIAN W. HARVEY – DEBORAH L. PARRY, *Consumer and Trading Law*, Oxford, Oxford univ. Press, 1998; DAVID OUGHTON – JOHN LOWRY, *Textbook Consumer Law*, London, Blackstone, 1997; BEJA SANTOS, *O Livro dos Consumidores*, Venda Nova, Bertrand, 1994.

182 *Direito da Comunicação Social*

d) À informação para o consumo;

e) À protecção dos interesses económicos;

f) À prevenção e à reparação dos danos patrimoniais ou não patrimoniais que resultem da ofensa de interesses ou direitos individuais homogéneos, colectivos ou difusos;

g) À protecção jurídica e a uma justiça acessível e pronta;

h) À participação, por via representativa, na definição legal ou administrativa dos seus direitos e interesses".

Tendo em vista o direito à **saúde e segurança do consumidor**, o CPubl contém uma disposição específica, no art. 13.º, que estabelece o seguinte:

"1 – É proibida a publicidade que encoraje comportamentos prejudiciais à saúde e segurança do consumidor, nomeadamente por deficiente informação acerca da perigosidade do produto ou da especial susceptibilidade da verificação de acidentes em resultado da utilização que lhe é própria.

2 – A publicidade não deve comportar qualquer apresentação visual ou descrição de situações onde a segurança não seja respeitada, salvo justificação de ordem pedagógica.

3 – O disposto nos números anteriores deve ser particularmente acautelado no caso da publicidade especialmente dirigida a crianças, adolescentes, idosos ou deficientes".

SECÇÃO III

Restrições ao conteúdo da publicidade

1. Para além destes princípios gerais, o CPubl estabelece restrições ao conteúdo da publicidade relativas a três matérias importantes: a publicidade dirigida a menores, a publicidade testemunhal e a publicidade comparativa.

2. Quanto à **publicidade dirigida a menores**, o art. 14.º do CPubl ([1]) dispõe o seguinte:

"1 – A publicidade especialmente dirigida a menores deve ter sem-

---

([1]) Na redacção do Dec.-Lei n.º 275/98, de 9.9.

A publicidade 183

pre em conta a sua vulnerabilidade psicológica, abstendo-se nomeadamente, de:

a) Incitar directamente os menores, explorando a sua inexperiência ou credulidade, a adquirir um determinado bem ou serviço;

b) Incitar directamente os menores a persuadirem os seus pais ou terceiros a comprarem os produtos ou serviços em questão;

c) Conter elementos susceptíveis de fazerem perigar a sua integridade física ou moral, bem como a sua saúde ou segurança, nomeadamente através de cenas de pornografia ou do incitamento à violência;

d) Explorar a confiança especial que os menores depositam nos seus pais, tutores ou professores.

2 – Os menores só podem ser intervenientes principais nas mensagens publicitárias em que se verifique existir uma relação directa entre eles e o produto ou serviço veiculado".

3. Quanto à **publicidade testemunhal**, o art. 15.º do CPubl dispõe o seguinte:

"A publicidade testemunhal deve integrar depoimentos personalizados, genuínos e comprováveis, ligados à experiência do depoente ou de quem ele represente, sendo admitido o depoimento despersonalizado, desde que não seja atribuído a uma testemunha especialmente qualificada, designadamente em razão do uso de uniformes, fardas ou vestimentas características de determinada profissão".

4. A **publicidade comparativa** tem sido objecto de considerável controvérsia. Os países europeus têm-lhe sido desfavoráveis, por motivos de protecção da concorrência. Na América, é encarada como favorável ao consumidor. Actualmente, o CPubl dispõe o seguinte, no art. 16.º ([1]):

"1 – É comparativa a publicidade que identifica, explícita ou implicitamente, um concorrente ou os bens ou serviços oferecidos por um concorrente.

([1]) Na redacção do Dec.-Lei n.º 275/98, de 9.9. A versão original era a seguinte: "1 – É proibida a publicidade que utilize comparações que não se apoiem em características essenciais, afins e objectivamente demonstráveis dos bens ou serviços ou que os contraponha com outros não similares ou desconhecidos.

2 – O ónus da prova sobre a verdade da publicidade comparativa recai sobre o anunciante".

184 *Direito da Comunicação Social*

2 – A publicidade comparativa, independentemente do suporte utilizado para a sua difusão, só é consentida, no que respeita à comparação, desde que respeite as seguintes condições:

a) Não seja enganosa, nos termos do artigo 11.º;

b) Compare bens ou serviços que respondam às mesmas necessidades ou que tenham os mesmos objectivos;

c) Compare objectivamente uma ou mais características essenciais, pertinentes, comprováveis e representativas desses bens ou serviços, entre as quais se pode incluir o preço;

d) Não gere confusão no mercado entre o anunciante e um concorrente ou entre marcas, designações comerciais, outros sinais distintivos, bens ou serviços do anunciante ou de um concorrente;

e) Não desacredite ou deprecie marcas, designações comerciais, outros sinais distintivos, bens, serviços, actividades ou situação de um concorrente;

f) Se refira, em todos os casos de produtos com denominação de origem, a produtos com a mesma denominação;

g) Não retire partido indevido do renome de uma marca, designação comercial ou outro sinal distintivo de um concorrente ou da denominação de origem de produtos concorrentes;

h) Não apresente um bem ou serviço como sendo imitação ou reprodução de um bem ou serviço cuja marca ou designação comercial seja protegida.

3 – Sempre que a comparação faça referência a uma oferta especial deverá, de forma clara e inequívoca, conter a indicação do seu termo ou, se for o caso, que essa oferta especial depende da disponibilidade dos produtos ou serviços.

4 – Quando a oferta especial a que se refere o número anterior ainda não se tenha iniciado deverá indicar-se também a data de início do período durante o qual é aplicável o preço especial ou qualquer outra condição específica.

5 – O ónus da prova da veracidade da publicidade comparativa recai sobre o anunciante" ([1]).

([1]) Para maiores desenvolvimentos, cf. José Oliveira Ascensão, "Publicidade enganosa e comparativa e produtos financeiros", in *Revista da Banca*, n.º 45, Jan.-Jun. 1998, pág. 23 e segs.

A *publicidade*   185

5. A publicidade relativa ao **exercício de certas profissões** sofre consideráveis restrições.

É o que se passa, nomeadamente, quanto aos advogados, nos termos do Estatuto da Ordem dos Advogados ([1]).

SECÇÃO IV

Restrições ao objecto da publicidade

Há, também, numerosas restrições ao objecto da publicidade, quer no CPubl quer em numerosa legislação extravagante. Os seus *objectivos* são, fundamentalmente, a protecção do consumidor: a informação, a saúde, a segurança e os interesses económicos.

Merecem destaque as disposições tendentes a evitar a utilização da imagem da *mulher* na publicidade de modo que ofenda a sua dignidade ou o seu valor social. Isso acontece quando a retratam de modo discriminatório, subalternizando-a em relação ao homem ou reduzindo-a a funções limitadas, v.g. de âmbito meramente doméstico; ou quando é usada como chamariz para a promoção de bens ou serviços que não lhe dizem respeito, inclusivamente para divertimentos e espectáculos degradantes ([2]).

São de referir, também, as disposições tendentes a evitar a utilização de *menores* em actos publicitários ([3]).

([1]) Segundo o Estatuto aprovado pelo Dec.-Lei n.º 84/84, de 16.3, apenas podiam afixar tabuletas no exterior dos escritórios e inserir anúncios nos jornais com a simples menção do nome, endereço do escritório e horas de expediente; em publicações especializadas, podiam inserir o currículo e a especialização reconhecida pela Ordem. Sobre o assunto, cf. ORLANDO GUEDES DA COSTA, *Dos Pressupostos do Exercício da Advocacia e da Publicidade do Advogado*, Lisboa, Ed. Rei dos Livros, 2000, pág. 91 e segs. O novo Estatuto, aprovado pela Lei n.º 15/2005, de 26.1, permite a publicidade dos advogados em termos mais amplos, embora com limitações não aplicáveis à generalidade das outras profissões (art. 89.º).

([2]) Convenção das Nações Unidas sobre a Eliminação de todas as formas de Discriminação contra as Mulheres, de 18.12.1979, art. 5.º; Recomendação do Conselho da Europa sobre a Igualdade entre Mulheres e Homens nos Media, de 1984; CPubl art. 7.º, n.º 2, al. d), Recomendações do Conselho da Publicidade de 8.3.1984, de 14.4.1984 e de 8.11.1986.

([3]) Recomendações do Conselho da Publicidade de 4.3.1987 e de 26.7.1988.

Algumas disposições visam a protecção dos *animais* ([1]).

Na impossibilidade de analisar todas essas restrições, enumero a seguir os objectos cuja publicidade está sujeita a restrições mais ou menos importantes e as principais disposições que as regulam ([2]):

a) Alimentos ([3]);

b) Águas minerais, naturais e gaseificadas ([4]);

c) Brinquedos ([5]);

d) Bebidas alcoólicas ([6]);

([1]) É proibida a utilização de *animais* para fins de publicidade, "na medida em que daí resultem para eles dor ou sofrimentos consideráveis, salvo experiência científica de comprovada necessidade" (Lei n.º 92/95, de 12.9, art. 1.º, n.º 3, al. e)). Dec.-Lei n.º 184/97, de 26.7, art. 69.º a 74.º (relativo a medicamentos veterinários).

([2]) Há numerosos diplomas relativos à **rotulagem** de diversos produtos, incluídos na citada colectânea de P. Q. G. SIMÃO JOSÉ, *O Novo Direito da Publicidade*, 1999.

([3]) Dec.-Lei n.º 315/70, de 8.7 (alimentos dietéticos ou de regime), Dec.-Lei n.º 97/84, de 28.3, Dec.-Lei n.º 170/92, de 8.8, art. 9.º e 10.º, Dec.-Lei n.º 115/93, de 12.4, art. 8.º (géneros alimentícios para lactentes), Dec.-Lei n.º 560/99, de 18.12 (géneros alimentícios destinados ao consumidor final).

([4]) Dec.-Lei n.º 45.551, de 30.1.1964; Dec. Reg. n.º 18/92, de 13.8, art. 10.º e 11.º; Dec.-Lei n.º 156/98, de 6.6, art. 9.º a 12.º.

([5]) Dec.-Lei n.º 140/90, de 30.4.

([6]) CPubl art. 17.º (com n.º 3 aditado pelo Dec.-Lei n.º 51/2000, de 15.2): "1 – A publicidade a bebidas alcoólicas, independentemente do suporte utilizado para a sua difusão, só é consentida quando:

a) Não se dirija especificamente a menores e, em particular, não os apresente a consumir tais bebidas;

b) Não encoraje consumos excessivos;

c) Não menospreze os não consumidores;

d) Não sugira sucesso, êxito social ou especiais aptidões por efeito do consumo;

e) Não sugira a existência, nas bebidas alcoólicas, de propriedades terapêuticas ou de efeitos estimulantes ou sedativos;

f) Não associe o consumo dessas bebidas ao exercício físico ou à condução de veículos;

g) Não sublinhe o teor de álcool das bebidas como qualidade positiva.

2 – É proibida a publicidade de bebidas alcoólicas, na televisão e na rádio, entre as 7 e as 21 horas e 30 minutos.

3 – Para efeitos do disposto no número anterior é considerada a hora oficial do local de origem da emissão".

CPubl art. 20.º: "É proibida a publicidade a bebidas alcoólicas, ao tabaco ou a qualquer tipo de material pornográfico em estabelecimentos de ensino, bem como em quaisquer publicações, programas ou actividades especialmente destinados a menores".

Cf. também, Dec.-Lei n.º 3/74, de 8.1.

A publicidade

e) Tratamentos e medicamentos ([1]);
f) Cosméticos ([2]);
g) Tabaco ([3]);
h) Estupefacientes e substâncias psicotrópicas ([4]);
i) Produtos fitofarmacêuticos ([5]);
j) Cursos ([6]);
k) Veículos automóveis ([7]);

([1]) CPubl art. 19.º: "É proibida a publicidade a tratamentos médicos e a medicamentos que apenas possam ser obtidos mediante receita médica, com excepção da publicidade incluída em publicações técnicas destinadas a médicos e outros profissionais de saúde". Dec.-Lei n.º 72/91, de 8.2 (Estatuto do Medicamento), art. 69.º a 78.º; Dec.-Lei n.º 100/94, de 19.4 (Regime jurídico da publicidade dos medicamentos para uso humano), Port. n.º 123/96, de 17.4 (Regulamento do Conselho Nacional de Publicidade de Medicamentos).

([2]) Dec.-Lei n.º 296/98, de 25.9, art. 11.º.

([3]) CPubl art. 18.º: "São proibidas, sem prejuízo do disposto em legislação especial, todas as formas de publicidade ao tabaco através de suportes sob a jurisdição do Estado Português". Lei n.º 22/82, de 17.8, Dec.-Lei n.º 226/83, de 27.5, art. 6.º a 8.º (com diversas alterações), Dec.-Lei n.º 52/87, de 30.1 (relativo a provas automobilísticas – prorrogado pelo Dec.-Lei n.º 203/95, de 3.8 e pelo Dec.-Lei n.º 178/2001, de 9.6), Dec.-Lei n.º 346/88, de 29.9 (relativo a provas de motociclismo); Dec. Leg. Regional n.º 12/94/A, de 5.5 (regime especial de publicidade ao tabaco em provas desportivas de automobilismo – alterado pelo Dec. Leg. Regional n.º 10/2202/A, de 11.4).

([4]) Dec. Reg. n.º 71/84, de 7.9, art. 39.º, 40.º e 60.º.

([5]) Dec.-Lei n.º 47.802, de 19.7.1967.

([6]) CPubl art. 22.º: "A mensagem publicitária relativa a cursos ou quaisquer outras acções de formação ou aperfeiçoamento intelectual, cultural ou profissional deve indicar:

a) A natureza desses cursos ou acções, de acordo com a designação oficialmente aceite pelos serviços competentes, bem como a duração dos mesmos;

b) A expressão «sem reconhecimento oficial», sempre que este não tenha sido atribuído pelas entidades oficiais competentes". Dec.-Lei n.º 271/89, de 19.8, art. 28.º

([7]) CPubl art. 22.º-A: "1 – É proibida a publicidade a veículos automóveis que:

a) Contenha situações ou sugestões de utilização do veículo que possam pôr em risco a segurança pessoal do utente ou de terceiros;

b) Contenha situações ou sugestões de utilização do veículo perturbadoras do meio ambiente;

c) Apresente situações de infracção das regras do Código da Estrada, nomeadamente, excesso de velocidade, manobras perigosas, não utilização de acessórios de segurança e desrespeito pela sinalização ou pelos peões.

2 – Para efeitos do presente Código, entende-se por veículos automóveis todos os veículos de tracção mecânica destinados a transitar pelos seus próprios meios nas vias públicas.

188   *Direito da Comunicação Social*

l) Substâncias perigosas ([1]);
m) Vendas a prestações ([2]);
n) Investimento imobiliário ([3]) e oferta de prédios para habitação ([4]);
o) Instituições de crédito e sociedades financeiras ([5]);
p) Seguros ([6]);
q) Serviços de telecomunicações ([7]);
r) Espectáculos e divertimentos públicos ([8]);
s) Jogos de fortuna e azar ([9]);
t) Material pornográfico ou obsceno ([10]).

SECÇÃO V

Restrições à publicidade em função do local

1. A lei estabelece, ainda diversas restrições à publicidade, em função do local em que é realizada ou a que é destinada.

Nomeadamente, há restrições quanto às seguintes modalidades: publicidade domiciliária, publicidade nas estradas, publicidade nas povoações, publicidade exterior e publicidade em automóveis pesados de passageiros de serviço público.

([1]) Dec.-Lei n.º 120/92, de 30.6.

([2]) Dec.-Lei n.º 359/91, de 21.9.

([3]) Port. n.º 130/73, de 24.2, Dec.-Lei n.º 284/87, de 25.7, Dec.-Lei n.º 130/89, de 18.4, art. 33.º (relativo a direitos reais de habitação periódica – "timesharing"), Dec.-Lei n.º 275/93, de 5.10, art. 43.º (idem).

([4]) Dec.-Lei n.º 68/2004, de 25.3.

([5]) Regime Geral das Instituições de Crédito e Sociedades Financeiras (aprovado pelo Dec.-Lei n.º 298/92, de 31.12), art. 89.º e 90.º; Dec.-Lei n.º 220/94, de 23.8, art. 7.º.

([6]) Dec.-Lei n.º 176/95, de 26.6, art. 7.º; Dec.-Lei n.º 94-B/98, de 17.4, art. 197.º.

([7]) Port. n.º 160/94, de 22.3, art. 7.º.

([8]) Dec.-Lei n.º 396/, de 21.9, art. 20.º.

([9]) CPubl art. 21.º "1 – Não podem ser objecto de publicidade os jogos de fortuna ou azar enquanto objecto essencial da mensagem.

2 – Exceptuam-se do disposto no número anterior os jogos promovidos pela Santa Casa da Misericórdia de Lisboa".

([10]) CPubl art. 20.º, acima transcrito, Dec.-Lei n.º 254/76, de 7.4, Dec.-Lei n.º 647/76, de 31.7.

A publicidade

2. O regime da **publicidade domiciliária** começou por ter por objectivo, fundamentalmente, assegurar um mínimo de informação ao consumidor e libertá-lo de obrigações (v.g. de restituição de objectos recebidos) que não tenha voluntariamente assumido ([1]).

Mais recentemente, foram introduzidas disposições que permitem aos destinatários opor-se à entrega de publicidade domiciliária *não endereçada* (mediante afixação na caixa do correio de um dístico apropriado), bem como de publicidade domiciliária *endereçada* (mediante oposição à inclusão do endereço em listas de mala directa).

Além disso, proíbem, salvo autorização prévia do destinatário, a publicidade *por telefone*, mediante mensagens automáticas pré-gravadas, ou *por telecópia* ([2]).

Tais disposições visam, em última análise, a protecção da privacidade: do direito de estar só, de não ser incomodado, de não ser inundado com papeis que não pediu e teria de carregar para o lixo.

([1]) CPubl art. 23.º: "1 – Sem prejuízo do disposto em legislação especial, a publicidade entregue no domicílio do destinatário, por correspondência ou qualquer outro meio, deve conter, de forma clara e precisa:

a) O nome, domicílio e os demais elementos necessários para a identificação do anunciante;

b) A indicação do local onde o destinatário pode obter as informações de que careça;

c) A descrição rigorosa e fiel do bem ou serviço publicitado e suas características;

d) O preço do bem ou serviço e a respectiva forma de pagamento, bem como as condições de aquisição, de garantia e de assistência pós-venda.

2 – Para efeitos das alíneas a) e b) do número anterior, não é admitida a indicação, em exclusivo, de um apartado ou de qualquer outra menção que não permita a localização imediata do anunciante.

3 – A publicidade indicada no n.º 1 só pode referir-se a artigos de que existam amostras disponíveis para exame do destinatário.

4 – O destinatário da publicidade abrangida pelo disposto nos números anteriores não é obrigado a adquirir, guardar ou devolver quaisquer bens ou amostras que lhe tenham sido enviados ou entregues à revelia de solicitação sua". Cf. também o Dec.-Lei n.º 161/77, de 21.4. Sobre o assunto, cf. JOÃO M. S. M. GALHARDO COELHO, *Publicidade Domiciliária – O Marketing Directo – Regime Legal Anotado*, Coimbra, Almedina, 1999

([2]) Lei n.º 6/99, de 27.1; quanto a correio electrónico para fins comerciais, cf. Directiva 2002/58/CE do Parlamento Europeu e do Conselho, in *JOCE* n.º L de 12.7.2002, art. 13.º.

190   *Direito da Comunicação Social*

3. A **publicidade nas estradas** foi autorizada pelo Estatuto das Estradas Nacionais ([1]), a título precário, em determinadas condições, desde que esteticamente aceitável e sem prejuízo para a segurança rodoviária (por desviar a atenção dos condutores) e o aspecto da paisagem ([2]).

Posteriormente, o Dec.-Lei n.º 13/71, de 13.1, permitiu, em certos casos, a colocação de publicidade a 50 m do limite da plataforma da estrada ([3]) ([4]).

4. O Regulamento Geral das Edificações Urbanas ([5]) permite que as câmaras municipais proíbam a instalação de elementos ou objectos de mera publicidade e imponham a supressão dos existentes quando prejudiquem o bom aspecto dos **arruamentos** e **praças** ou das **construções** onde se apliquem.

Diversos regulamentos municiais (posturas) fazem depender de licenciamento (e do pagamento de taxas) a publicidade que ocupe espaço público (solo, fachadas, empenas, coberturas, etc.) ou dele seja visível ou envolva a colocação de equipamento ou mobiliário urbano.

5. Entretanto, foi regulada, em termos mais amplos, a **publicidade exterior** ("outdoors") pelo Dec.-Lei n.º 637/76, de 29.7.

A Lei n.º 97/88, de 17.8, veio regular a publicidade (e a propaganda) mediante "afixação e inscrição de mensagens", de modo que parece ter revogado, embora não explicitamente, o Dec.-Lei n.º 637/76.

Em síntese, segundo a Lei n.º 97/88, a publicidade (e a propaganda) mediante "afixação e inscrição de mensagens" depende de licenciamento da câmara municipal respectiva, precedido de parecer de diversas entidades.

Em espaços e lugares *públicos* a isso destinados, a afixação ou inscrição é garantida.

([1]) Aprovado pela Lei n.º 2037, de 19.8.1949.

([2]) Este regime veio a ser alterado pelo Dec.-Lei n.º 42.466, de 22.8.1959, Lei n.º 2.110, de 19.8.1961 (Regulamento Geral das Estradas e Caminhos Municipais), art. 68.º a 70.º.

([3]) Dec.-Lei n.º 105/98, de 24.4 (alterado pelo Dec.-Lei n.º 166/99, de 13.5).

([4]) Sobre a publicidade nos caminhos de ferro, cf. JOSÉ GUALBERTO DE SÁ CARNEIRO, "Publicidade nos caminhos de ferro", in RT, 71.º ano, 1953, 258-264.

([5]) Aprovado pelo Dec.-Lei n.º 38.382, de 7.8.1951, no art. 125.º.

A *publicidade*   191

Em lugares ou espaços de propriedade ***particular***, depende do consentimento do respectivo proprietário ou possuidor, devendo respeitar as normas em vigor sobre protecção do património arquitectónico e do meio urbanístico, ambiental e paisagístico.

6. As regras sobre a **publicidade em automóveis pesados de passageiros** de serviço público têm objectivos de segurança e de estética ([1]).

([1]) Port. n.º 126/75, de 27.2, Despacho da DGV, de 20.12.1982, in *DR*, III série, n.º 7, de 10.1.1983.

CAPÍTULO IV
Publicidade nos meios de comunicação social

SECÇÃO I
Considerações gerais

1. A publicidade nos meios de comunicação social, sobretudo na televisão, tem, actualmente, uma grande **importância**, pelo impacte junto do público, pelo espaço e tempo que ocupa nesses meios e, por consequência, pelas quantias que movimenta.

2. À publicidade mediática aplicam-se, naturalmente, as *normas constitucionais e legais* acima referidas ([1]).

3. Existem algumas *regras especiais comuns* aos vários meios de comunicação social, nomeadamente, quanto à **publicidade do Estado**.
A este respeito, vigora o princípio da **não discriminação**, afirmado pelo art. 38.º, n.º 4, da CRP ([2]). Compete à Alta Autoridade para a Comunicação Social "zelar pela isenção e imparcialidade nas campanhas de publicidade do Estado, das Regiões Autónomas e das autarquias locais" ([3]).
O CPubl proíbe, hoje, que constituam "suporte publicitário as publicações periódicas informativas editadas pelos órgãos das **autarquias locais**, salvo se o anunciante for uma empresa municipal de capitais exclusiva ou maioritariamente públicos" ([4]). E estabelece que a **publicidade do Estado** é regulada em diploma próprio ([5]).

([1]) São expressas nesse sentido a LImp de 1999, art. 28.º, n.º 1, e a LRádio de 2001, art. 44.º, n.º 1.

([2]) O Dec.-Lei n.º 84/96, de 29.6 (alterado pela Lei n.º 52/96, de 27.12)

([3]) Lei n.º 43/98, de 6.8, art. 4.º, al. j).

([4]) Art. 5.º, n.º 2, aditado pelo Dec.-Lei n.º 224/2004, de 4.12.

([5]) Art. 27.º, na redacção do Dec.-Lei n.º 224/2004, de 4.12.

194   *Direito da Comunicação Social*

Quanto às acções informativas e publicitárias da iniciativa do **Governo**, da **administração central** e da generalidade dos **institutos públicos** ([1]), de valor unitário igual ou superior a € 15.000, o Dec.-Lei n.º 231/2004, de 13.12, impõe a afectação a *rádios locais e imprensa regional*, em suporte de papel ou em suporte electrónico, de uma percentagem não inferior a 25% do custo global previsto para compra de espaço em radiodifusão e na imprensa, por trimestre. Este diploma estabelece critérios de distribuição da publicidade pelos vários suportes. Exige dos beneficiários que tenham a sua situação contributiva regularizada. Sujeita a adjudicação aos procedimentos legais relativos aos contratos públicos ([2]). Fixa requisitos exigidos das agências de publicidade. E atribui ao Instituto da Comunicação Social competência para fiscalizar o cumprimento deste regime ([3]).

Por outro lado, a recente Lei da Arte Cinematográfica e do Audiovisual regula a sujeição da publicidade comercial exibida nas salas de cinema e difundida pela televisão a uma **taxa de exibição** a cargo do anunciante, de 4% sobre o preço pago ([4]).

4. Existem, além disso, algumas *normas específicas* importantes, que interessa analisar separadamente para a imprensa, a rádio, a televisão e as publicações electrónicas.

([1]) Segundo o art. 2.º, n.º 2, do Dec.-Lei n.º 231/2004, de 13.12, excluem-se do âmbito de aplicação deste diploma os institutos públicos de regime especial previstos na alínea f) do n.º 1 do artigo 48.º da Lei n.º 3/2004, de 15 de Janeiro: a) As universidades e escolas de ensino superior politécnico; b) As instituições públicas de solidariedade e segurança social; c) Os estabelecimentos do Serviço Nacional de Saúde; d) As regiões de turismo; e) O Banco de Portugal e os fundos que funcionam junto dele; f) As entidades administrativas independentes..

([2]) Dec.-Lei n.º 197/99, de 8.7.

([3]) O Dec.-Lei n.º 231/2004, de 13.12, revogou o Dec.-Lei n.º 84/96, de 29.6, alterado pela Lei n.º 52/96, de 27.12, e a Portaria n.º 209/96, de 12.6.

([4]) Lei n.º 42/2004, de 18.8, art. 28.º: "1 – A publicidade comercial exibida nas salas de cinema e difundida pela televisão, abrangendo os anúncios publicitários, os patrocínios, as televendas, o teletexto, a colocação de produtos em cena e ainda a publicidade incluída nos guias electrónicos de programação, qualquer que seja a plataforma de emissão, está sujeita a uma taxa de exibição, que constitui encargo do anunciante, de 4% sobre o preço pago. 2 – A liquidação, a cobrança e a fiscalização dos montantes a arrecadar com a taxa de exibição são definidas em diploma próprio".

SECÇÃO II
Publicidade na imprensa

Quanto à imprensa, a LImp de 1999, além de remeter para a "demais legislação aplicável", limita-se a concretizar o princípio da **identificabilidade** nos termos já acima referidos ([1]).

Sobre a publicidade paga nos jornais diários incidiu um *adicional* destinado à Caixa de Reforma dos Jornalistas, posteriormente denominada Caixa de Previdência e Abono de Família dos Jornalistas ([2]). Posteriormente, as receitas desse adicional passaram a reverter para o Fundo Especial de Segurança Social dos Jornalistas, vindo este a ser integrado na Casa da Imprensa – Associação Mutualista. O referido adicional foi, todavia, extinto pelo Dec.-Lei n.º 135/98, de 15.5.

SECÇÃO III
Publicidade na rádio

A Lei da Rádio de 2001, além de remeter para o Código da Publicidade e de concretizar o princípio da identificabilidade, em termos semelhantes aos referidos acima, proíbe o patrocínio de programas de informação geral (v.g. os noticiosos), manda respeitar a integridade dos programas e estabelece um **limite máximo diário** de tempo dedicado à publicidade de **20% da emissão (art. 44.º** ([3])).

([1]) Art. 28.º: "2 – Toda a publicidade redigida ou a publicidade gráfica, que como tal não seja imediatamente identificável, deve ser identificada através da palavra «Publicidade» ou das letras «PUB», em caixa alta, no início do anúncio, contendo ainda, quando tal não for evidente, o nome do anunciante.

3 – Considera-se publicidade redigida e publicidade gráfica todo o texto ou imagem cuja inserção tenha sido paga, ainda que sem cumprimento da tabela de publicidade do respectivo periódico".

([2]) Dec. n.º 32.633, de 20.1.1943, art. 2.º, 3.º e 4.º.

([3]) "1 – A publicidade radiofónica rege-se pelo disposto no Código da Publicidade, com as especialidades previstas nos números seguintes.

2 – Os espaços de programação patrocinados devem incluir, no seu início e termo, a menção expressa desse facto.

3 – Os programas de informação geral, designadamente os serviços noticiosos, não podem ser patrocinados.

196   *Direito da Comunicação Social*

SECÇÃO IV

Publicidade na televisão

1. Mais complexo, mas também mais importante ([1]), é o regime da publicidade e do patrocínio na televisão.

Este regime resulta, actualmente, da conjugação de disposições do Código da Publicidade (art. 25.º e 26.º) e da Lei da Televisão (LTV – Lei n.º 31-A/98, de 14.7) ([2]).

Objectivo principal é o da *protecção do telespectador* (potencial consumidor), para evitar que ele seja assediado pela publicidade, contra vontade, ou outros programas sejam interrompidos inoportunamente.

Princípio fundamental é o da *aplicabilidade à publicidade dos limites à liberdade de programação*.

Tendo em conta o princípio da *identificabilidade*, impõe-se a distinção entre a *publicidade* (e, em especial, a *autopromoção* e a *televenda*) e os demais *programas*, conferindo-se protecção especial aos programas noticiosos, políticos, religiosos, cinematográficos e para crianças. Para isso, estabelecem-se normas rigorosas sobre a *inserção* de publicidade e *limites máximos de tempo* a ela reservado.

Há disposições específicas para o *serviço público* de televisão.

Vejamos em que termos.

2. O princípio da **aplicabilidade à publicidade dos limites à liberdade de programação** resulta do disposto no art. 21.º da LTV.

---

4 – A inserção de publicidade não pode afectar a integridade dos programas, devendo ter em conta as suas pausas próprias, duração e natureza.

5 – A difusão de materiais publicitários não deve ocupar, diariamente, mais de 20% do tempo total da emissão dos serviços de programas licenciados. ".

([1]) Sobre as receitas publicitárias dos meios de comunicação social, cf. C. DEBBASCH, *Droit de l'audiovisuel*, Paris, Dalloz, 1995, pág. 326.

([2]) Esta LTV deu cumprimento à Directiva do Conselho n.º 89/552/CE, de 3.10.1989, relativa ao exercício da actividade de radiodifusão televisiva, alterada pela Directiva n.º 97/36/CE, de 30.6.1997. Aquela Directiva refere-se a publicidade nos art. 1.º, al. c) e d), e 10.º a 20.º. A Convenção Europeia sobre a Televisão sem Fronteiras, aprovada em Estrasburgo, em 5.5.1989, no âmbito do Conselho da Europa, não foi ainda ratificada por Portugal, mas constitui uma referência importante. Contém diversos preceitos sobre publicidade e patrocínio (art. 2.º, al. f) e g), e 11.º a 18.º). Para maiores desenvolvimentos, cf. HENRI ADER et alia, *Droit de l'audiovisuel*, Paris, Lamy, 1995, pág. 707 e segs.; L. FROEHLER, *Werbefernsehen und Pressefreiheit*, Berlin, 1965.

Segundo este preceito, "1 – Não é permitida qualquer emissão que viole os direitos, liberdades e garantias fundamentais, atente contra a dignidade da pessoa humana ou incite à prática de crimes.

2 – As emissões susceptíveis de influir de modo negativo na formação da personalidade das crianças ou adolescentes ou de afectar outros públicos mais vulneráveis, designadamente pela exibição de imagens particularmente violentas ou chocantes, devem ser precedidas de advertência expressa, acompanhadas da difusão permanente de um identificativo apropriado e apenas ter lugar em horário subsequente às 22 horas (...).

4 – A difusão televisiva de obras que tenham sido objecto de classificação etária, para efeitos da sua distribuição cinematográfica ou videográfica, deve ser precedida da menção que lhes tiver sido atribuída pela comissão competente, ficando obrigatoriamente sujeita às demais exigências a que se refere o n.º 2 sempre que a classificação em causa considerar desaconselhável o acesso a tais obras por menores de 16 anos (...)".

A aplicabilidade destas disposições à publicidade resulta clara do n.º 5 do mesmo artigo: "Integram o conceito de emissão, para efeitos do presente diploma, quaisquer elementos da programação, incluindo a publicidade ou os extractos com vista à promoção de programas".

Um exemplo de desrespeito por estas disposições é o caso da publicidade de filmes e vídeos com conteúdo erótico, pornográfico ou violento (classificados para adultos) apresentada em programas dirigidos a menores de 17 anos. Para combater este género de publicidade, foi apresentado um sistema ("V-chip") de censura aplicável a anúncios desse género. Caso semelhante é o de brinquedos para crianças baseados em figuras de filmes para adultos ([1]).

3. As normas sobre a **inserção de publicidade na televisão** constam, fundamentalmente, do art. 25.º do CPubl ([2]), que dispõe o seguinte.

"1 – A publicidade televisiva deve ser inserida entre programas.

2 – A publicidade só pode ser inserida durante os programas, desde que não atente contra a sua integridade e tenha em conta as suas interrupções naturais, bem como a sua duração e natureza, e de forma a não lesar os direitos de quaisquer titulares.

([1]) Cf. *Diário de Notícias*, de 13.9.2000.
([2]) Na redacção de Dec.-Lei n.º 275/98, de 9.9.

198 *Direito da Comunicação Social*

3 – A publicidade não pode ser inserida durante a transmissão de serviços religiosos.

4 – Os telejornais, os programas de informação política, os programas de actualidade informativa, as revistas de actualidade, os documentários, os programas religiosos e os programas para crianças com duração programada inferior a trinta minutos não podem ser interrompidos por publicidade.

5 – Nos programas compostos por partes autónomas, nas emissões desportivas e nas manifestações ou espectáculos de estrutura semelhante, que compreendam intervalos, a publicidade só pode ser inserida entre aquelas partes autónomas ou nos intervalos.

6 – Sem prejuízo do disposto no número anterior, entre duas interrupções sucessivas do mesmo programa, para emissão de publicidade, deve mediar um período igual ou superior a vinte minutos.

7 – A transmissão de obras audiovisuais com duração programada superior a quarenta e cinco minutos, designadamente longas metragens cinematográficas e filmes concebidos para a televisão, com excepção de séries, folhetins, programas de diversão e documentários, só pode ser interrompida uma vez por cada período completo de quarenta e cinco minutos, sendo admitida outra interrupção se a duração programada da transmissão exceder em, pelo menos, vinte minutos dois ou mais períodos completos de quarenta e cinco minutos.

8 – As mensagens publicitárias isoladas só podem ser inseridas a título excepcional.

9 – Para efeitos do disposto no presente artigo, entende-se por duração programada de um programa o tempo efectivo do mesmo, descontando o período dedicado às interrupções, publicitárias e outras".

Deste preceito decorre, em síntese, que a publicidade pode ser inserida em duas situações diferentes:

a) Em *regra*, **entre programas**, através de blocos publicitários ou blocos de anúncios (estes últimos conhecidos por "spots");

b) Excepcionalmente, **durante os programas**, desde que não afecte a integridade destes, tenha em conta as suas interrupções naturais, a sua duração, a sua natureza e não lese direitos de quaisquer titulares ([1]).

([1]) Para maiores desenvolvimentos, cf. PEDRO Q. G. SIMÃO JOSÉ, *O Novo Direito da Publicidade*, Lisboa, Vislis, 1999, pág. 210 e segs..

A publicidade
199

4. Quanto aos **limites máximos de tempo** reservado à publicidade, há que atender ao disposto nos art. 32.º e 33.º da LTV, que assentam na distinção entre programas, publicidade, autopromoção e televenda.

Não são muito claros estes conceitos legais.

Na verdade, por um lado, segundo o art. 21.º, n.º 5 da LTV, "Integram o conceito de emissão, para efeitos do presente diploma, quaisquer elementos da programação, incluindo a publicidade ou os extractos com vista à promoção de programas". Dá, assim, a entender que a "programação" (isto é, os programas – num sentido amplo) inclui a publicidade e os extractos de promoção (noutro preceito designados autopromoção).

Por outro lado, o art. 32.º da LTV contrapõe publicidade e *programas*, sem os definir ([1]). Em todo o caso, noutros preceitos a LTV inclui, como espécies de programas (ou de "programação convencional"), os serviços noticiosos, as transmissões desportivas, os filmes, as séries e os documentários (art. 7.º, n.º 4, e 29.º)

O art. 33.º, n.º 3, da LTV, por seu turno, contrapõe autopromoção e televenda.

Autopromoção é "a publicidade difundida pelo operador televisivo relativamente aos seus próprios produtos, serviços, canais ou programas" ([2]).

A LTV não define *televenda*, mas, no art. 1.º, al. f), da Directiva n.º 89/552/CEE, encontramos a seguinte definição: "a difusão de ofertas directas ao público, com vista ao fornecimento de produtos ou à prestação de serviços, incluindo bens imóveis, direitos e obrigações, a troco de remuneração".

Sob a epígrafe *"Tempo reservado à publicidade"*, o art. 32.º dispõe o seguinte:

"1 – Nos canais de cobertura nacional e acesso não condicionado, o tempo reservado às mensagens publicitárias não pode exceder 15% do período diário de emissão salvo quando inclua outras formas de publicidade ou mensagens de televenda, caso em que esse limite pode elevar-se a 20%.

([1]) A contraposição entre estes dois conceitos e o de televenda é mais clara no art. 31.º, n.º 2: "Para efeitos do presente artigo, não são considerados programas televisivos as emissões de publicidade e de televenda, sem prejuízo do disposto no n.º 4 do artigo 7.º, bem como as que reproduzam imagens fixas ou meramente repetitivas".

([2]) LTV art. 7.º, n.º 6. O n.º 4 deste artigo acentua a distinção, ao dispor que "Os canais temáticos de autopromoção e de televenda não podem integrar quaisquer outros elementos de programação convencional, tais como serviços noticiosos, transmissões desportivas, filmes, séries ou documentários".

2 – Nos canais de cobertura nacional e acesso condicionado, a difusão de publicidade ou de mensagens de televenda não deve exceder 10% do período diário de emissão.

3 – Nos canais temáticos de televenda ou de autopromoção, o tempo destinado à publicidade não deve exceder 10% do período diário de emissão.

4 – O tempo de emissão destinado às mensagens publicitárias e de televenda em cada período compreendido entre duas unidades de hora não pode exceder 10% ou 20%, consoante se trate ou não de canais de acesso condicionado.

5 – Excluem-se dos limites fixados no presente artigo as mensagens informativas difundidas pelos operadores televisivos relacionadas com os seus próprios programas e produtos directamente deles derivados e os blocos de televenda a que se refere o artigo seguinte".

O art. 33.º, sob a epígrafe *"**Blocos de televenda**"*, dispõe o seguinte:

1 – Os canais de cobertura nacional e de acesso não condicionado podem transmitir diariamente até oito blocos de televenda, desde que a sua duração total não exceda três horas, sem prejuízo do disposto no artigo anterior.

2 – Os blocos de televenda devem ter uma duração ininterrupta de, pelo menos, quinze minutos.

3 – Nos canais de autopromoção é proibida a transmissão de blocos de televenda.

A violação do disposto nos art. 32.º e 33.º da LTV constitui contra-ordenação punível com coima de 2.000 a 20.000 contos, isto é, € 9.975,96 a 99.759,57 ([1]).

5. Quanto à **publicidade no serviço público de televisão**, o art. 43.º, n.º 4, da LTV remete para o *contrato de concessão*.

O Estado e a RTP, no contrato de 31.12.1996, estipularam, no art. 6.º, n.º 3, que "impendem sobre a concessionária as seguintes obrigações em matéria de publicidade:

a) A não inclusão, na RTP-1, de publicidade que exceda os sete minutos e trinta segundos em cada hora de emissão;

b) E a não inclusão, na RTP-2, de qualquer tipo de publicidade comercial, sem prejuízo dos contratos celebrados até ao dia 19 de Dezembro de 1996".

([1]) LTV art. 64.º, n.º 1, al. b).

A publicidade 201

6. As normas legais sobre o **patrocínio** constam do Código da Publicidade e aplicam-se apenas à televisão.

O próprio CPubl apresenta um *conceito de patrocínio*.

Segundo o art. 24.°, "1 – Entende-se por patrocínio, para efeitos do presente diploma, a participação de pessoas singulares ou colectivas que não exerçam a actividade televisiva ou de produção de obras audiovisuais no financiamento de quaisquer obras audiovisuais, programas, reportagens, edições, rubricas ou secções, adiante designados abreviadamente por programas, independentemente do meio utilizado para a sua difusão, com vista à promoção do seu nome, marca ou imagem, bem como das suas actividades, bens ou serviços".

O patrocínio distingue-se da *publicidade*, sobretudo, porque, segundo o n.° 6 do mesmo artigo, "Os programas patrocinados não podem incitar à compra ou locação dos bens ou serviços do patrocinador ou de terceiros, especialmente através de referências promocionais específicas a tais bens ou serviços".

Aplica-se aos programas patrocinados o princípio da *identificabilidade*: "Os programas patrocinados devem ser claramente identificados como tal pela indicação do nome ou logótipo do patrocinador no início e, ou, no final do programa, sem prejuízo de tal indicação poder ser feita, cumulativamente, noutros momentos, de acordo com o regime previsto no artigo 25.° para a inserção de publicidade na televisão" (CPubl art. 24.°, n.° 4).

Segundo o princípio da *independência*, "O conteúdo e a programação de uma emissão patrocinada não podem, em caso algum, ser influenciados pelo patrocinador, por forma a afectar a responsabilidade e a independência editorial do emissor" (art. 24.°, n.° 5).

Além disso, "Os telejornais e os programas televisivos de informação política não podem ser patrocinados" (art. 24.°, n.° 3).

Para protecção da saúde dos consumidores, "Os programas televisivos não podem ser patrocinados por pessoas singulares ou colectivas que tenham por actividade principal o fabrico ou a venda de cigarros ou de outros produtos derivados do tabaco" (art. 24.°, n.° 2).

SECÇÃO V

Publicidade nas publicações electrónicas

A publicidade através da Internet está a ter uma importância cada vez maior.

Não existe ainda regulamentação específica para esta publicidade electrónica ([1]), mas devem aplicar-se, com as necessárias adaptações, os princípios gerais e grande parte das disposições restritivas acima referidos.

A publicidade que os serviços administrativos do Estado coloquem em órgãos de comunicação social deve ser também publicada ou referenciada em sítios da Internet operados por terceiros adequados ao fim de divulgação visado, tendo nomeadamente em conta a respectiva qualidade e o perfil dos seus utilizadores ([2]).

([1]) A Lei n.º 6/99, de 27.1, sobre a publicidade domiciliária por telefone e por fax (acima analisada), exclui expressamente a sua aplicabilidade à publicidade por *correio electrónico* (art. 1.º, n.º 2).

([2]) Res. Cons. Min. n.º 22/2002, de 31.1.

CAPÍTULO V

Responsabilidade civil, contra-ordenacional
e penal por publicidade ilícita

1. O CPubl contém diversas disposições importantes sobre a ***responsabilidade civil*** e ***contra-ordenacional*** por actos publicitários ilícitos (art. 30.º e 34.º a 41.º), devendo mencionar-se aqui, também, a possibilidade de responsabilidade ***criminal*** por certos actos publicitários que envolvam concorrência desleal (CPI art. 260.º).

2. Em matéria de **responsabilidade civil,** o art. 30.º do CPubl consigna o princípio da ***solidariedade*** e uma ***presunção de culpa*** do anunciante:

"1 – Os anunciantes, os profissionais, as agências de publicidade e quaisquer outras entidades que exerçam a actividade publicitária, bem como os titulares dos suportes publicitários utilizados ou os respectivos concessionários, respondem civil e solidariamente, nos termos gerais ([1]), pelos prejuízos causados a terceiros em resultado da difusão de mensagens publicitárias ilícitas.

2 – Os anunciantes eximir-se-ão da responsabilidade prevista no número anterior caso provem não ter tido prévio conhecimento da mensagem publicitária veiculada" ([2]).

3. O CPubl tipifica diversos actos publicitários como **contra-ordenações** puníveis com *coimas* que podem chegar a 9.000 contos, sendo punível a mera *negligência* (art. 34.º).

Além disso, podem ser aplicadas, durante um máximo de dois anos, as seguintes *sanções acessórias*:

"*a*) Apreensão de objectos utilizados na prática das contra-ordenações;

([1]) CCiv art. 483.º e segs.

([2]) Sobre esta matéria, a regra geral consta do CCiv art. 487.º.

204   *Direito da Comunicação Social*

b) Interdição temporária, até um máximo de dois anos, de exercer a actividade publicitária;

c) Privação do direito a subsídio ou benefício outorgado por entidades ou serviços públicos;

d) Encerramento temporário das instalações ou estabelecimentos onde se verifique o exercício da actividade publicitária, bem como cancelamento de licenças ou alvarás" (art. 35.º, n.º 1 e 3).

"São punidos como agentes das contra-ordenações previstas no presente diploma o anunciante, o profissional, a agência de publicidade ou qualquer outra entidade que exerça a actividade publicitária, o titular do suporte publicitário ou o respectivo concessionário, bem como qualquer outro interveniente na emissão da mensagem publicitária" (CPubl art. 36.º).

A *fiscalização* do cumprimento e a *instrução dos processos* pelas contra-ordenações do CPubl compete, em regra, ao Instituto do Consumidor (CPubl art. 37.º, 38.º e 40.º).

A *aplicação das coimas* compete, em regra, a uma Comissão de Aplicação de Coimas em matéria de Publicidade, composta por um magistrado judicial, pelo presidente do Instituto do Consumidor e pelo presidente do Instituto da Comunicação Social (CPubl art. 39.º e 40.º) ([1]).

Em certos casos, podem ser aplicadas *medidas cautelares* de suspensão, cessação ou proibição de publicidade ilícita ou arriscada (CPubl art. 41.º).

4. O Código da Publicidade não tipifica nenhum acto de publicidade como crime, mas o tipo legal de **crime** de concorrência desleal, previsto e punido pelo art. 260.º Código da Propriedade Industrial abrange também actos publicitários, sobretudo na alínea e).

Segundo este artigo, "Quem, com intenção de causar prejuízo a outrem ou de alcançar para si ou para terceiro um benefício ilegítimo, praticar qualquer acto de concorrência contrário às normas e usos honestos de qualquer ramo de actividade, nomeadamente: (...)

e) Os reclamos dolosos e as falsas descrições ou indicações sobre a natureza, qualidade e utilidade dos produtos ou mercadorias; (...)

será punido com pena de prisão até três anos ou com pena de multa até 360 dias".

([1]) O Dec.-Lei n.º 81/2002, de 4.4, estabelece a orgânica da Comissão de Aplicação de Coimas em Matéria Económica e Publicidade. Cf. GERALDES, ANA LUÍSA, *O Direito da Publicidade – Estudos e Práticas Sancionatórias – Decisões da Comissão de Aplicação de Coimas em Matéria de Publicidade*, Lisboa, Instituto do Consumidor, 1999.

ÍNDICE

Abreviaturas	5
Nota preliminar	9

PARTE III – O DIREITO DE AUTOR E OS DIREITOS CONEXOS 11

Capítulo I – Considerações gerais 13
    Secção   I – Noção e importância do direito de autor e dos direitos
            conexos 13
    Secção II – Delimitação e enquadramento sistemático 16
    Secção III – História do direito de autor e dos direitos conexos 18
    Secção IV – Fontes de direito; bibliografia 28

Capítulo II – Direito de autor 31
    Secção   I – Natureza 31
    Secção II – Objecto 38
        Subsecção I – Noção e classificação de obras 38
        Subsecção II – Condições de protecção 44
            Divisão   I – Condições positivas 44
            Divisão II – Condições negativas 48
            Divisão III – Protecção do título 52
            Divisão IV – Obras não protegidas 54
    Secção III – Sujeitos 57
        Subsecção I – Sujeito activo 57
        Subsecção II – Sujeito passivo 66
    Secção IV – Conteúdo do direito de autor 66
        Subsecção I – Considerações gerais 66
        Subsecção II – Direitos pessoais 68
            Divisão   I – Considerações gerais 68
            Divisão II – Direito de publicação e divulgação 69
            Divisão III – Direito de retirada 70
            Divisão IV – Direito de paternidade 70
            Divisão V – Direito à integridade e genuinidade da obra 72

Direito da Comunicação Social

Divisão VI – Direito de acesso 73
DivisãoVII – Direito de modificação 73
SubsecçãoIII – Direitos patrimoniais 74
Divisão I – Considerações gerais 74
Divisão II – Direito de fruir e utilizar a obra 76
Divisão III – Direito de autorizar a fruição, utilização e ex-
ploração da obra 77
Divisão IV – Direito de dispor da obra 77
Divisão V – Direito de compensação suplementar (por lesão
enorme) 77
Divisão VI – Direito de sequência 78
DivisãoVII – Direito a compensação pela fixação e reprodu-
ção 79
Secção V – Duração. Domínio público 80
Secção VI – Transmissão e oneração do conteúdo patrimonial do
direito de autor 81
Secção VII – Utilização da obra 84
Subsecção I – Considerações gerais 84
Divisão I – Modalidades de utilização 84
Divisão II – Gestão do direito de autor 85
Subsecção II – Utilizações livres 86
Subsecção III – Edição 90
Subsecção IV – Tradução e outras transformações 94
Subsecção V – Publicações periódicas 96
Subsecção VI – Artes plásticas, gráficas e aplicadas 99
Subsecção VII – Fotografia 103
SubsecçãoVIII – Representação cénica 105
Subsecção IX – Recitação e execução 109
Subsecção X – Cinema 110
Subsecção XI – Fixação fonográfica e videográfica 114
Subsecção XII – Radiodifusão e outros processos de reprodução
de sinais, sons e imagens 117
Subsecção XIII – Programas de computador 122
SubsecçãoXIV – Bases de dados 125

Capítulo III – Direitos conexos 127
Secção I – Considerações gerais 127
Secção II – Direitos dos artistas intérpretes ou executantes 131
Secção III – Direitos dos produtores de fonogramas e videogramas 135
Secção IV – Direitos dos organismos de radiodifusão 139
Secção V – Direito ao espectáculo 141

A publicidade   207

Capítulo IV – Tutela do direito de autor e dos direitos conexos 143
    Secção   I – Considerações gerais 143
    Secção II – Tutela penal 143
    Secção III – Contra-ordenações 148
    Secção IV – Responsabilidade civil 148
    Secção V – Providências cautelares e outros meios de defesa 149

PARTE IV – A PUBLICIDADE 151

Capítulo I – Considerações gerais 153
    Secção   I – Noção e importância do direito da publicidade 153
    Secção II – Delimitação e enquadramento sistemático do direito
              da publicidade 158
    Secção III – História do direito da publicidade 159
    Secção IV – Fontes de direito; bibliografia 162

Capítulo II – Sujeitos da publicidade 167

Capítulo III – Actividade e contratos publicitários 171
    Secção   I – Contratos publicitários 171
    Secção II – Princípios gerais da actividade publicitária 174
    Secção III – Restrições ao conteúdo da publicidade 182
    Secção IV – Restrições ao objecto da publicidade 185
    Secção V – Restrições à publicidade em função do local 188

Capítulo IV – Publicidade nos meios de comunicação social 193
    Secção I – Considerações gerais 193
    Secção II – Publicidade na imprensa 195
    Secção III – Publicidade na rádio 195
    Secção IV – Publicidade na televisão 196
    Secção V – Publicidade nas publicações electrónicas 202

**Capítulo V – Responsabilidade civil, contra-ordenacional e penal por
      publicidade ilícita** 203